御朱印でめぐる東北のお寺

集めるごとに
運気アップ！

週末開運さんぽ

一体の御朱印が結ぶ〝仏縁〟と幸せ

御朱印はお寺が発祥。
もともと納経の証として
授与されていました。

そのためお寺には
すばらしい御朱印が
たくさんあります。

本書では、そんな
御朱印が凄い！と評判の
東北のお寺を徹底調査し、
紹介しています。

立石寺（山形）

取材でも印象的だったのは
「願いがかなった」
「悩みが消えた」という
参拝者のたくさんのエピソード。

マナーを守り、
感謝の心で御朱印を頂けば、
（マナーは本書でお伝えします！）
仏様とのご縁「仏縁」に
つながるのだとか。

その「仏縁」が幸せを運び、
参拝できなくても、
御朱印を見返すことで
仏縁を結べるのだそう！

本書や御朱印を眺め、
幸せを重ねていけるよう、
心を込めて
この本をお届けします。

本書の楽しみ方

御朱印集めが楽しくなる情報と運気アップの秘訣を詰め込みました。
初めての方は第一章から、ツウの方は第三章から読むのがおすすめ。もちろん御朱印をぱらぱら眺めるのも◎です。

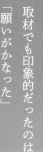

目次 御朱印でめぐる東北のお寺 週末開運さんぽ

Part5 学業・智慧

Part6 レア・特別

COLUMN

本書をご利用になる皆さんへ

※本書に掲載のお寺はすべて写真・御朱印などの掲載許可を頂いています。掲載許可を頂けなかったお寺は掲載していません。
※掲載寺院のなかには日によって対応が難しかったり、留守だったり、書き置きで対応している場合などもあります。あらかじめご了承ください。
※第三章の御利益別は編集部が各お寺への取材などに基づき選定したものですが、各お寺の御利益はそれに限るものではありません。
※本書のデータはすべて2023年8月現在のものです。参拝時間、各料金、交通機関の時刻、行事の日程などは時間の経過により変更されることもあります。また、アクセスやモデルプランなどにある所要時間はあくまでも目安としてお考えください。拝観時間は「入山が可能な最終時間」までを基本に示してあります(一部例外あり)。
※本書で紹介している御朱印は一例です。墨書・印の内容が変更されたり、掲載御朱印以外の種類を頒布しているお寺もありますので、詳しくは各お寺へお問い合わせください。
※寺院名・ご本尊の名称・施設名等は各お寺で使用している名称に準じています。

Part2 縁結び

Part3 商売繁盛・財運

Part4 健康・厄除

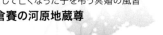

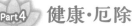

東北のお寺おさんぽマップ 北東北

文化庁の統計によると東北には約5,700のお寺があります。本書ではそのなかから、御朱印や御利益などが凄いと評判のお寺をセレクトしました。マップを見ながら、近くのお寺から御朱印めぐりをスタートしてみませんか。

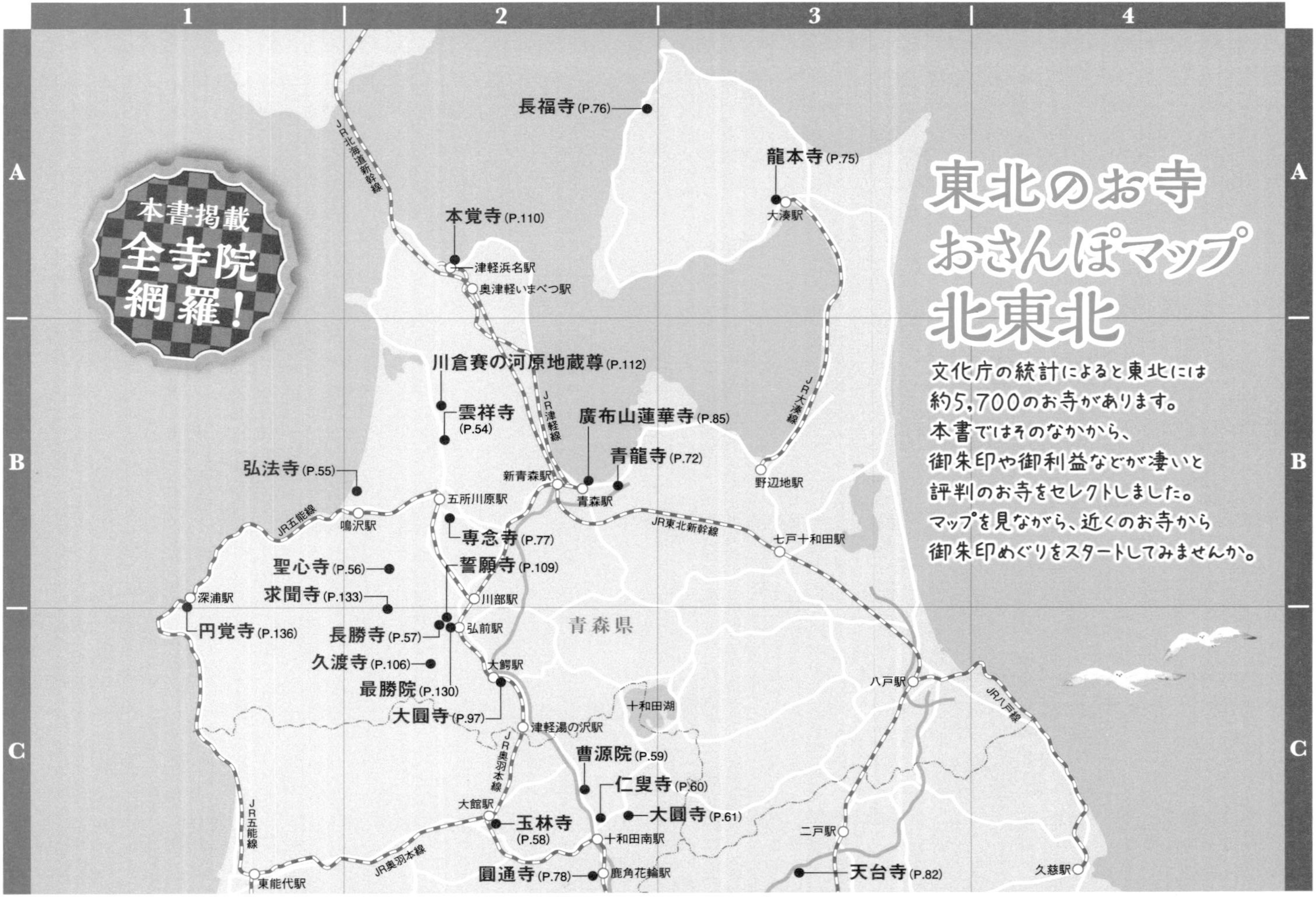

D
E
F
1
2
3
4
雲昌寺(P.94)
吉祥院(P.98)
大龍寺(P.128)
龍門寺(P.79)
男鹿駅
船越駅
追分駅
昌東院(P.117)
補陀寺(P.107)
秋田県
伝法寺(P.139)
秋田駅
大悲寺(P.80)
JR羽越本線
羽後岩谷駅
長谷寺(P.73)
永泉寺(P.79)
羽後本荘駅
大曲駅
JR奥羽本線
西法寺(P.98)
横手駅
正伝寺(P.78)
十文字駅
JR奥羽本線
山形県
余目駅
新庄駅
田沢湖
JR秋田新幹線
荒屋新町駅
JR東北新幹線
JR花輪線
いわて沼宮内駅
好摩駅
常光寺(P.140)
岩手県
盛岡駅
大慈寺(P.81)
JR山田線
長根寺(P.119)
宮古駅
JR東北本線
花巻駅
新花巻駅
身照寺(P.141)
JR釜石線
JR北上線
北上駅
成島毘沙門堂(P.108)
釜石駅
釜石大観音(P.96)
水沢江刺駅
高館義経堂(P.13)
中尊寺(P.12)
正法寺(P.118)
長泉寺(P.80)
前沢駅
達谷窟毘沙門堂
達谷西光寺(P.14)
平泉駅
普門寺(P.81)
摺沢駅
毛越寺(P.13)
一ノ関駅
JR大船渡線
気仙沼駅
長徳寺(P.114)
宮城県
JR東北新幹線
くりこま高原駅

東北のお寺おさんぽマップ 南東北

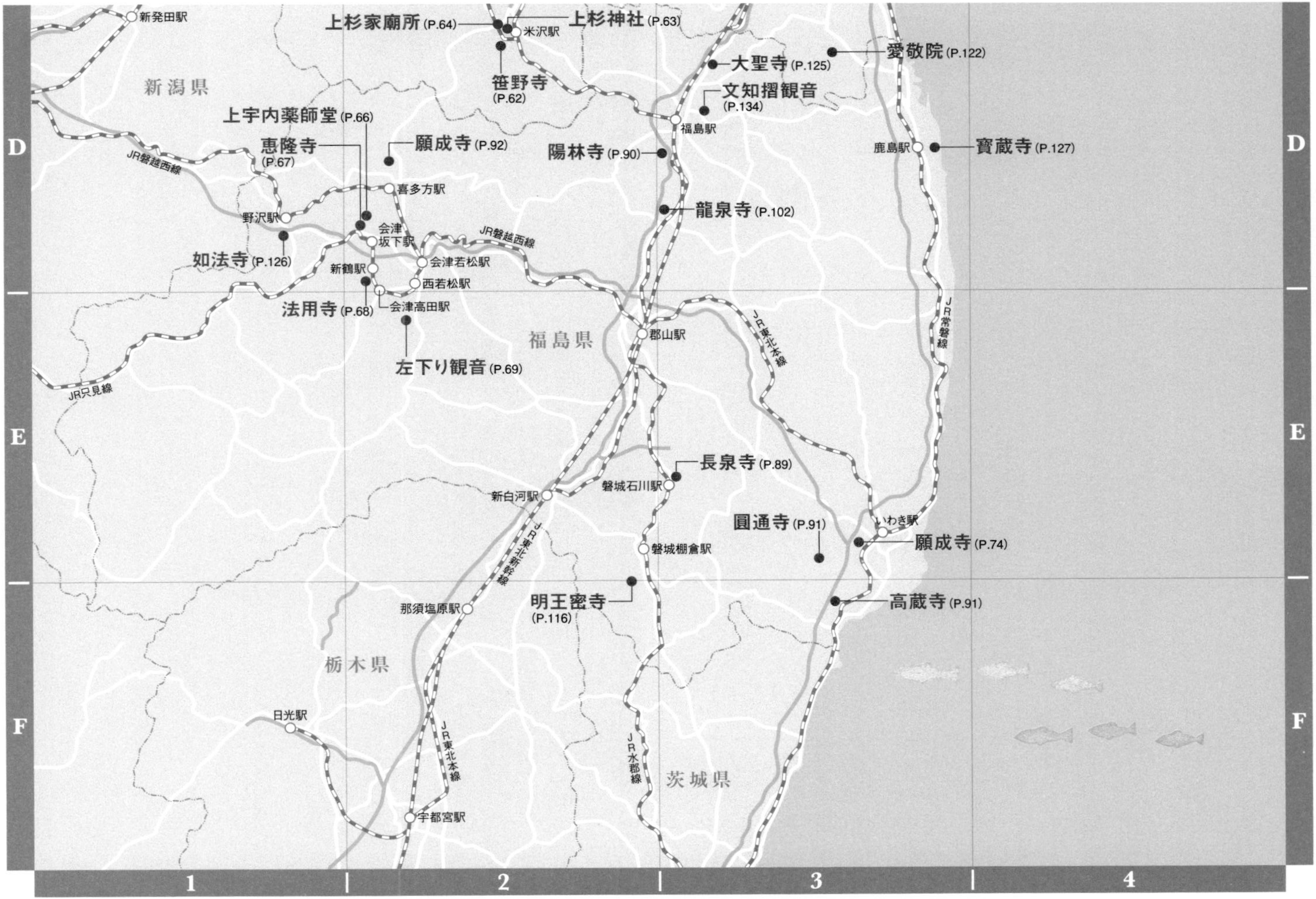
D
E
F
1
2
3
4
新発田駅
上杉家廟所 (P.64)
上杉神社 (P.63)
米沢駅
笹野寺 (P.62)
愛敬院 (P.122)
大聖寺 (P.125)
文知摺観音 (P.134)
新潟県
上宇内薬師堂 (P.66)
恵隆寺 (P.67)
願成寺 (P.92)
陽林寺 (P.90)
福島駅
鹿島駅
寶蔵寺 (P.127)
JR磐越西線
喜多方駅
野沢駅
龍泉寺 (P.102)
会津坂下駅
如法寺 (P.126)
会津若松駅
新鶴駅
西若松駅
法用寺 (P.68)
会津高田駅
郡山駅
JR東北本線
JR常磐線
福島県
左下り観音 (P.69)
JR只見線
長泉寺 (P.89)
磐城石川駅
新白河駅
圓通寺 (P.91)
いわき駅
願成寺 (P.74)
磐城棚倉駅
JR東北新幹線
明王密寺 (P.116)
高蔵寺 (P.91)
那須塩原駅
栃木県
日光駅
JR東北本線
JR水郡線
茨城県
宇都宮駅

純白のアジサイとかわいい御朱印に 心を和ませてください

住職　渡部真之さん

人と人との絆を大切にする 歴史と格式ある禅寺　陽林寺

陽林寺の詳しい紹介はP.90へ

福島市の西に位置する陽林寺は伊達家ゆかりの古寺。かわいいイラストが配された御朱印と白いアジサイが人気です。人とのつながりを大切にするご住職にお話を伺いました。

本堂につるし雛 境内を彩るアジサイ

緑濃い山中、静けさに包まれて陽林寺はあります。本堂へは楼門造りの山門から石段を上がります。お堂に入るとすぐに迎えてくれるのはつるし雛です。色とりどりの布で手作りされた愛らしいウサギ、毬、花飾り、はい子、鳥たちがつるし雛として飾られています。

内陣の幕には竹に雀の家紋が配されています。これは戦国武将、伊達家の家紋です。伊達政宗の曽祖父が開いたお寺だからです。太い柱や梁には歴史ある禅寺の風格が感じられます。

とはいえ、参拝者に威圧感を与える空間ではありません。華やかなつるし雛が堂内を穏やかで安らぎに満ちた空気にしています。このつるし雛は3月のみではなく、1年を通して飾られるそうです。

陽林寺の境内が、最も華やぐのは6月半ばから7月初旬にかけてです。境内一面に白いアジサイ「アナベル」が開花するのです。株数は3000株、そのほかにもガクアジサイ、ピンクや水色のアジサイもあり、合わせて5000株のアジサイが境内を彩ります。

「お寺をほっとできる空間にしたい、そして歴史ある当寺の存在を広く知ってもらいたい……そんな思いから、5年ほど前からアナベルの植栽を始め、挿し木で増やしてきたんです」と渡部真之住職は話します。

御朱印の待ち時間には 参拝者が仲良くなれる

御朱印は本堂右手の庫裏で頂きます。

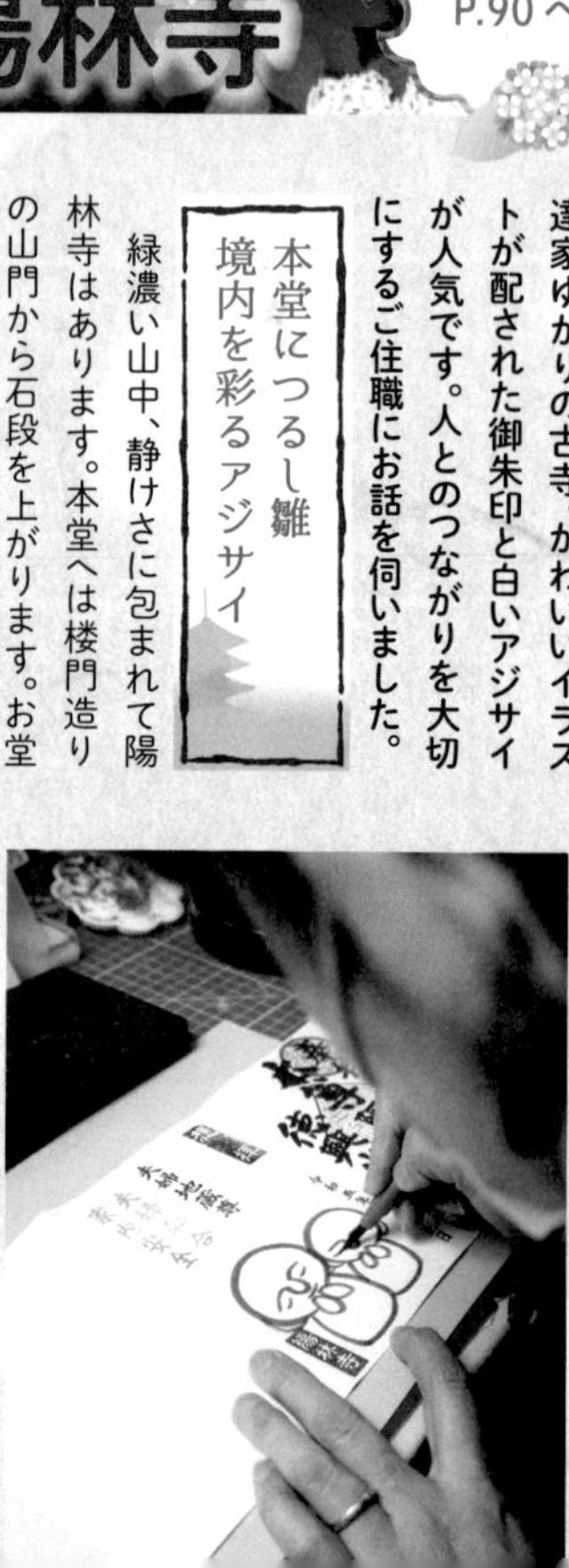

かわいい御朱印の絵はご住職の奥様が描いていらっしゃいます

「参拝者が多く、御朱印に時間がかかるときには庫裏の居間に上がって、ソファに座って待ってもらうのですが、御朱印をもらいにきた人同士が仲良くなって、茶話サロンのようになっていることもあります」

御朱印は郵送でも頒布しています。郵送を始めたのはコロナ禍でした。

「郵送なんてという考えがあるかもしれません。でも、コロナ禍で思うように外出できないとき、送られてきた御朱印を見て少しでも不安感を払拭し、癒やしになればいいのでは……そう考えたんです」

御朱印は月替わりで8種類ほど、ウサギ、地蔵尊、ネコや草花などかわいいイラストが配されています。イラストを考え、描いているのはご住職の奥様です。お話を伺うと「参拝された方に喜んでいただけるような季節感のあるイラストを心掛けています。気がつけばいつもイラストを何にしようかと考えています」

郵送の御朱印には「遥拝」が墨書されます。

「遠くからでも、ご本尊を参拝してご縁を結んでいただきたいと思って〝遥拝〟にしているんです。直接、会ってお渡しできませんが、その方の幸せを願って書いています」

2体の地蔵尊が描かれた御朱印には「想拝」と墨書されます。

「私が考えた言葉なんですよ。寄り添うお地蔵様のように誰に対しても思いやりの心を持ってくださいという願いを込めています」

お釈迦様の前では皆平等 悔いのない毎日を過ごす

東北のお寺というと2011年3月11日の東日本大震災の被害が気になります。ご住職は「幸いなことに建物が倒壊することもなくほとんど被害はありませんでした」

ただ、大きな揺れには「ちょうどお彼岸の準備をしていたところで、この世の終わりかと思った」とのこと。そして地震以降何か心の変化はありましたかとお尋ねすると……。

「知り合いの子供が津波で亡くなりました。正直、神も仏もいないのかと思ったものです。しかし、死は誰にでも平等に訪れる、お釈迦様の前では誰もが平等であるとも実感しました。そして、日々、何が起こるかわからない。だから、何かをやりたいと思ったら、できることから、すぐに始めるべきだとも思いました。どんなことでもいいんです。悔いの残らないように日々を過ごす――大事なことです」

人と人とのつながりをご住職は大切にしています。その思いは檀家だけでなく近隣の人々にも伝わり、お寺を盛り上げていこうという機運にもなっています。アナベルの世話も吊るし雛の制作も皆さんがボランティアで行っています。

陽林寺を参拝して、御朱印を頂くとあたたかな気持ちに包まれます。それはこのお寺が大勢の人たちの絆で支えられているからでしょう。穏やかな安らぎと人のぬくもりを感じられる――それも陽林寺の御利益ではないでしょうか。

季節の花とお地蔵様で彩られる手水舎

本堂に飾られたつるし雛

奥州藤原三代と義経の史跡を訪ねる

平安時代後期から平泉に居館を構えた奥州藤原氏。
藤原氏が築いた文化は世界遺産にもなりました。

北東北の名刹を歩く

本堂ご本尊
釈迦如来《しゃかにょらい》
金色堂ご本尊
阿弥陀如来《あみだにょらい》

覆堂内にある金色堂は1124年（天治元年）の建立。独特の仏像構成がなされています

本堂のご本尊は釈迦如来

岩手

極楽浄土を表現した華麗な金色堂

中《ちゅう》尊《そん》寺《じ》

堂宇は標高約１３０mの丘陵に位置します。本堂、金色堂へは月見坂を上ります。坂の両側には江戸時代、伊達藩が植樹した老杉が並び、参道には清々しい山の空気に満ちているようです。急坂を上り切ると平泉の街並みが見渡せる東物見台、地蔵堂、本坊表門を過ぎ、さらに進むと木立のなかに覆堂が建ちます。覆堂内に安置されているのは金箔で覆われた金色堂です。螺鈿細工で飾られた柱や須弥壇、金色に輝く阿弥陀如来や観音菩薩、お堂も仏像も比類なき荘厳さです。極楽浄土を表現したいという藤原清衡の思いが伝わります。

御朱印帳

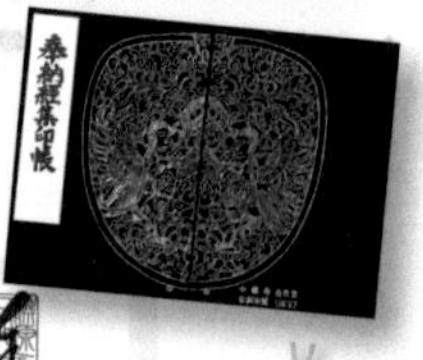

金色堂の装飾の一つ金銅華鬘を箔押しした御朱印帳

御朱印

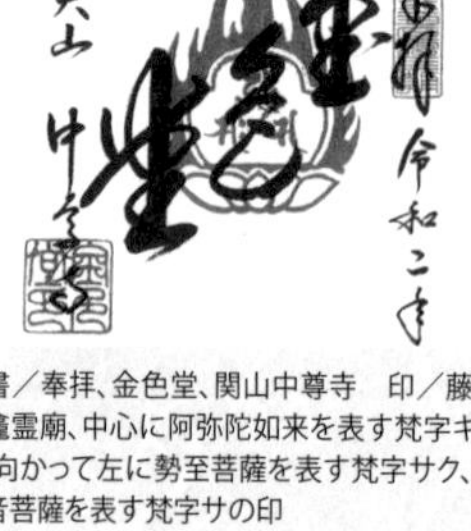

墨書／奉拝、金色堂、関山中尊寺　印／藤原三代霊廟、中心に阿弥陀如来を表す梵字キリーク、向かって左に勢至菩薩を表す梵字サク、右に観音菩薩を表す梵字サの印

6つのヒョウタンをあしらった「無病息災守」（600円）と中尊寺蓮をかたどった「縁結び」（各600円）

DATA

中尊寺 MAP 7-F3

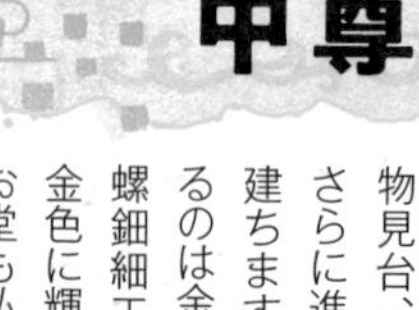

開創／850年（嘉祥3年）
山号／関山　宗旨／天台宗
住所／岩手県西磐井郡平泉町平泉衣関202
電話／0191-46-2211
交通／JR「平泉駅」から徒歩20分
拝観・御朱印授与時間／8:30～17:00（11月4日～2月末日16:30）
拝観料／800円
URL https://www.chusonji.or.jp/

平安時代造営の浄土庭園が残る

岩手

毛《もう》越《つう》寺《じ》

山門を入ると正面が本堂です。右手には「大泉が池」が広がります。毛越寺の浄土庭園は、この池と仏堂とが一体となり、浄土を表現しています。庭園は平安時代に造られ、当時の姿をほぼ完全に伝えています。広さは約1万坪。池は海、池縁は海岸線を表しています。石組みで築いた出島や池の中に配した石で海中に巨岩が聳える荒磯風の海岸線に見立てているのです。庭園は国の特別史跡、特別名勝に指定されています。

池を海に見立て大自然を表現する浄土庭園

御朱印

御朱印はP.31でも紹介!

墨書/奉拝、薬師如来、平泉、毛越寺　印/醫王山、薬師如来を表す梵字ベイの印、毛越寺印　●山門を入り右手のお札授与所で頂けます

ご本尊

薬師如来《やくしにょらい》

ご本尊の薬師瑠璃光如来像は岩手県の重文です

「白鹿守」(500円)と「ひさご無病息災御守」(700円)

DATA

毛越寺 MAP 7-F3

開創/850年(嘉祥3年)

山号/醫王山　宗旨/天台宗

住所/岩手県西磐井郡平泉町平泉字大沢58

電話/0191-46-2331

交通/JR「平泉駅」から徒歩10分

拝観・御朱印授与時間/8:30～17:00(11月5日～3月4日16:30)　拝観料/700円

URL https://www.motsuji.or.jp/

源義経終焉の地に建つ

岩手

高《たか》館《だち》義《ぎ》経《けい》堂《どう》

北上川に面した丘陵に位置します。拝観受付から石段を上がると北上川と対岸に広がる水田、束稲山の眺望が広がります。江戸時代の俳人、松尾芭蕉はこの風景を見て「夏草や兵共が夢の跡」と詠みました。義経堂は別名、判官館とも呼ばれていますが、兄源頼朝に追われた義経が藤原秀衡に居館を与えられ、最後を迎えた地です。江戸時代初期、仙台藩第4代藩主伊達綱村は義経を偲び、お堂を建立しました。現在のお堂は江戸時代後期の再建です。

日本史に残る英雄源九郎義経 終焉の地

ご本尊

源義経公《みなもとのよしつねこう》

「開運義経守」(800円)

御朱印

墨書/奉拝、義経堂、平泉高館　印/義経大明神、十一面観音菩薩を表す梵字キャ、義経堂印　●義経の守り本尊は観音菩薩です

高館からの眺望は平泉随一といわれます

堂内には江戸時代中期に制作されたと伝わる、木造源義経像を安置

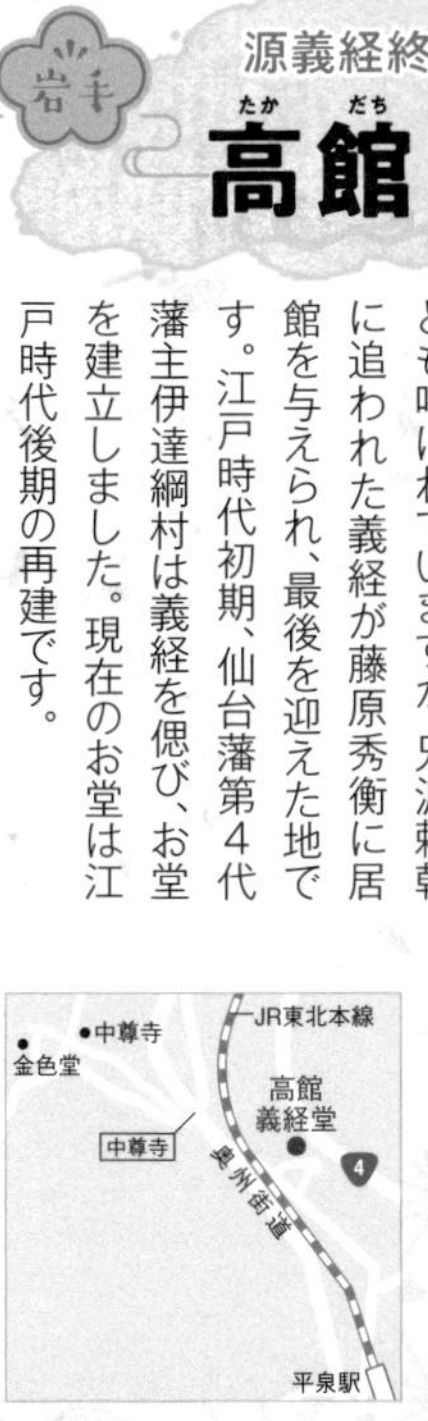

DATA

高館義経堂 MAP 7-F3

建立/1683年(天和3年)

住所/岩手県西磐井郡平泉町平泉字柳御所14

電話/0191-46-3300

交通/JR「平泉駅」から徒歩20分

拝観・御朱印授与時間/8:30～16:15(11月5日～20日15:45)、11月21日～3月14日休

URL https://www.motsuji.or.jp/gikeido/

パワスポと浄土庭園の遺跡めぐり

福を招くパワースポットとして知られる達谷窟毘沙門堂と
奥州藤原氏ゆかりの寺院跡に残る浄土庭園遺跡をめぐります

ご本尊
毘沙門天《びしゃもんてん》

岩手

悪鬼を払う最強のお札

達《たっ》谷《こくの》窟《いわや》毘《び》沙《しゃ》門《もん》堂《どう》（達谷西光寺）

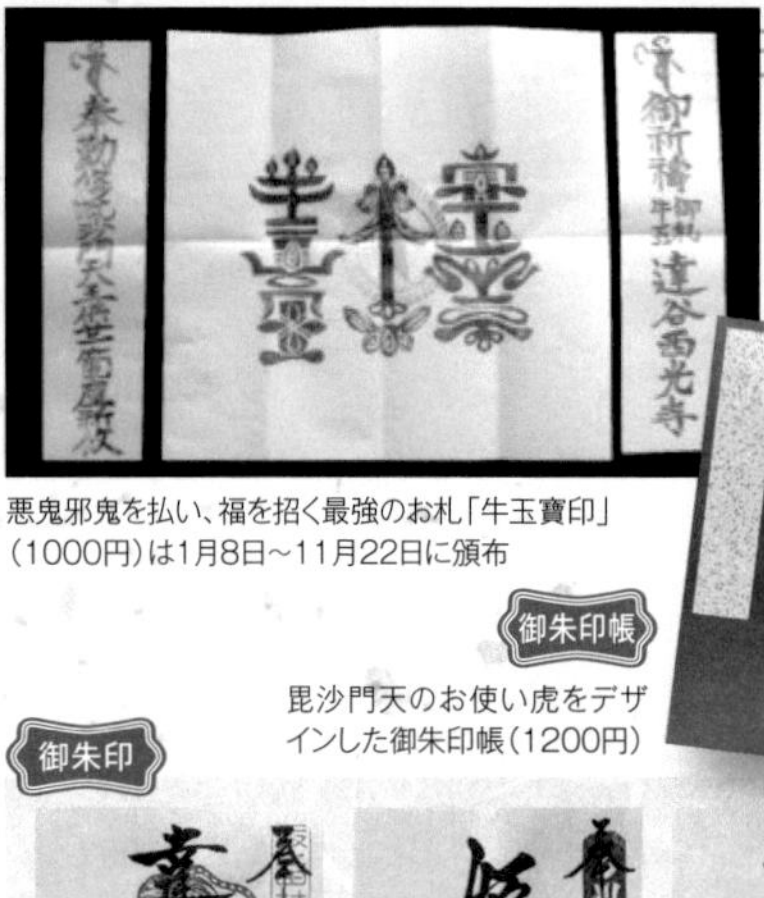

悪鬼邪鬼を払い、福を招く最強のお札「牛玉寶印」（1000円）は1月8日～11月22日に頒布

御朱印帳

毘沙門天のお使い虎をデザインした御朱印帳（1200円）

鳥居をくぐり、境内に入ると右手に高さ30～35m、長さ約150mの切り立った崖が迫ります。その岩肌にめり込むようにして建つのが毘沙門堂です。平安時代初期、坂上田村麻呂はこの岩窟に棲み、庶民を苦しめる悪路王らの討伐を天皇より命じられます。京都清水寺に戦勝を祈願し、悪路王らを討った田村麻呂は、そのお礼に清水寺の舞台を模した懸崖造りのお堂を建て、毘沙門天を祀ったと伝わります。その後、毘沙門堂は火災に遭い、現在のお堂は1961年（昭和36年）に再建されました。境内一帯は国の史跡に指定されています。

御朱印

墨書／奉拝、達谷窟毘沙門堂、別當、達谷西光寺　印／坂上田村麻呂創建、虎の印、毘沙門堂

墨書／奉拝、姫待不動明王、別當、達谷西光寺　印／不動明王を表す梵字カーンの印、不動明王の剣、別當達谷西光寺

墨書／奉拝、蝦蟆ヶ池辯天堂、別當、達谷西光寺　印／轉貧寶雨、達谷西光寺

DATA
達谷窟毘沙門堂（達谷西光寺） MAP 7-F3
開創／801年（延暦20年）
山号／眞鏡山　宗旨／天台宗
住所／岩手県西磐井郡平泉町平泉字北澤16
電話／0191-46-4931
交通／JR「平泉駅」から車15分
拝観・御朱印授与時間／8:00～17:00（冬期16:30）　拝観料／500円
URL https://iwayabetto.com/

平等院を模して建立した寺院跡

無《む》量《りょう》光《こう》院《いん》跡《あと》

岩手

奥州藤原氏3代秀衡は宇治平等院の鳳凰堂を模して阿弥陀堂と池を造営しました。藤原氏滅亡後、伽藍は荒廃、消滅し、ほとんどが水田化しましたが、池の一部、堂礎、中島が残っています。遺跡からは壮大な寺院であったことがわかります。

池を中心にした浄土庭園の傑作であったと推測されます

藤原基衡夫人造営の浄土庭園遺構

観《かん》自《じ》在《ざい》王《おう》院《いん》跡《あと》

岩手

観自在王院は奥州藤原氏滅亡後は荒廃し、水田となっていましたが、1973年（昭和48年）の発掘調査で阿弥陀堂と浄土庭園があったことがわかりました。舞鶴が池、中島、荒磯風の石組みなどが復元され、現在は史跡公園として整備されています。

浄土庭園の遺構も世界遺産です

随時、ライトアップを開催。幻想的な風景が出現します

パネルや映像で文化遺産を紹介

平泉文化遺産センター

岩手

奥州藤原氏を中心に現代までの平泉の歴史を時系列で紹介するガイダンス施設です。地形模型では映像、音声を交え、立体的にわかりやすく解説。平泉町の遺跡から発掘された出土品も常設展示しています。

館内は広々としたスペース。史跡を訪ねる前に見学するとより深く平泉の歴史・文化が理解できます

DATA

無量光院跡
住所／岩手県西磐井郡平泉町平泉花立44
電話／0191-46-4012（平泉文化遺産センター）
交通／JR「平泉駅」から徒歩10分
入場／自由　入場料／無料

観自在王院跡
住所／岩手県西磐井郡平泉町平泉字志羅山地内
電話／0191-46-4012（平泉文化遺産センター）
交通／JR「平泉駅」から徒歩6分
入場／自由　入場料／無料

平泉文化遺産センター
住所／岩手県西磐井郡平泉町平泉花立44
電話／0191-46-4012
交通／JR「平泉駅」から徒歩13分
開館／9:00～17:00、年末年始、不定休　入館料／無料

芭蕉も訪れた神秘の霊場 立石寺の山内を御朱印でめぐる

立石寺の境内は約33万坪と広大、
大小30余りの堂塔が建ちます。
石段を上り、絶景を楽しみながら、
御朱印を頂きましょう。

ご本尊
薬師如来《やくしにょらい》

山形

慈覚大師円仁により創建

立《りっ》石《しゃく》寺《じ》

立石寺は山寺という通称で知られています。この地を訪ねた俳人松尾芭蕉は「閑さや岩にしみ入る蝉の声」の名句を残しました。山寺登山口から奥之院までは1000段余りの石段が続きます。この石段を登ることで煩悩が消滅するといわれています。途中には芭蕉の句碑や絶景スポットが点在。奥の院までの往復には1時間半ほどを見ておきましょう。ブナ材の建造物としては日本最古を誇る根本中堂は登山口から歩いて3分ほど。近くには芭蕉像が立ちます。奥の院は悪縁切りの御利益があるとされ、五大堂からは眼下にすばらしい景色が広がります。

松尾芭蕉と弟子の曽良像。芭蕉は紀行文『おくのほそ道』を残しました

御朱印

墨書／奉拝、法燈不滅、山寺、立石寺　印／宝珠山、薬師如来を表す梵字ベイ、立石寺印
●オリジナル御朱印帳もあり

岩の上に建つ納経堂は境内で最古の建物

DATA
立石寺　MAP 8-C3
開創／860年（貞観2年）
山号／宝珠山　宗旨／天台宗
住所／山形県山形市山寺4456-1
電話／023-695-2843
交通／JR「山寺駅」から徒歩5分
拝観・御朱印授与時間／8:00～17:00（受付16:00まで、冬期15:00まで）
拝観料／大人300円
URL https://www.rissyakuji.jp/

山形

十二支院のひとつ

金乗院《こんじょういん》

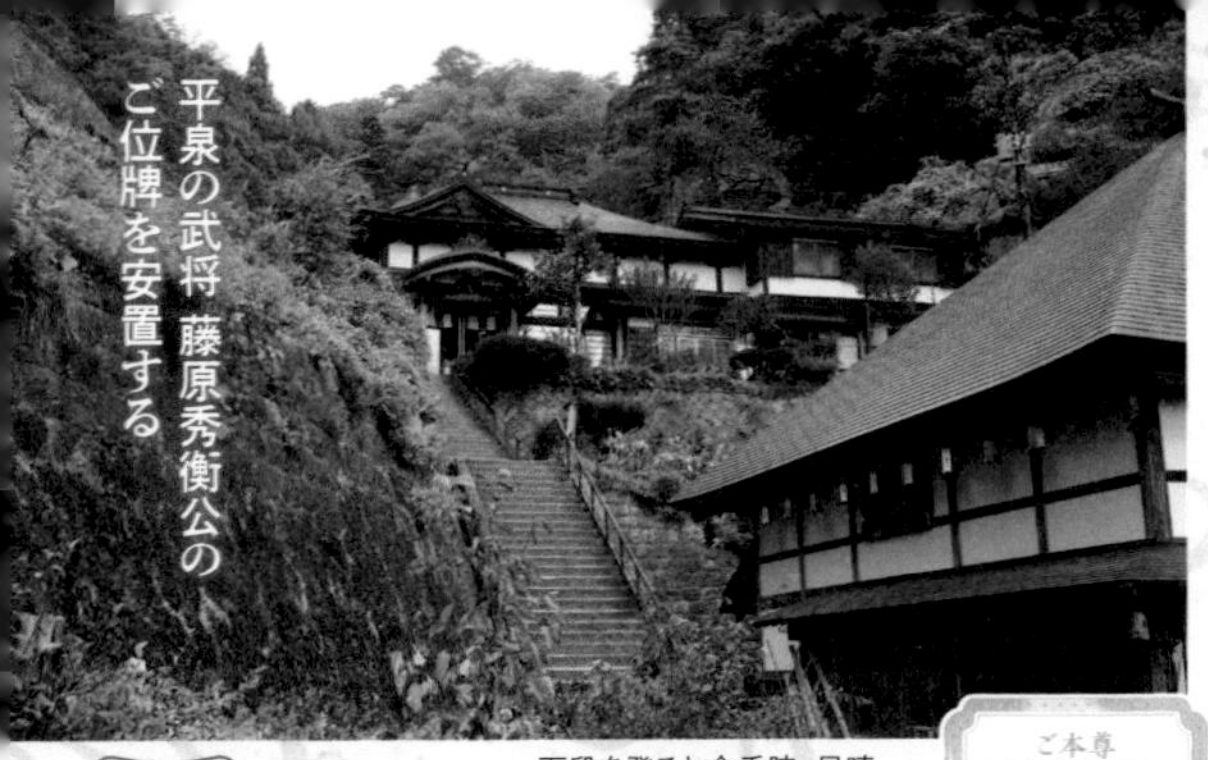

平泉の武将 藤原秀衡公のご位牌を安置する

石段を登ると金乗院。見晴らしのいい場所に建ちます

ご本尊
延命地蔵菩薩《えんめいじぞうぼさつ》

立石寺の仁王門をくぐり、急な石段を上ると十二支院のひとつ性相院があります。ご本尊は慈覚大師作と伝わる阿弥陀如来像、運慶作の毘沙門天もお祀りしています。さらに登ると金乗院です。金乗院のご本尊は延命地蔵菩薩。ほかにも千躰地蔵菩薩・不動明王をお祀りしています。金乗院は１８４０年（天保11年）の再建とされます。その先には慈覚大師作とされる観世音菩薩を祀る華蔵院があります。

御朱印

墨書／奉拝、地蔵尊　印／宝珠山立石寺塔中、地蔵菩薩を表す梵字カの印、山形、金乗院、山寺

奥之院へは金乗院からさらに石段を上がります

DATA

金乗院 MAP 8-C3

開創／不明
山号／宝珠山
宗旨／天台宗
住所／山形県山形市山寺4456-1
交通／山寺登山口から約800段
拝観・御朱印授与時間／立石寺と同じ

山形

5月の例祭、山王祭

山寺日枝神社《やまでらひえじんじゃ》

滋賀・比叡山麓の日吉大社の分霊を祀ったのが始まり

拝殿の背後に建つ御本殿は1534年（天文3年）、最上義守の再建です

慈覚大師が立石寺を開く際、一山の守護神として近江国坂本の日吉大社から分霊を勧請し祀ったのが最初とされます。創建当初は山王二十一社の規模が整えられ、東北における山王神道の一大拠点でした。祭神は縁結び、安産、厄除けの神様、毎年5月17日に行われる山寺山王祭では3基の神輿が担がれ、門前町で神輿が神輿を追いかける勇壮なけんか神輿が斎行されます。ご神木の大銀杏は慈覚大師お手植えと伝わり、樹齢１１００年以上。県天然記念物の大木です。境内に入り左手の亀の甲石は延命・長寿、諸願成就の御利益で知られます。

御朱印

墨書／奉拝、出羽國山寺、山王日枝神社　印／出羽國山寺総鎮守、山王日枝神社、山寺日枝神社山王印

季節の花を浮かべた水みくじが境内に彩を添えています

DATA

山寺日枝神社 MAP 8-C3

開創／860年（貞観2年）
祭神／大山咋命、大己貴命、伊弉諾命、伊弉冉命
住所／山形県山形市山寺4449-4
電話／023-695-2488
交通／JR「山寺駅」から徒歩10分
拝観・御朱印授与時間／自由
拝観料／なし
URL https://hie348.wixsite.com/yamaderahiejinja

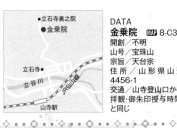

立石寺発祥の地とも伝わる裏山寺「垂水遺跡」へ

立石寺の北東に広がる峯の浦は通称〝裏山寺〟と呼ばれ、
慈覚大師が山寺の構想を練ったパワースポットとされています。

ご本尊
千手観世音菩薩《せんじゅかんぜおんぼさつ》

本堂の前には12体の干支守護本尊が安置されています

最上三十三観音第２番札所

山形

千手院《せんじゅいん》

千手院は立石寺からＪＲ仙山線沿いに北東へ10分ほど歩いたところにあります。境内入口に立つ鳥居は「ついてる鳥居」と呼ばれています。参拝者の願いが叶うようにと奉納され、鳥居の柱に抱きついて願い事をするとかなうといわれているのです。鳥居をくぐり石段を登れば本堂です。お堂の左右には干支別守護本尊がずらりと並びます。ご本尊は慈覚大師作と伝わる木造千手観世音菩薩立像です。現在は秘仏とされ、拝観は不可。子年に御開帳があります。通常は高さ１ｍほどの金色の千手観音立像を拝観します。

御朱印

墨書／宝珠山、大悲殿、山寺、千手院　印／山寺最上札所第二番、千手観音を表す梵字キリークの印、山寺宝珠山千手院執事印

「ついてる鳥居」。恋愛運か、金運大吉か、どちらかひとつを願うとかなうそうです

DATA

千手院　MAP 8-C3
開創／860年（貞観2年）
山号／宝珠山
宗旨／天台宗
住所／山形市山寺4753
電話／023-695-2845
交通／JR「山寺駅」より徒歩15分
拝観・御朱印授与時間／7:00～17:00
拝観料／無料

この洞窟に慈覚大師が籠り、修行したとされます

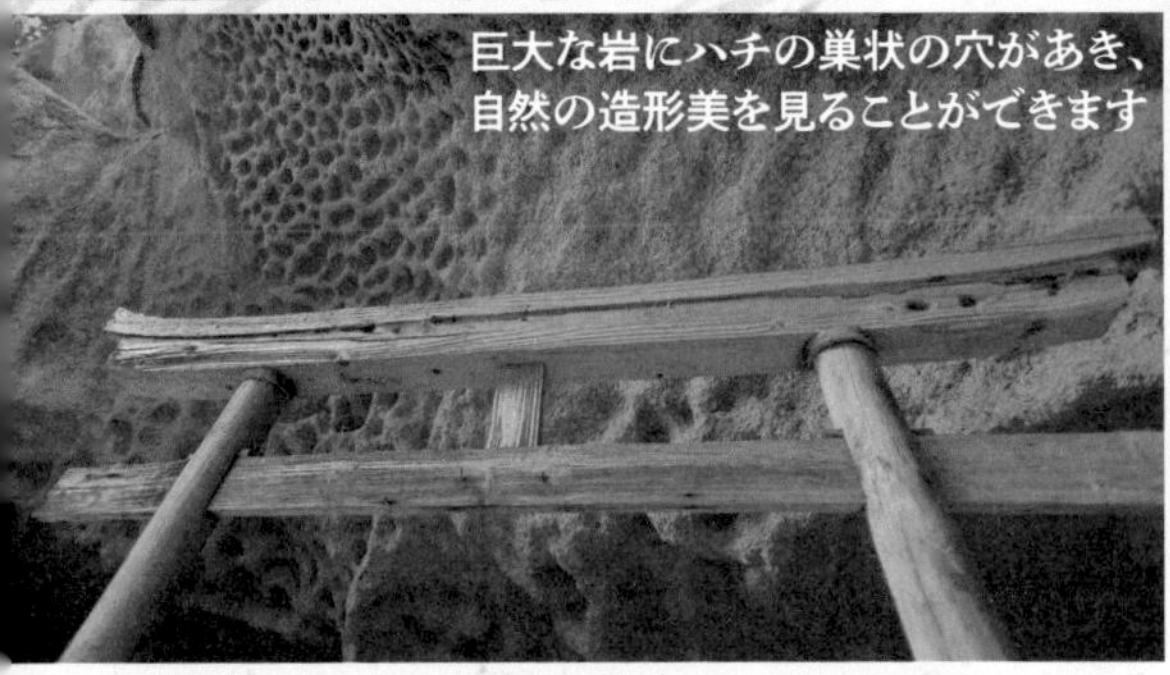

巨大な岩にハチの巣状の穴があき、自然の造形美を見ることができます

岩の割れ目のなかに不動明王像が祀られています

ご本尊
不動明王《ふどうみょうおう》

山形

神秘的な雰囲気に包まれる

垂《たる》水《みず》不《ふ》動《どう》尊《そん》

千手院観音堂を出て森の中を歩くと目の前にハチの巣状の穴が無数に開いた巨大な岩壁が聳えます。これが垂水遺跡です。岩壁は凝灰岩で雨水や雪の浸食により、このような穴が開いたのです。洞窟の前には鳥居が建ち、洞窟を奥に進むと稲荷社。さらに登ると巨大な岩の割れ目の奥に不動明王像が安置された垂水不動尊と慈覚大師が修行しながら山寺の構想を練ったと伝わる洞窟〝円仁宿跡〟があります。垂水遺跡は大正時代初期まで修験者の修行の場となっていました。遺跡までの道は山道です。歩きやすい靴で参拝しましょう。

赤い鳥居の向こうに稲荷社が祀られています

御朱印

墨書／奉拝、垂水不動尊、山寺、峯の浦　印／不動尊霊場、不動尊の姿を表す印、垂水遺跡、山寺峯の浦　●御朱印は千手院で頒布

DATA

垂水不動尊　MAP 8-C3

開創／不明
山号／宝珠山
宗旨／天台宗
住所／山形市山寺千手院
電話／023-695-2845（千手院）
交通／千手院から徒歩10分
拝観・御朱印授与時間／7:00〜17:00
拝観料／無料

千手院から垂水遺跡までは緑濃い山道を登ります

杜の都に伊達家の面影を訪ねて歩く

伊達政宗が飢饉に備え、
実のなる樹木を植えるように勧めてできた
屋敷林と寺社の森、青葉山の緑が一体となり、
仙台は緑に包まれた街となりました。
伊達家ゆかりの古寺をめぐります。

瑞鳳殿の正面には涅槃門が立ちます

宮城

仙台藩祖、伊達政宗の霊廟

瑞《ずい》鳳《ほう》殿《でん》

奥州最強の戦国武将、独眼竜として知られ、仙台藩祖でもある伊達政宗の霊廟で瑞鳳寺に隣接しています。極彩色で彩られた精緻な彫刻や金箔で飾られた華麗な外観には誰もが目を奪われるでしょう。江戸時代初期の建立ですが、1945年（昭和20年）の戦災で焼失してしまい、現在の建物は1979年（昭和54年）の再建です。とはいえ、創建当時の豪華絢爛さを今に伝えています。境内には2代藩主忠宗の霊屋感仙殿、3代藩主綱宗の霊屋善応殿があり、きらびやかな装飾が施されています。資料館もあり、副葬品のレプリカなどの資料を展示しています。

御朱印

墨書／仙臺藩祖政宗公辞世の和歌 曇りなき心の月を先たてて浮世のやみをてらしてぞ行く

DATA

瑞鳳殿 MAP 8-C3

建立／1637年（寛永14年）
住所／宮城県仙台市青葉区霊屋下23-2
電話／022-262-6250
交通／JR「仙台駅」からバス13分「瑞鳳殿前」下車徒歩7分
開館／9:00～16:50（12月～1月16:20）
※最終入館は閉館20分前まで
入館料／570円
URL https://www.zuihoden.com/

霊廟は2001年（平成13年）に仙台開府400年を記念して大改修されました

御朱印帳

家紋を配した色彩豊かなオリジナル御朱印帳

庭園で有名な伊達家ゆかりの禅寺

宮城

輪《りん》王《のう》寺《じ》

緑豊かな本堂までの参道

ご本尊
釈迦如来《しゃかにょらい》

伊達家11世持宗が伊達家9世政宗夫人の菩提寺として建立しました。山門を入ると樹木に覆われた長い参道が本堂へと続きます。石段を上ると本堂です。輪王寺は江戸時代には繁栄しましたが、明治になり、火事で堂宇を焼失するなどして荒廃します。それを惜しんだ曹洞宗大本山永平寺と總持寺が復興に尽力し、1915年（大正4年）、本堂と庫裏を再建、その後、現在の姿を回復しました。本堂裏手には池を中心にした見事な庭園が広がります。

御朱印

墨書／奉拝、釈迦如来、金剛寶山輪王寺　印／佛法僧寶の三宝印、輪王寺印　●右下にはかわいい地蔵尊の印が押印されています

桜、アジサイが咲く池泉回遊式庭園の三重塔は1981年（昭和56年）建立。内部には江戸初期造立の釈迦如来座像が安置されています。御開帳は毎月1・15日

東北屈指の紅葉の名所でもあります

DATA
輪王寺　MAP 8-C3
開創／1441年（嘉吉元年）
山号／金剛寶山　宗旨／曹洞宗
住所／宮城県仙台市青葉区北山1丁目14-1
電話／022-234-5327
交通／JR「仙台駅」から車15分、市営地下鉄「北仙台駅」から徒歩15分
拝観・御朱印授与時間／8:00～17:00　拝観料／300円
URL https://rinno-ji.or.jp/

伊達家の祈願所として創建

宮城

龍《りゅう》寶《ほう》寺《じ》

1984年（昭和59年）に再建された本堂

ご本尊
釈迦如来《しゃかにょらい》

鎌倉時代初期、伊達家の祖朝宗が開いたと伝わり、江戸時代には大寺院として栄えました。四脚門の山門を入り参道を行くと多宝塔が正面に立ち、その後ろに本堂があります。ご本尊の釈迦如来立像は京都清凉寺の釈迦如来立像を模刻したとされるガンダーラ様式の仏像。古くから出世如来、願掛け如来、子育て如来として信仰されてきました。通常は非公開で毎年4月第1日曜日・8日、12月31日、1月1日・14日に御開帳されます。

御朱印

墨書／重要文化財、本尊釈迦如来、奥州仙臺、別格本山龍寶寺　印／釈迦如来を表す梵字バクの印、宝珠の三宝印、奥州仙台別格本山龍寶寺

鎌倉時代初期の作品とされる釈迦如来立像。寄木造りで像高約160cm

山門。奥の多宝塔は伊達家祈願寺となってから800年を記念して1988年（昭和63年）に建造

DATA
龍寶寺　MAP 8-C3
開創／1185～1190年（文治年間）
山号／惠澤山　宗旨／真言宗御室派
住所／宮城県仙台市青葉区八幡4-8-32
電話／022-234-0005
交通／JR「国見駅」から車10分
拝観・御朱印授与時間／9:00～17:00
拝観料／無料
URL http://ryuhouji.org/

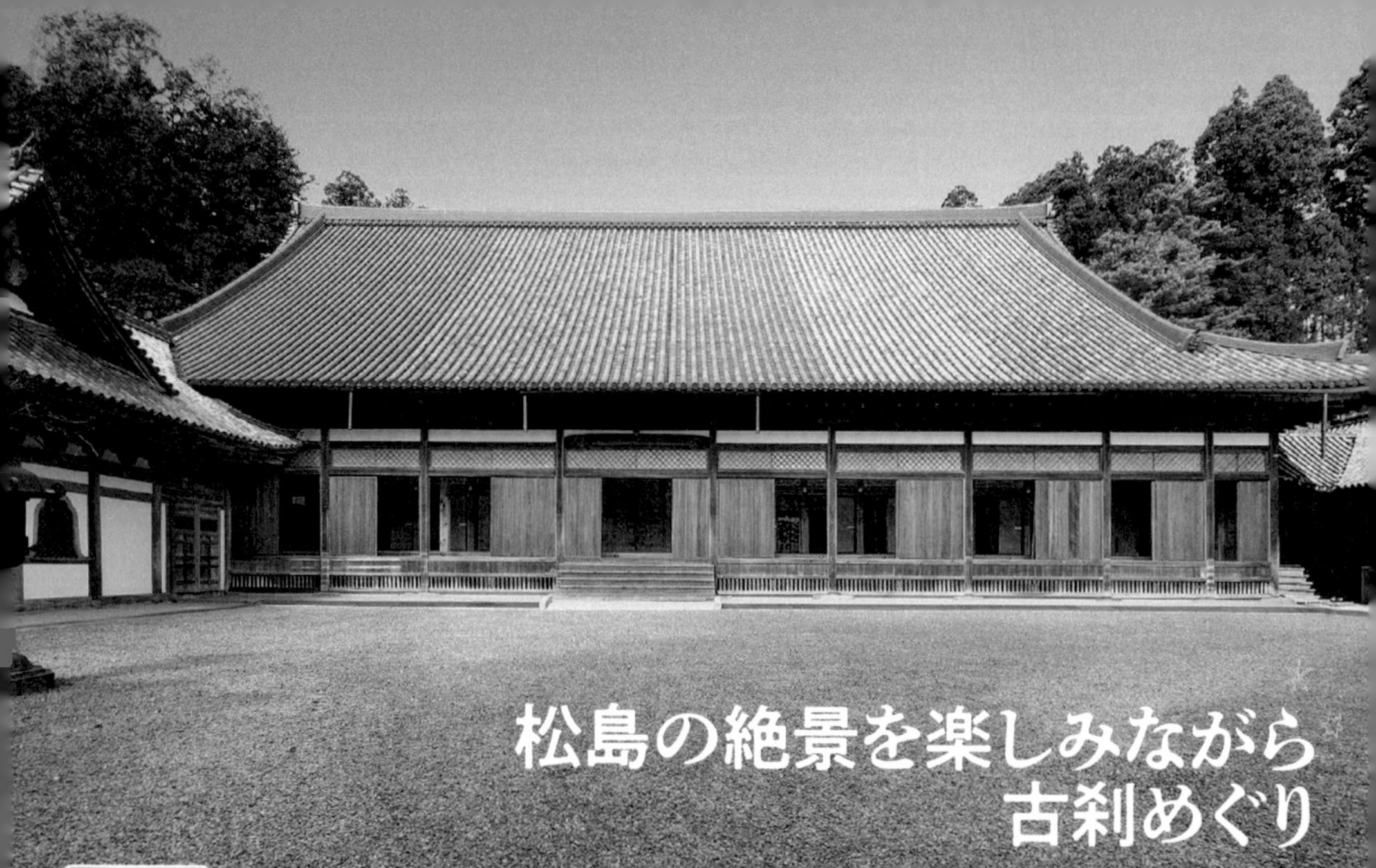

松島の絶景を楽しみながら古刹めぐり

松島湾に260余りの島々が浮かぶ風景は日本三景のひとつ。
すばらしい海の風景を眺めながら、桃山文化の粋を現代に伝える古刹を参拝しましょう。

ご本尊
聖観世音菩薩《しょうかんぜおんぼさつ》

中庭は滝から流れた水が松島の自然を育み、鎌倉時代から受け継がれた文化のなかで僧侶が坐禅する姿を表現しています

宮城

桃山美術に彩られた本堂

瑞《ずい》巌《がん》寺《じ》

江戸時代に伊達家の菩提寺として庇護を受け、末寺60以上を有し、仙台藩随一の格式を誇る大寺となりました。本堂は伊達政宗が5年の歳月をかけて創建したという壮麗な建造物です。堂内に入るとすぐに室中（孔雀の間）が広がります。孔雀を描いた襖絵「牡丹唐獅子図」が描かれた仏間の須弥壇、精緻な彫刻が施された欄間はまさに豪華絢爛という言葉がぴったりです。堂内には10の部屋がありますが、どの部屋も華麗な絵画と彫刻で装飾されています。境内に建つ宝物館の入口には創建期の鬼瓦が展示され、その大きさには驚くでしょう。

御朱印

墨書／奉拝、聖観音、松島瑞巌寺　印／青龍山、佛法僧寶の三宝印、瑞巌寺印　●拝観受付左手の朱印所で頒布

DATA

瑞巌寺　MAP 8-C4

開創／828年（天長5年）
山号／松島青龍山　宗旨／臨済宗妙心寺派
住所／宮城県宮城郡松島町松島字町内91
電話／022-354-2023
交通／JR「松島海岸駅」から徒歩10分
拝観時間／8:30～17:00（10・3月～16:30、11・2月～16:00、12～1月～15:30）
御朱印授与時間／最終受付は閉門の30分前まで
拝観料／700円　URL https://www.zuiganji.or.jp/

伊達家の家紋、竹に雀の金箔を押した御朱印帳（1200円）

宮城

縁結びと庭園で知られる

円《えん》通《つう》院《いん》

ご本尊
聖観世音菩薩《しょうかんぜおんぼさつ》

重要文化財の三慧殿。厨子には西洋から伝わったバラ、水仙が描かれています

伊達政宗の孫、光宗の霊廟として建立されました。茅葺屋根の山門を入ると左手に縁結び観音が祀られ、その先には石庭が広がります。白砂とコケで松島湾と周囲の山々を表現した石庭です。本堂の前にも心字池を配した庭園があります。伊達藩江戸屋敷にあった小堀遠州作の庭園を移設したものと伝わり、秋にはカエデが鮮やかな紅葉を見せてくれます。境内の最奥に建つのが霊廟「三慧殿」です。華麗な装飾が施された厨子がガラス戸越しに拝観できます。

御朱印

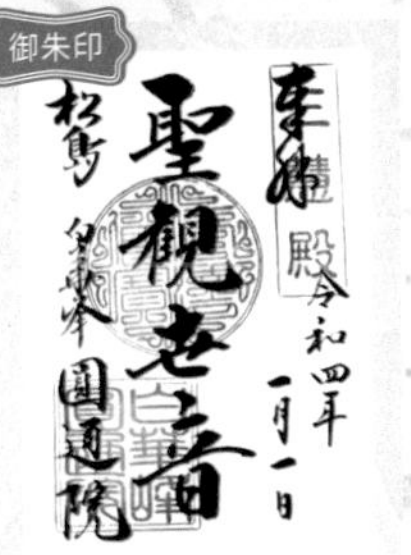
墨書／奉拝、聖観世音、松島、白華峰、圓通院　印／三慧殿、仏法僧寶の三宝印、白華峰圓通院　●御朱印は山門前の拝観受付で頒布

縁結び観音は龍に乗った観音菩薩です

御朱印帳は伊達家家紋と三慧殿のデザイン。各1500円

DATA
円通院 MAP 8-C3
開創／1647年（正保4年）
山号／白華山
宗旨／臨済宗妙心寺派
住所／宮城県宮城郡松島町松島町内67
電話／022-354-3206
交通／JR「松島海岸駅」から徒歩5分
拝観・御朱印授与時間／9:00～15:30　拝観料／300円
URL http://www.entuuin.or.jp/

宮城

境内から松島湾が望める

五《ご》大《だい》堂《どう》

五大堂は東北地方最古の現存桃山建築。国重要文化財

ご本尊
五大明王《ごだいみょうおう》

五大堂へは海岸から木造の橋を渡ります。この橋は橋桁の間が空いた「透かし橋」。橋桁の間から海が見えます。平安時代、坂上田村麻呂が建立し、毘沙門天を祀り、後に慈覚大師円仁が五大明王像を安置したことから五大堂と呼ばれるようになりました。現存のお堂は伊達政宗が江戸時代初期に再建した宝形造で四面に十二支の彫刻が配されています。堂内に安置されている五大明王は秘仏。33年に一度、御開帳があります。

御朱印

墨書／奉拝、五大明王、松島、五大堂　印／東北三十六不動尊霊場第二十八番、不動明王を表す梵字カーンの印、瑞巌寺五大堂

DATA
五大堂 MAP 8-C4
開創／806～810年（大同年間）
住所／宮城県宮城郡松島町松島字町内111
電話／問い合わせは瑞巌寺へ
交通／JR「松島海岸駅」から徒歩7分
拝観・御朱印授与時間／瑞巌寺と同じ
URL https://www.zuiganji.or.jp/

五大堂に渡る透かし橋。気を引き締めるため、江戸時代中期からこの構造と伝わります

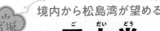

東北のお寺 INDEX

本書に掲載している東北6県のお寺と廟を県別に五十音順でリストアップ。
御朱印さんぽやお寺めぐりの参考にしてみてください。
参拝したり、御朱印を頂いたりしたら□にチェック✓しましょう！

青森県

秋田県

岩手県

宮城県

山形県

福島県

第一章

出発前にチェック！

御朱印＆お寺入門

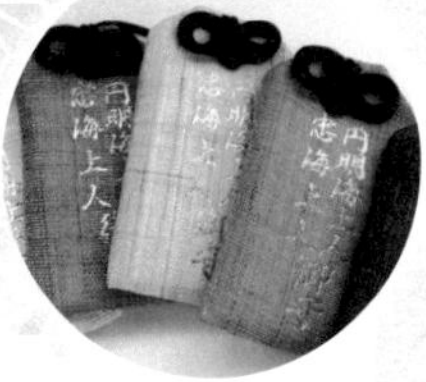

御朱印の見方や頂き方のマナーから、ご本尊や境内の建物など、まず理解しておきたい基本をレクチャー。御朱印デビューの前に基礎情報を知るだけでお寺めぐりがだんぜん楽しくなります。

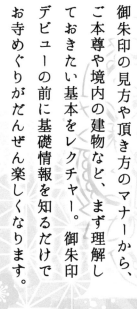

御朱印ってナニ？

御朱印は、もともとお経を納めた証にお寺で頂いていたもの。それがいつしか、神社にも広がり、参拝によってご本尊や神様とのご縁が結ばれた証として頂けるようになりました。ですから、単なる参拝記念のスタンプではありません。

御朱印帳

御朱印の本来の役割って

御朱印はもともと、自分で書き写したお経をお寺に納め、その証に頂くものでした。お寺で「納経印」ともいわれているのはこのためです。いつしか、納経しなくても参拝の証として寺社で頂けるようになりました。お寺で始まった御朱印ですが、江戸時代にはすでに神社でも出されていたといわれています。

御朱印は
納経をした
証でした

御朱印を頂くってどういうこと？

御朱印を頂ける場所は、お守りやお札の頒布所が一般的ですが、寺務所や納経所で頒布するお寺もあります。書いてくださるのは、僧侶や寺務所の方々。ご本尊を梵字で表した本尊印か「仏法僧」が宝であると刻んだ三宝印、寺院印が押され、これにご本尊名や寺院名が墨書されます。

御朱印を頂くというのは、そのお寺のご本尊とのご縁が結ばれたことになります。決して記念スタンプではありません。ていねいに扱いましょう。

御朱印により
仏様とのご縁が
結ばれます

世界でひとつの御朱印との出会いを楽しみましょう

御朱印は基本的に印刷物ではありません。僧侶や寺務所の皆さんがていねいに手書きしてくださる、世界にひとつのもの。ですから、墨書には書き手の個性が表れます。そのため、本書に掲載した御朱印と同じものが頂けるとは限りません。同じお寺でも書き手によって、頂くたびに墨書や印の押し方が違うからです。印も季節によって変わったり、新しいものに作り替えることもあります。御朱印自体が頂けなくなることさえあるのです。二度と同じ御朱印は頂けない、それが御朱印集めの楽しみでもあります。

弁財天や
大黒天の御朱印も
あります！

お寺の御朱印の見方

白い紙に鮮やかな朱の印と黒々とした墨書が絶妙なバランスで配置されている御朱印。墨書には何が書かれ、印は何を意味しているのでしょう。御朱印をもっと深く知るために、墨書や印の見方をご紹介します。

御朱印帳を持ち歩くときには袋に入れて

お寺によってはオリジナルの御朱印帳と御朱印帳袋を頒布しています。御朱印帳袋は御朱印帳を汚れから守ってくれて、ひとつあると参拝で持ち歩くときに便利です。

柳津虚空蔵尊(P.131)で頒布される御朱印帳と御朱印帳袋です。丑年、寅年の守本尊だけに猛々しい虎がモチーフです。

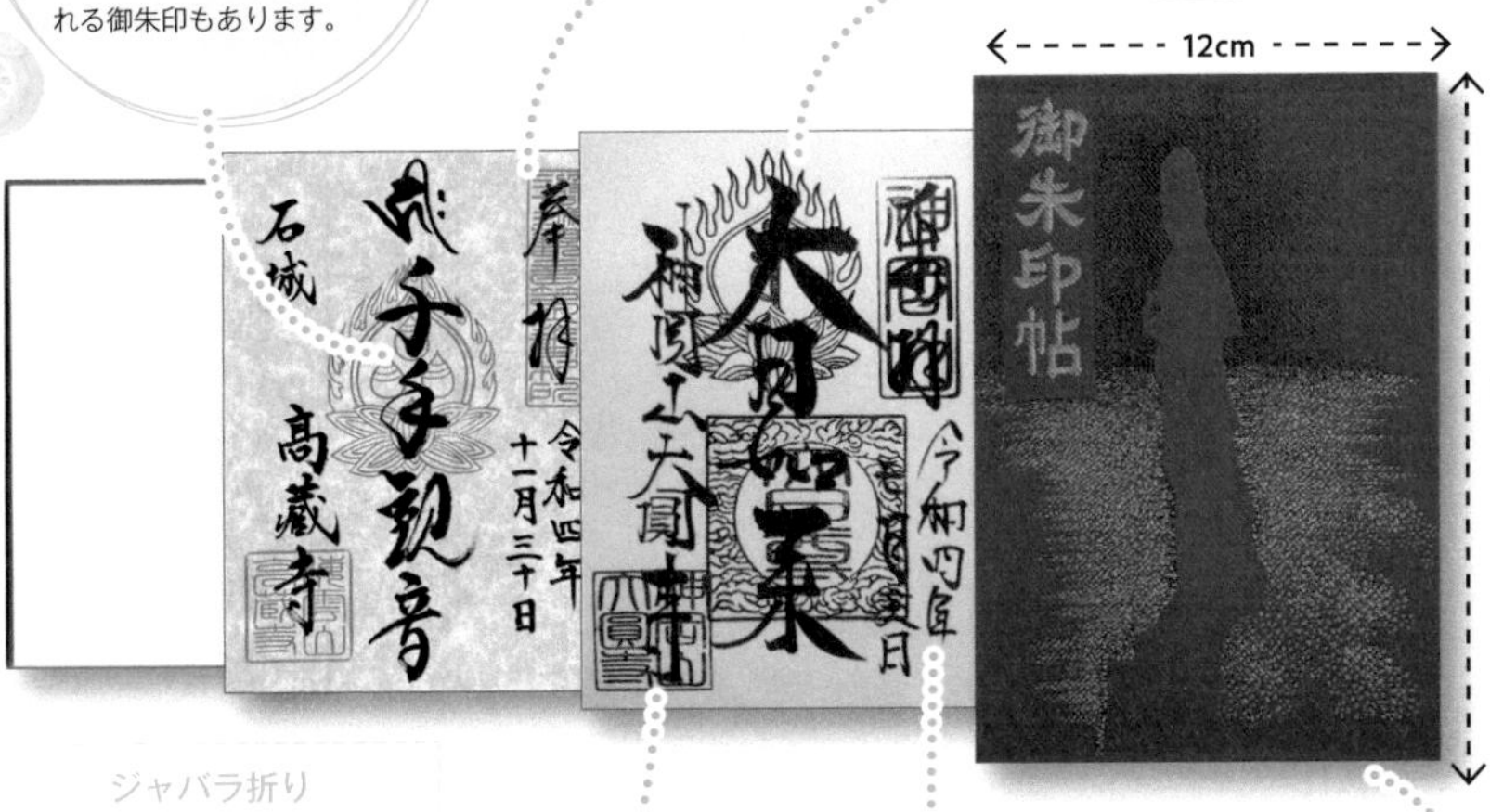

ご本尊の印

ご本尊を梵字で表した印や三宝印（仏法僧寳の印）が押されます。印の字体は篆刻（てんこく）という独特なものが多くみられます。寺紋やご本尊の姿印が押される御朱印もあります。

奉拝・札所

「つつしんで参拝させていただきました」の意味。参拝と書かれるお寺もあります。右上の朱印は札所霊場であることを示しています。

ご本尊名など

中央にはそのお寺のご本尊名や参拝した仏様の名前が浄書されます。阿弥陀仏を示す「無量寿」や、観音様を祀る本堂を意味する「大悲殿」など、寺院により墨書の内容はさまざまです。

御朱印帳は「約16cmx11cm」が通常サイズとされます。「約18cmx12cm」の大判サイズを頒布するお寺も増えています。

ジャバラ折り

御朱印帳はジャバラ折りが基本。表だけ使っても、表裏使っても、使い方は自由です！

寺号と寺印

寺号はお寺の名前で、ここに山号と寺号両方が書かれることもあります。寺印は四角形が一般的ですが、円形や凡鐘形など変わった印もあります。

参拝した日にち

何年たっても、御朱印を見れば自分がいつ参拝したのか、すぐわかります。同時に日付を見るとその日の行動も思い出せるので、旅の記録にもなるでしょう。

※四国お遍路の納経印には一般的に日付は入りません。

表紙

オリジナルの御朱印帳を頒布しているお寺がたくさんあります。表紙には山門、伽藍、仏像、寺紋などをデザインすることが多いです。襖絵や寺宝、花手水や紅葉、歴史上の人物やゆるキャラなどそのお寺の象徴をモチーフにした御朱印帳もあります。

個性がキラリ

御朱印ギャラリー

参拝の証である御朱印は仏様との縁を結んでくださるものですが、墨書や印、絵など、お寺の個性があふれています。そんな御朱印の数々をご紹介しましょう。

久渡寺 （青森）P.106

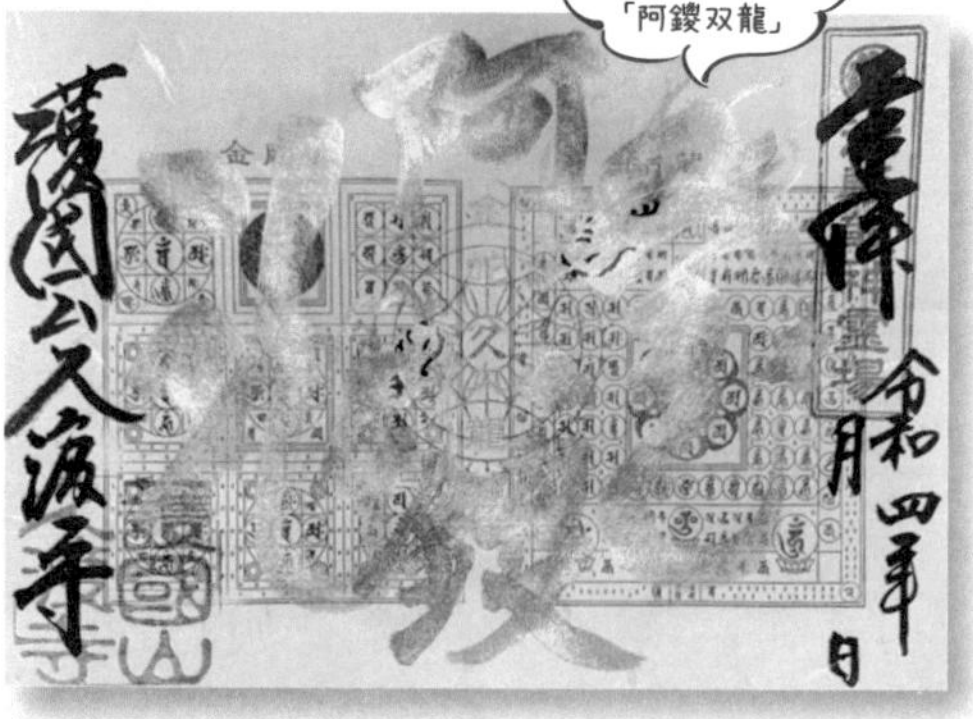

年に数回、行事などの際にいただける「双龍」は、レア度の極めて高い御朱印

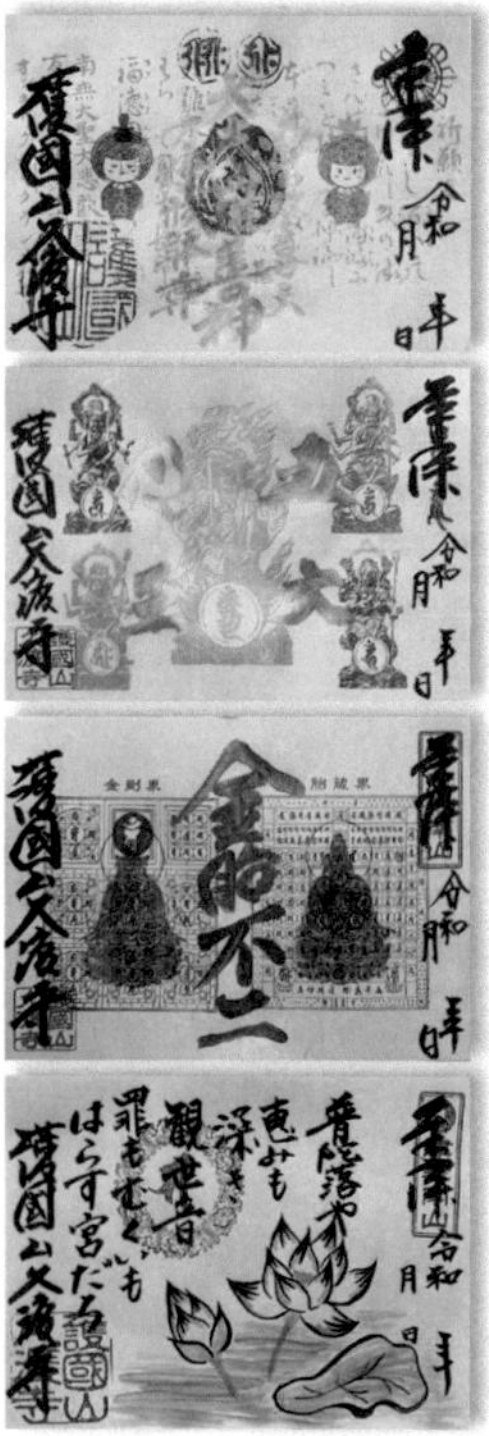

こちらも毎月18日の本尊ご縁日だけに頒布される特別御朱印。郵送に対応していないので、参拝しないと頂けません。上から「オシラサマ」「五大明王」「曼荼羅」「蓮華」

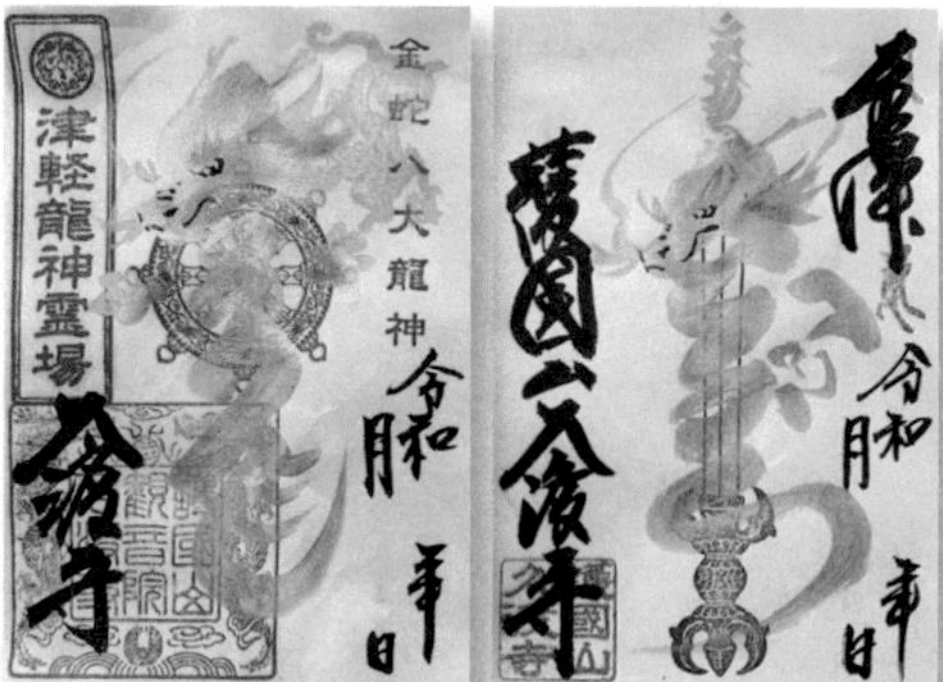

毎月18日だけに頒布される久渡寺鎮守「金蛇八大龍神」の御朱印。左は「金龍」、右は「倶利伽羅」の2種

長福寺 （青森）P.76

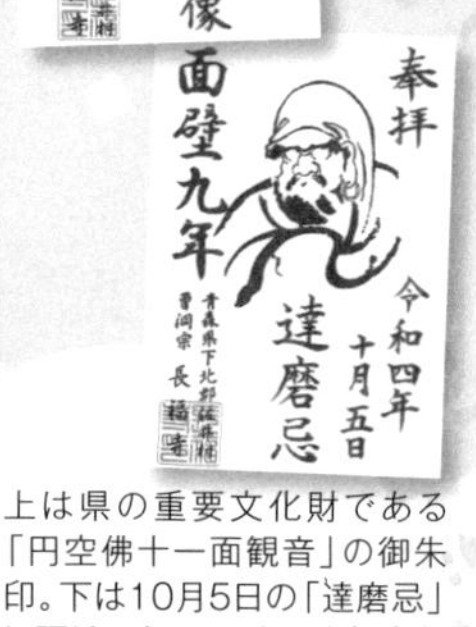

上は県の重要文化財である「円空佛十一面観音」の御朱印。下は10月5日の「達磨忌」に頂けるもの。ほかにも年中行事ごとの参拝印があります

聖心寺 （青森）P.56

月替わりで授与される、まるでアートのような御朱印が大人気です！

左から「こんがらどうじ（令和4年4月）、豊玉姫（同7月）、不動明王（同8月）。季節や年によって内容が変わるので、最新情報はお寺のホームページやSNSで確認を

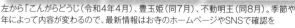

最勝院 (青森)P.130

津軽屈指の名刹として知られるお寺です。御朱印にもたくさんの種類があります

秘仏「牛頭天王」には疫病退散の御利益が

左から不撓不屈の不動明王（東北三十六不動尊霊場）、あらゆる願い事を如意宝珠から取り出し叶えてくれる如意輪観音、商売繁盛や子孫長久などの御利益がある聖天（歓喜天）、疫禍･疫病退散の御利益がある牛頭天王の各御朱印が頂けます

龍本寺 (青森)P.75

通年の「龍」の絵付き御朱印のほかに、時期を反映した期間限定の絵入り御朱印（御首題）が頂けます

期間限定の絵入り御首題。ハロウィン（左上）、お会式（右上）、クリスマス（左下）、七夕オリンピック（右下）。御首題の郵送申込みにも対応していただけます

弘法寺 (青森)P.55

津軽七福神の福禄寿の御朱印

ご本尊の御朱印のほか、常時いただける御朱印は2種

ご詠歌の入ったインパクト大の御朱印

期間限定御朱印5種

アート作家との積極的なコラボレーションによって誕生した御朱印は郵送でも対応していただけます

特別な行事の時にご開帳される勢至菩薩の御朱印

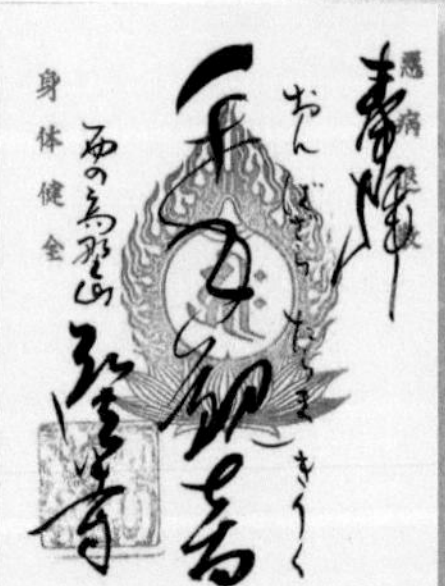

千の手でどのような人々も漏らさずに救おうとする千手観音

期間限定御朱印5種

春分の日、秋分の日に行われる大祭の時に頂ける限定御朱印です。5枚一組で2500円

「身代り不動」と呼ばれる不動明王。東北三十六不動尊のひとつ

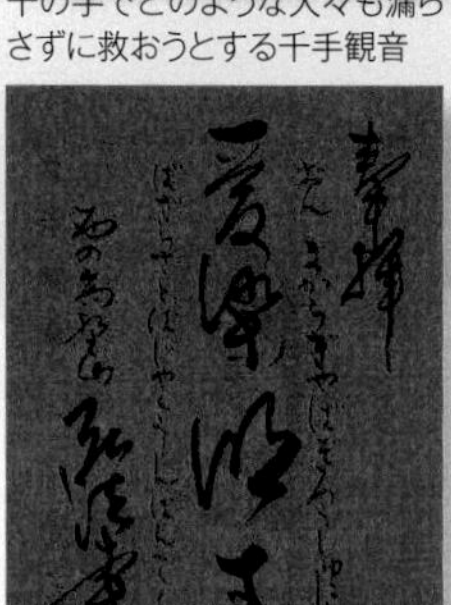

愛染明王は良縁・夫婦円満・無病息災・勝利などの御利益を

「お休み大師」は修行中の大師が野宿したお姿

当病平癒・心願成就・安眠・心の病快癒などの御利益が

廣布山蓮華寺

(青森)P.85

いつでも頂ける「龍」(下)と「蓮華寺ねぶた」(右)の絵入り御朱印(御首題)。各800円

長徳寺

(岩手)P.114

境内の「祇園社」「熊野社」「天神社」の三社を合祀した「三社殿」の御朱印と「蘇民将来」の御朱印が頂けます

毎年
3月第1日曜の
「蘇民祭」で頂ける
限定御朱印。
とても人気で
今では普段から
頂けるそうです

大慈寺

(宮城)P.120

境内の秋葉大権現の奇祭「米川の水かぶり」は火伏と厄払いを祈願する祭事。発祥は12世紀と伝わります

天台寺

(岩手)P.82

7月になると境内のアジサイが見頃を迎えます。そんな季節に行われる「天台寺あじさい祭り」では美しい期間限定御朱印が頂けます

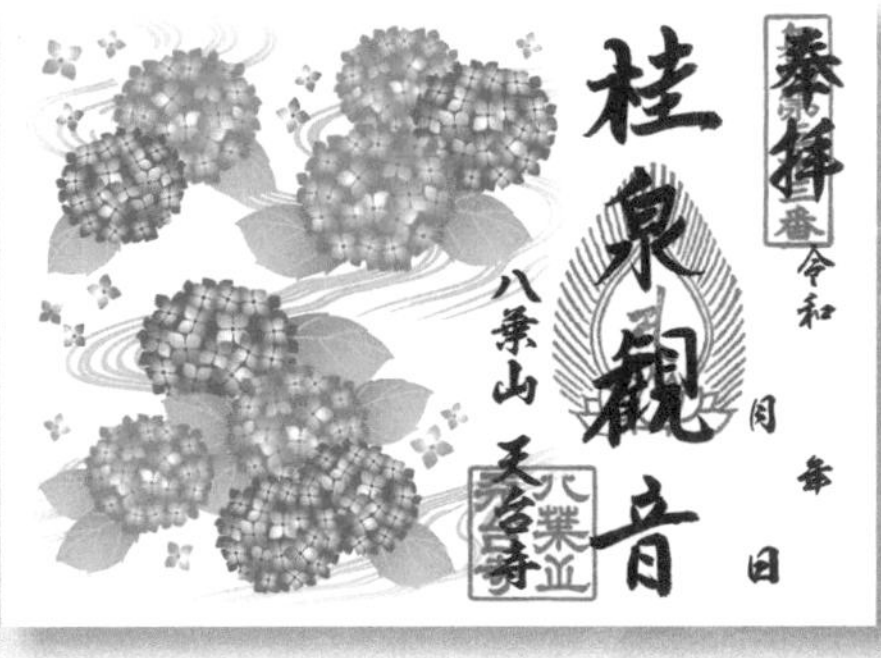

毛越寺

(岩手)P.13

世界遺産「浄土庭園」をあしらった御朱印が有名な毛越寺。あやめまつりの時期限定で授与される美しい「切り絵御朱印」です

柳津虚空蔵尊

(宮城)P.131

柳津虚空蔵尊には、5種類の御朱印があります。限定御朱印は郵送でもご対応いただけます

アマビエの
御朱印帳も
あります
(→P.40)

總光寺のシンボル「キノコ杉」の御朱印は通年で頂けます

總光寺 (山形)P.86

ご本尊の薬師如来がおわします「瑠璃光殿」の文字に季節の植物があしらわれた「季節の御朱印」が人気です ※領布月は目安となります

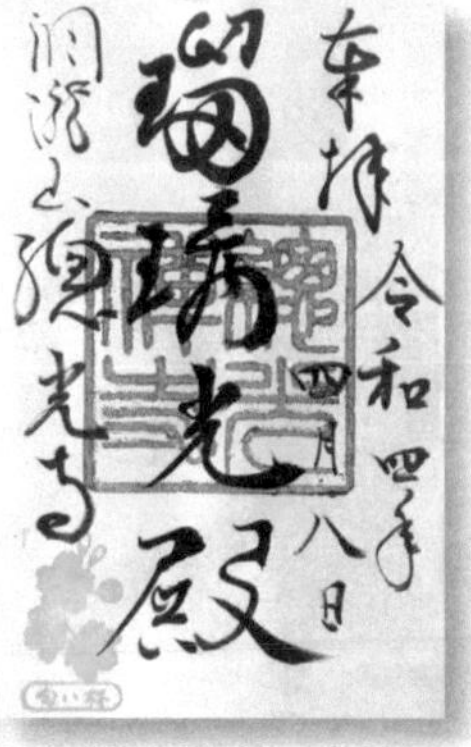

3月下旬から4月末までは「匂い桜」

5月は「藤」の花

6月は「あじさい」

7~8月は「すいれん」

9月は「彼岸花」

10~11月中旬は「いちょう」

11月下旬~12月末は「雪のきのこ杉」

霊場めぐりの御朱印が3種類

山形の名刹總光寺では「季節の御朱印」以外にも限定授与も含めて5種類の御朱印があります

山形県の荘内平和百八観音霊場の第20番札所です

曹洞宗のお寺で構成される庄内梅花観音霊場の第73番

出羽三山や鳥海山に囲まれた庄内三十三観音霊場第12番札所

薬師如来の御朱印は写経体験後、納経すると頂けます

通常は8月20日前後の森の山供養祭の2日間のみ頂けます

正善院 （山形）P.87

出羽三山を道場とする羽黒山修験道のお寺です。出羽三山ご本尊の特別御朱印が頂けます。4枚組か「於竹大日如来（P.87）」を含めた5枚組です

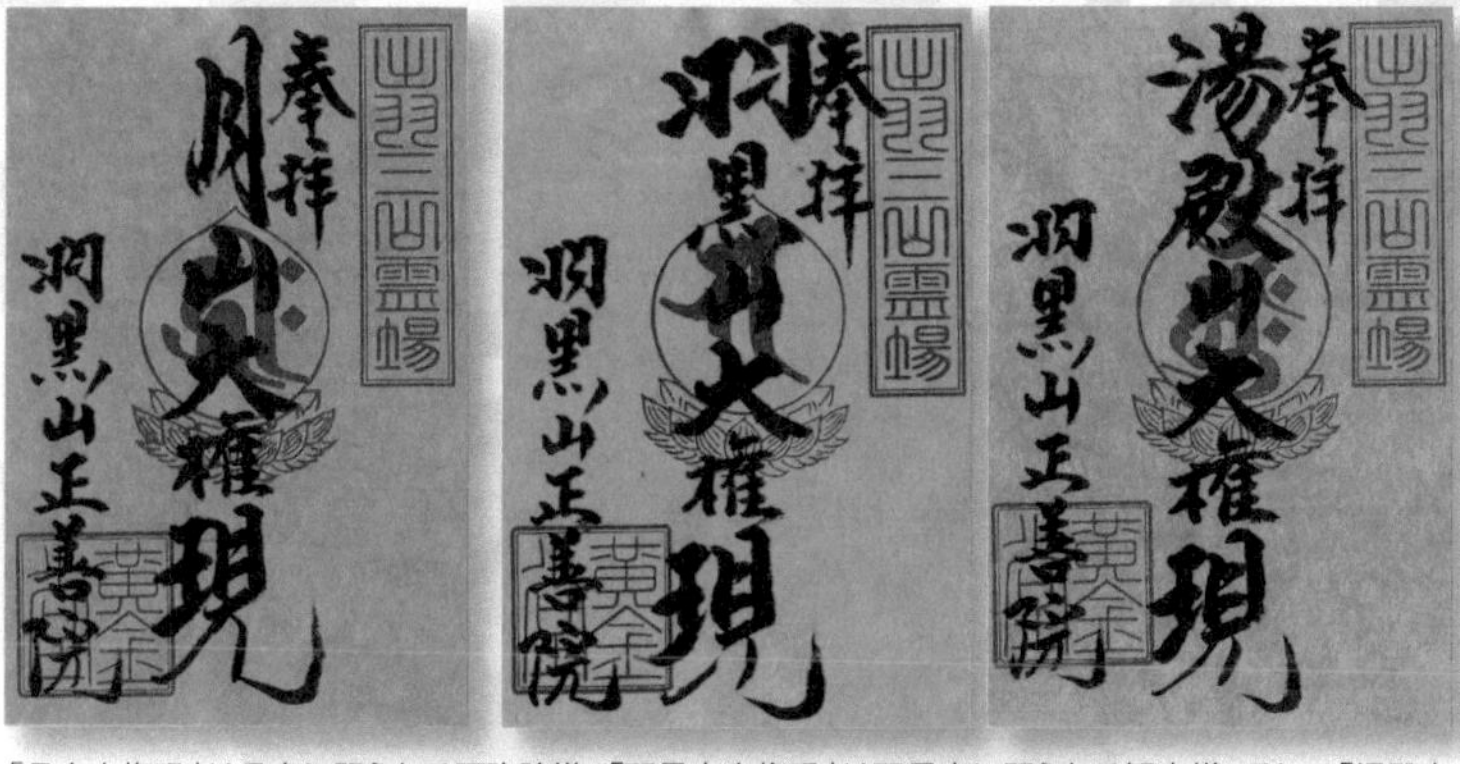

「月山大権現」は月山に祀られる阿弥陀様、「羽黒山大権現」は羽黒山に祀られる観音様、そして「湯殿山大権現」は湯殿山に祀られる大日如来のそれぞれの神様としての名前です

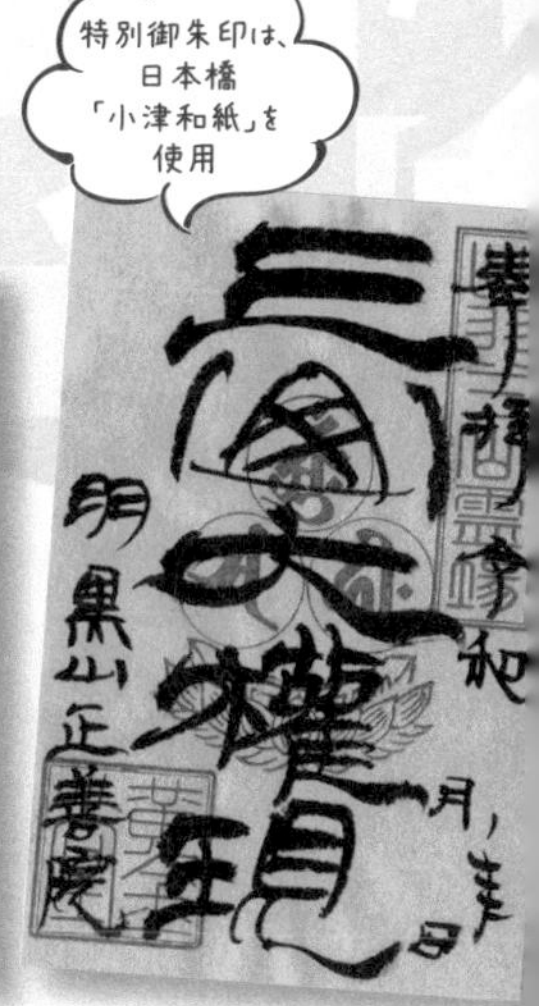

特別御朱印は、
日本橋
「小津和紙」を
使用

「三山（さんやま）大権現」は、書家による隷書体の揮毫です

善寳寺 （山形）P.115

水を司る「龍神様」の伝説が伝わり、海の安全の御利益があるということから漁師たちの信仰があついお寺です

※御朱印のデザインは不定期に変更されます

御朱印は
郵送頒布して
くれます

「龍頭観音」のイラストが描かれた見開き御朱印。1000円（送料別）

朱色の地に「達磨」のイラストの見開き御朱印。1000円（送料別）

ボランティアとのコラボ御朱印

陽林寺（P.90）では地元のボランティアや檀家さんが描いたイラストや揮毫による御朱印が人気。御朱印を頂くときにはアートな部分にも注目したいですね

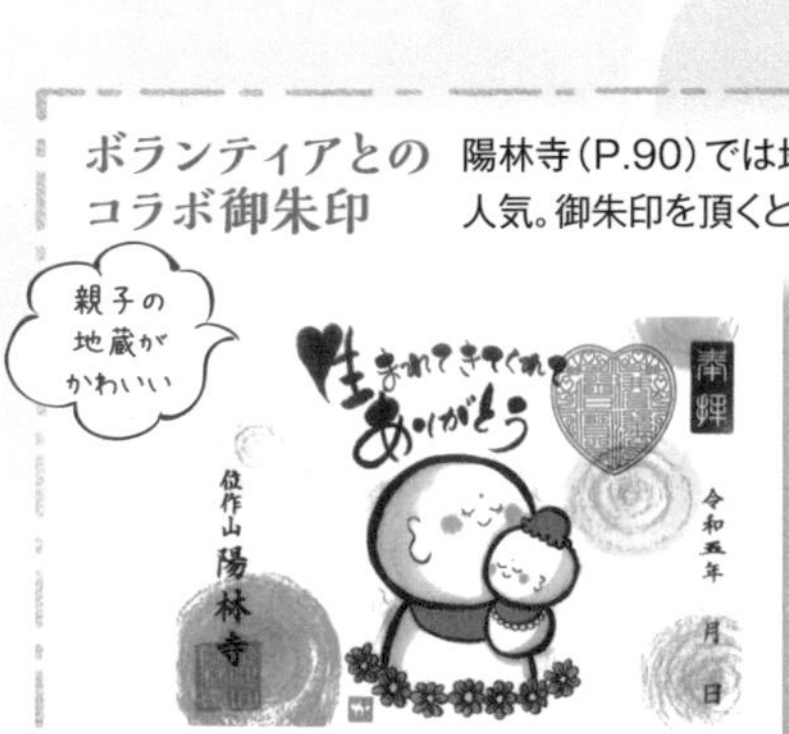

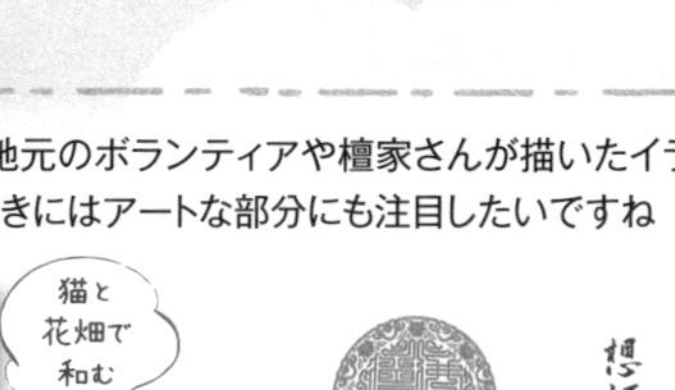

親子の
地蔵が
かわいい

猫と
花畑で
和む

7月限定
スイカの
御朱印

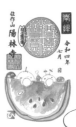

海向寺 （山形）P.101

2月の「大護摩祈願祭」に枚数限定で頂ける御朱印。打ち出の小槌で開運招福！

令和5年は「卯」のイラスト入り

新年を祝してお正月には、限定の御朱印が枚数限定で頂けます

圓通寺

（福島）P.91

平安時代の開山と伝わるいわき市の名刹。ご本尊である聖観世音菩薩の御朱印が数種類頂けます

聖観世音菩薩の広く大きな慈悲を「大慈悲」と表した御朱印

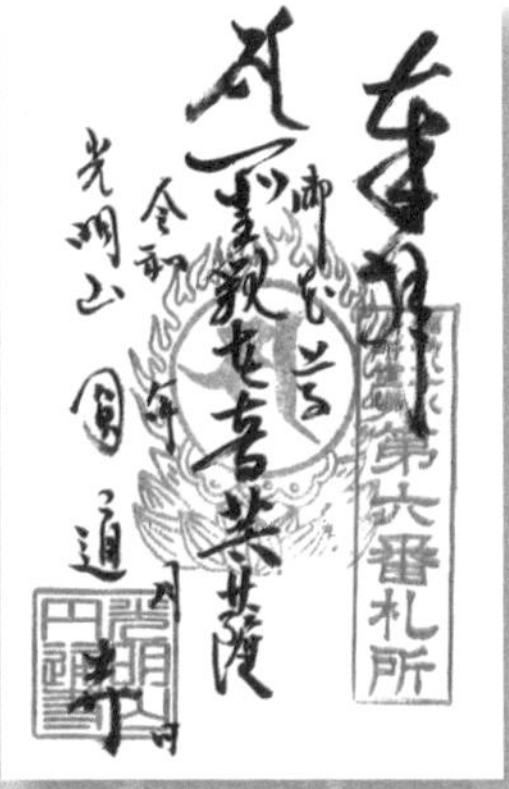

聖観世音菩薩を表す「サ」の梵字の入った御朱印

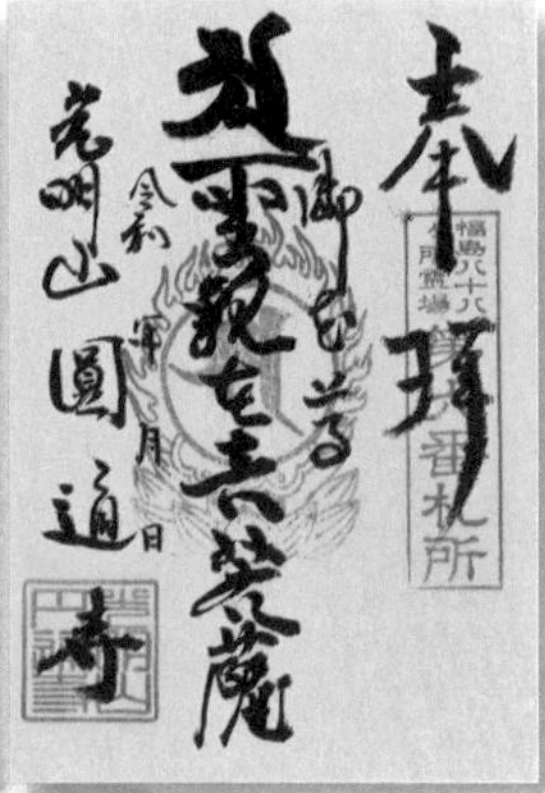

和紙に書かれた梵字の入った御朱印。梵字の入らないものもあります

恵隆寺 （福島）P.67

「会津ころり三観音」のひとつ立木観音で知られるお寺で頂ける御朱印

小金塔（三重塔）のご本尊で「未、申」の守り本尊、大日如来の御朱印

薬師如来、阿弥陀如来、六地蔵菩薩が祀られている三佛堂の御朱印

高蔵寺 （福島）p.91

無量寿とは阿弥陀仏のこと

高蔵寺のご本尊は阿弥陀仏。弘法大師福島八十八ヶ所霊場の第10番札所です

陽林寺 （福島）P.90

期間限定やさまざまなデザインの御朱印が頂けることで知られています。季節ごとに新しい御朱印に出合えるので、何度でも訪れたいお寺です。

ご本尊の御朱印です。左は「伊達家本尊」のもので、伊達家の家紋のひとつ「三引両紋（みつびきりょうもん）」が鮮やか。右は菊の花があしらわれた季節限定

愛宕大権現を深く信仰していた伊達稙宗公のお姿を御朱印に（左）。右は千手観音の御朱印。陽林寺は、「信夫新西国三十三観音」の第25番札所

鶴亀をあしらった御朱印（左）は「健康長寿」、「夫婦和合家内安全」は夫婦地蔵尊（中）、恋地蔵（右）は頭上にハートをあしらって「恋愛成就」と、いずれも御利益を感じられる素敵なデザイン

珍しい「孝行観音様」にもお会いできます

こちらは「仏法僧宝」の文字がハートの中

いずれも10月限定の御朱印です。左はハロウィンをイラストで描いたもの。「仏法僧宝」の文字が星型に。右は実る稲穂に雀と案山子。こちらも同じ10月限定です。季節によってどのような御朱印に出合えるかというのも、楽しいですね

人気の切り絵御朱印

黒と金の対比が美しい

龍泉寺 (福島)P.102

斬新な御朱印で話題の福島県の龍泉寺は、たくさんの種類の御朱印があります。なかでも限定で頒布される切り絵の見開き御朱印はインパクト大。ほかにも記念御朱印や押し花御朱印など。御朱印との出合いを求めて、何度でも訪れたくなるお寺です

本堂切り絵御朱印
地色が異なる4種類があります。伊達家ゆかりのお寺らしく、本堂の上に伊達家の定紋「仙台笹」と「三引両紋」が描かれています

陽林寺の切り絵御朱印はバリエーション豊富

陽林寺 (福島)P.90

月替わりの御朱印やコラボ御朱印などがある陽林寺ですが、切り絵御朱印もいろいろ。お寺のホームページにある御朱印案内をチェックしてお参りしましょう。時期によっては郵送受付もしていただけます

阿吽仁王像の切り絵は迫力満点

仁王像切り絵御朱印
青、黄、赤の3種類の地色があります。山門左右にある木造仁王像を描いたもので、中央に「位作山陽林寺」の印が押されています

ファースト御朱印帳をゲットしよう！

御朱印を頂きにさっそくお寺へ！
その前にちょっと待って。
肝心の御朱印帳を持っていますか？
まずは１冊、用意しましょう。

1 あなたにとって、御朱印帳は思い入れのある特別なもの

御朱印はあなたと仏様とのご縁を結ぶ大事なもの。きちんと御朱印帳を用意して、御朱印を頂くのがマナーです。御朱印帳はユニークでかわいい表紙のものがいっぱいあるので、御朱印帳を集めることも楽しいでしょう。御朱印帳が御朱印でいっぱいになって、何冊にもなっていくと、仏様とのご縁がどんどん深まっていくようでとてもうれしいものです。御朱印には日付が書いてありますから、御朱印帳を開くと、参拝した日の光景を鮮明に思い出すこともできるでしょう。

2 御朱印帳は、お寺はもちろん文具店やネットでも入手できます

どこで御朱印帳を入手すればよいのかを考えると、まず、思い浮かぶのはお寺。本書で紹介している多くのお寺でも、お守りなどを頒布している授与所で御朱印帳も頂くことができます。ファースト御朱印と同時に、そのお寺の御朱印帳を入手するとよい記念になりますね。お寺以外で御朱印帳を入手できるのは、和紙などを扱っている大きな文房具店やインターネット通販。自分が行きたいお寺に御朱印帳がないようなら、こうした取扱店であらかじめ入手しておきましょう。最近は御朱印帳を手作りするのも人気です。

3 御朱印帳を手に入れたらまず名前、連絡先を書き入れます

御朱印帳を入手したら、自分の名前、連絡先を記入しましょう。お寺によっては参拝前に御朱印帳を預け、参拝の間に御朱印を書いていただき、参拝後に御朱印帳を返してもらうところがあります。混雑しているとき、同じような表紙の御朱印帳があると、自分のものと間違えてほかの人のものを持ち帰ってしまう……なんてことも。そうならないよう裏に住所・氏名を記入する欄があれば記入しましょう。記入欄がなければ表紙の白紙部分に「御朱印帳」と記入し、その下などに小さく氏名を書き入れておきます。

4 カバーを付けたり専用の入れ物を作ったり、大切に保管

御朱印帳は持ち歩いていると表紙が擦り切れてきたり、汚れがついたりすることがしばしばあります。御朱印帳をいつまでもきれいに保つためにカバーや袋を用意することをおすすめします。御朱印帳にはあらかじめビニールのカバーが付いているものやお寺によっては御朱印帳の表紙とお揃いの柄の御朱印帳専用の袋を用意しているところがあります。何もない場合にはかわいい布で御朱印帳を入れる袋を手作りしたり、カバーを付けたりしてはいかがでしょう。

わたしにピッタリ♪の御朱印帳ってどんな御朱印帳なのかな？

思わず集めたくなる！御朱印帳コレクション

お寺にまつわるモチーフや付近の名所・旧跡など、オリジナルの御朱印帳にはお寺の個性やこだわりを随所に見ることができます。東北の御朱印めぐりで出合えるステキな御朱印帳をご紹介します。

海向寺は月見の名所。
表紙は雲間に漂う満月

海向寺（山形）P.101

海向寺はその名の通り、海に近いお寺。表紙と対照的に裏表紙には波の高い海の絵が描かれています。カラフルな3色もきれいです（2000円 御朱印代込み）

世界遺産毛越寺の
御朱印帳は3種類

毛越寺（岩手）P.13

いずれもお寺の見どころや季節のイベントなどがデザインされた美しいオリジナル御朱印帳です

毎年5月に行われる「曲水の宴」（1500円）

表紙は毛越寺の俯瞰。裏は「延年の舞」（1500円）

紅葉と本堂をバックに白鹿がたたずむ（小判サイズ/1200円）

オリジナルの御朱印帳は11.3×16.1cm。淡い紫色が美しい

裏

裏

御朱印帳袋は使い道いろいろ（2200円）

西光寺 秋保大滝不動尊（宮城）P.99

表には紅葉の中に秋保大滝の瀑布。裏は新緑の中に佇む本堂が描かれています（1700円）

釜石大観音

（岩手）P.96

海を見下ろす観音様のシルエットが荘厳なデザイン（1500円）

吉祥院は最上三十三観音霊場の第3番札所

御朱印帳は霊場めぐりを含めて3種類

吉祥院（山形）P.86

淡いブルーとピンクの色彩が目を引く表紙

東北の霊場めぐりには専用御朱印帳を持って！

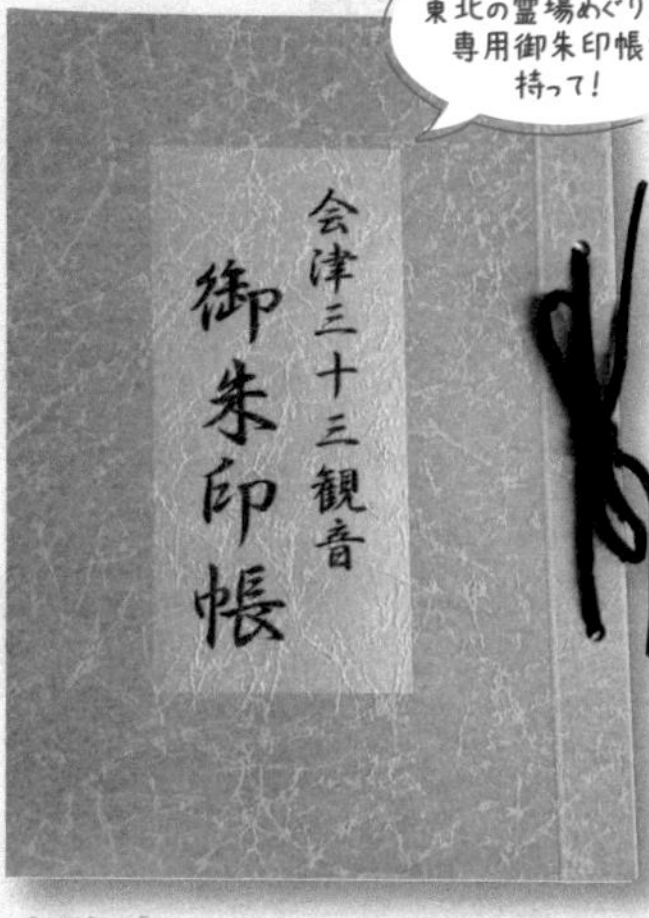

恵隆寺（福島）P.67

会津三十三観音観音霊場の札所では専用御朱印帳が頒布されています（1000円）

陽林寺

（福島）P.90

龍など格調高い和風の柄から、猫などのメルヘンチックな柄と、陽林寺の御朱印帳は種類が豊富。サイズも見開きサイズ、大判サイズ、ハーフサイズと揃っています。特に猫にちなんだ御朱印帳の多さは猫好きなご住職夫婦ならでは

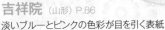

「銀河鉄道の夜」がテーマの美しい御朱印帳

宮沢賢治の想いを伝える言葉が本人の筆跡で裏表紙に。この御朱印帳をもとめて訪れる人も多いとか

身照寺 （岩手）P.141

夜空に流れる銀河を列車が走り、そして賢治がたたずむ有名なシルエットも描かれています（2000円）

色は上品な薄緑と薄桃の2色

日本三不動のひとつとされる不動尊の、風格が伝わってくる御朱印帳

横山不動尊 （宮城）P.121

表紙にはご本尊の不動明王を表す梵字「カーン」がデザインされています （1500円）

柳津虚空蔵尊 （宮城）P.131

迫力ある龍の特別御朱印帳。裏面に「日本三所の一」の文字（2000円）

特別御朱印袋には格調高い白い龍が（2000円）

アマビエ御朱印帳（2000円）

円空仏十一面観音の
オリジナル御朱印帳を手作りで！

長福寺 （青森）P.76

長福寺の体験イベント（予約制）に参加し、お好みの
和紙を選んで自分だけの御朱印帳を作りましょう

スティックのりを
使って誰でも簡単に
作れます

金色

水色

制作代行も
受け付けて
くれます

クリーム色

緑色

紫色

桃色

デビュー前に教えて！

もっと知りたい御朱印Q&A

御朱印に関するマナーから素朴なギモン、御朱印帳の保管場所、御朱印帳を忘れたときのことまで、デビューの前に知っておきたいことがいろいろあるはず。御朱印の本を制作して15年以上の編集部がお答えします。

Q この本で紹介しているお寺でしか御朱印は頂けませんか？

A 本書に掲載していないお寺でも頂けます

ただし、僧職や寺務所の方が常駐しているお寺の場合で、僧職がいても御朱印を授与しないお寺もあります。浄土真宗のお寺は基本的に御朱印を頒布していません（参拝記念として巡拝印や法語印を頂ける浄土真宗のお寺もあります）。

Q ひとつのお寺に複数御朱印があるのはなぜですか？

A 複数の仏様をお祀りしているからです

ご本尊のほかに、ご本尊と関係が深い仏様など、さまざまな仏様を境内にお祀りしているお寺ではご本尊以外の御朱印も頒布するところもあります。いずれにせよ、参拝を済ませてから、授与所（寺務所）で希望の御朱印を伝えて、頂きましょう。

Q 御朱印を頂く際に納める志納料（お金）はどのくらいですか？ また、おつりは頂けますか？

A ほとんどが300円。小銭を用意しておきましょう

ほとんどのお寺では300～500円ですが、限定御朱印など特別な御朱印ではそれ以上納める場合もあります。おつりは頂けます。とはいえ、1万円や5000円を出すのはマナー違反。あらかじめ小銭を用意しておきましょう。「お気持ちで」という場合も300～500円（見開きならば1000円）を目安にしましょう。

Q ジャバラ式の御朱印帳ではページの表裏に書いてもらうことはできますか？

A 裏にも書いていただけます

墨書や印などが裏写りしないような厚い紙が使用されているものであれば、裏にも書いていただけます。

御朱印を書いてほしいページを開いて渡しましょう

Q 御朱印帳の保管場所は、やはり仏壇ですか？

A 本棚でも大丈夫です

大切に扱うのであれば保管場所に決まりはありません。本棚、机の上など、常識の範囲でどこでも大丈夫です。ただし、なるべく清潔で、自分の頭より高い場所に置くことを心がけましょう。

Q 御朱印帳を忘れたら？

A 書き置きの紙を頂きます

たいていのお寺にはすでに御朱印を押してある書き置きがあります。そちらを頂き、あとで御朱印帳に貼りましょう。ノートやメモ帳には書いていただけません。

Q 御朱印を頂くと御利益がありますか？

A 仏様を身近に感じられます

仏様とのご縁が結ばれたと思ってください。御朱印を通し、仏様を身近に感じ、それが心の平穏につながれば、それは御利益といえるかもしれません。

Q 御朱印はいつでも頂けますか？すぐ書いていただけますか？

A 9:00～16:00の授与が一般的

授与時間は9:00～16:00のお寺が多いです。本書では各お寺に御朱印授与時間を確認し、データ欄に記載しているので、参照してください。小さなお寺では、法要などで僧職が不在となり頂けない場合もあります。また、混雑した場合は待ち時間が長くなります。アートな御朱印を直書きしていただけるお寺では、参拝後に受付のみを行い、御朱印帳は後日郵送となる場合もあるので、事前に確認しましょう。

Q 御朱印帳はお寺と神社では別々にしたほうがいいですか？

A 分けたほうがベターです

特に分ける必要はないとされていますが、一部のお寺では神社の御朱印帳には書いていただけないこともあります。また、日蓮宗では「御首題帳」という専用の御朱印帳があり、御首題帳には「南無妙法蓮華経」と浄書されますが、一般的な御朱印帳には書いていただけないか、「妙法」としか墨書しないお寺もあります。

Q 御朱印を頂くときに守りたいマナーはありますか？

A 必ず参拝し、静かに待ちましょう

御朱印はあくまでも参拝の証。必ず参拝し、書いていただく間は飲食や大声でのおしゃべりは慎みましょう。参拝後に御朱印をお願いするのが基本ですが、境内が広大だったり、浄書に時間がかかるお寺では、参拝前の御朱印受付が推奨される場合もあります。

Q 御朱印を頂いたあと、話しかけても大丈夫ですか？

A 行列ができていなければ大丈夫です

行列ができているときなどは避けましょう。しかし、待っている人がいないときなどには、御朱印やお寺のことなどをお尋ねすると答えてくださるお寺もあります。

Q 御朱印ビギナーが気をつけることは？

A 自分の御朱印帳かどうか確認を！

書いていただいたあと、戻ってきた御朱印帳をその場で必ず確認すること。他人の御朱印帳と入れ替わり自分の御朱印帳が行方不明……ということもあるので気をつけましょう。

お作法講座

いざ！御朱印を頂きに

正しい参拝の方法、御朱印の頂き方をマスターしておきましょう。仏様は一生懸命、祈願する人を応援してくださいます。難しく考えずに、こちらに書いてある最低限のマナーさえおさえればＯＫ！きちんと参拝すると背筋が伸びて、気持ちもびしっとしますよ。

1 山門で一礼

山門は寺院の正式な玄関になります。かつて寺院は山上に建てられることが多かったので山門と書くようになりました。禅宗寺院では悟りにいたる三解脱門が境内への入口とされ、三門と書くこともあります。いずれにせよ、玄関にあたるので、くぐる前に一礼します。

Point
帰るときも門の外でお堂のほうを向き、合掌または一礼します

2 手水舎で清める

古来、水は罪や穢れを洗い流し清めるとされてきました。そのため、参拝前に必ず手水舎へ行って、身を清めます。

Point
コロナの影響で柄杓がないお寺や手水舎が使えないお寺もまだあります。

①まずは両手を清めます。
②手で水を受け、口をすすぎ、両手をまた水で清めます。

〈柄杓がある場合〉

①柄杓を右手で取り、まず左手を清め、次に柄杓を左手に持ち替えて右手を清めます。
②右手に柄杓を持ち、左手に水を受けて口をすすぎ、口をつけた左手をまた水で清めます。
③最後に柄杓を立て、残った水を柄杓の柄にかけて清め、もとに戻します。

※お作法の案内板がある場合は、それに従って身を清めましょう。

3 境内を歩いて本堂へ

山門から境内を歩いて本堂に向かいます。バタバタ走らず、静かにゆっくり歩いて心を穏やかにしましょう。何かを食べながら歩くのは厳禁です。

④ お堂でお賽銭を投じる

本堂に到着したら、参拝する前にお賽銭を賽銭箱に投じます。納経する場合、入口に納経できる箱などが置かれていたら、ここに写経を納めます。箱がなければ御朱印を頂くときに受付で納経します。

Point
お賽銭の金額に決まりはありません。仏様への感謝の気持ちを込めた金額をお供えします

⑤ 合掌して祈る

ご本尊に合掌して、軽く頭を下げます。読経する場合は「般若心経」などを、声に出さなくても心のなかに念じるだけでかまいません。参拝の行列ができていたら、少し脇によけ、読経しましょう。

神社と違い手はたたきません。合掌には仏様と一体となるという意味があるそうです
Point

⑥ 最後に一礼

ご本尊前から去るときには一礼します。

第一章

⑦ ご本尊以外もお参りを

お寺にはご本尊以外にもさまざまな仏像や上人像があります。手を合わせてお参りしましょう。

無事、
御朱印を頂きました！
撮影地：陽林寺

⑧ 御朱印を頂く

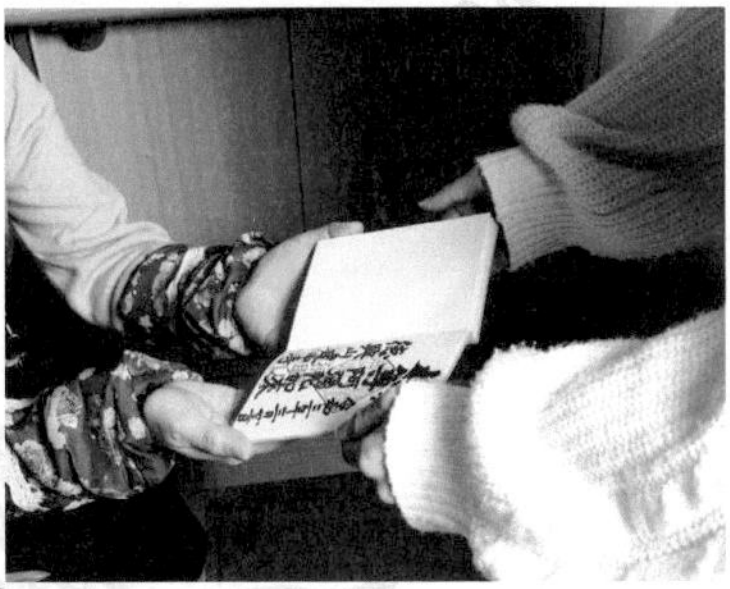

本堂での参拝を済ませたら、御朱印を頂きに行きましょう。御朱印はお守りやお札などを授与している「授与所」や「納経所」「朱印所」「寺務所」などと表示してある場所で「御朱印を頂けますか？」とひと言添えて頂きましょう。御朱印帳を出すときは、カバーを外したり、ひもでとじてあるものは開きやすいように緩めてから、挟んである紙などは外し、書いてほしいページを開いて渡します。御朱印代はほとんどの寺院で300～500円。できればおつりのないよう、小銭を用意しておきます。御朱印帳を返していただいたら、必ず自分のものか確認しましょう。

参拝Q&A

お数珠は使うの？

数珠は人間の煩悩を取り除くといわれる仏具。法事や法要に加え、参拝時にも使えます。種類やかけ方は宗派により異なりますが、両手にかけて合掌が基本です。

鐘はついてもいいの？

大晦日や朝・夕刻、法要に使われている鐘。鐘をついてよいかはお寺に確認が必要です。

お香やロウソクはどうあげるの？

本堂や境内に、灯明（ロウソク）とお香・お線香があれば、参拝前に点火しましょう。灯明は上段の奥から順に立てるのがマナー。お香はもらい火せず、自分の灯明からつけましょう。常香炉でお香を供えたら、煙を浴びて心身を清めます。

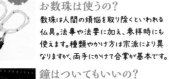

お寺の基本

お寺ってどんな場所？　神社と何が違うの？
意外と知らないお寺や仏教について、やさしくお伝えします！

開運さんぽに行く前におさえておくべき！

協力：公益財団法人仏教伝道協会

仏教ってどんな宗教？

約2500年前、古代インドに生まれた釈迦は現実世界を「苦」であると見極め、乗り越える道を示しました。日常生活に存在する迷いや苦しみから目をそらさず、それらを正しく見つめ、「今を生き抜く」ための智慧へと転じ、悟りを開くことが釈迦の教え。その教えによって、心が救われ、安らぎを得て、幸せに導かれるのです。現在、仏教は世界三大宗教のひとつといわれ、東南アジアや東アジアで盛んに信仰されています。

お寺の始まり

仏教はインドの釈迦が紀元前5世紀頃に開いた教えですが、その頃には寺院も仏像もありません。釈迦の教えを理解する修行の場があるだけでした。釈迦が亡くなると遺骨は仏塔（ストゥーパ）に納められ、それが信仰の対象になっていきます。日本に仏教が伝わったのは6世紀以降。その頃、仏教は外国の最新文化として知られ、大陸から経典や仏像がもたらされました。奈良時代には興福寺や東大寺など、権力者が五重塔など仏塔を築き、伽藍を建立。これが、日本におけるお寺の始まりです。

仏教の歴史年表

インド	▶紀元前5世紀 仏教が誕生	▶1世紀～ 大乗経典（般若経等）が成立	▶7世紀 密教が生まれる
中国	▶1世紀～ 西域より仏教が伝来。4世紀以降、鎮護（ちんご）国家の宗教として、受け入れられる	▶6世紀～ 隋・唐の時代、仏教が成熟し、多くの宗派が誕生する。7世紀にはインドで生まれた密教も伝来	▶7～13世紀 唐から宋の時代にかけて、禅宗が誕生。また、道教などと仏教が融合しながら、民間へ発展
日本	▶538年頃 朝鮮半島の百済国から仏教が伝来。国家仏教として信仰される	▶8世紀～ 唐代の中国で仏教を学んだ最澄と空海が新しい仏教を展開。平安時代後半には浄土教の教えも広まった	▶13～16世紀 鎌倉時代に現在の主要宗派が次々誕生。鎌倉時代から室町時代にかけて、禅宗も発展

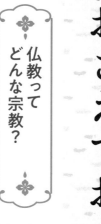

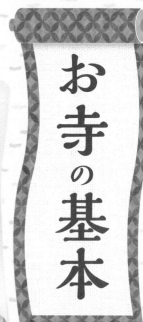

神社とお寺の違いは？

大きな違いは、神社が祀っているのは日本古来の神様、お寺が祀っているのはインドから中国を経由して日本に伝わった仏様です。仏教が伝わったのは6世紀ですが、10世紀頃には神様と仏様は一緒であるという神仏習合《しんぶつしゅうごう》の考え方が生まれます。そして明治時代になり、神様と仏様を分ける神仏分離令《しんぶつぶんりれい》が出されました。

＼神様／

＼仏様／

お線香はなぜ、たくの？

お線香は香料を線状に練り固めたもので、江戸時代初期に中国から伝来したとされます。参拝のとき、お線香を立てるのはその香りで穢れや邪気を祓い、自分自身を清める意味があります。なお、お線香のマナーは宗派によって異なりますので、注意しましょう。

住職はどういう人？

住持職を省略した呼び名で、そのお寺に住み込んで管理や運営をする僧侶をいいます。お寺が宗教法人であれば代表役員になります。宗派により、呼び名が異なることもあり、曹洞宗では方丈といいます。僧侶の敬称ですが、高位の僧には上人、聖人、大師、阿闍梨、仏門に入った天皇や武士に対しては入道などがあります。

お経とは？

釈迦の教えを弟子たちがまとめて記録し、誰もが読んで唱えられるようにしたのがお経です。その内容は釈迦の教えになり、8万もの種類があるとされます。代表的なお経は「般若心経」で一切にこだわらない「空」の境地を説いています。浄土の様子を説く「阿弥陀経」、観音信仰を説く「観音経」、釈迦を信じれば至福の道が開けるという「法華経」などがあります。

国によって異なる宗派

仏教はモンゴルなどの国にチベット仏教、東南アジアの国々に上座部仏教、日本や韓国に大乗仏教が広がっています。釈迦の教えはひとつですが、教え方や何に重きをおくかにより、宗派と経典が異なります。

お寺めぐりをもっとディープに楽しむために

知っておきたいお釈迦様と仏像

仏教の開祖、お釈迦様。さまざまな出来事を経て、悟りを開いた釈迦の足跡をたどれば、その教えをよりいっそう理解できるでしょう。信仰の対象である仏像についても、種類や特徴について頭に入れておけば、お寺めぐりがより楽しくなるはず！

釈迦？ ブッダ？ 同一人物です

仏教の開祖は釈迦ですが、その呼び名は複数存在します。悟りを開く前の名前が「ゴータマ（ガウタマ）・シッダールタ」。シッダールタはその後、悟りを開くと「釈迦」あるいは「釈尊」と呼ばれるようになります。悟りを開いたあとは「仏陀（ブッダ）」とも呼ばれます。また釈迦を仏として敬い「如来」という呼び方もあります。

参拝前に知っておきたい！ 釈迦の教えのキホン4

厳しい修行をしなくても、釈迦の教えは日常で実践できるものばかり。基本的な内容をお伝えします。

1 縁起（因果）

すべての物事は互いに関わり合い、原因と結果の関係でつながるという考え。

2 中道

両極端なものの見方を離れて、バランスの取れた生き方をすること。

3 四諦※1

苦から解放されるための4つの認識のこと。「諦」とは真理のことをいいます。

4 三法印

仏教が大切にしている3つの真理（諸行無常※2、諸法無我※3、涅槃寂静※4）のこと。

※1【四諦】生きることは苦しみがあるということ（苦諦）、その苦しみは煩悩が原因であること（集諦）、煩悩を消すことで苦しみが滅するという真理（滅諦）、その安らぎにいたるには八正道※5という正しい道を歩まないといけないということ（道諦）　※2【諸行無常】すべてのものは移り変わる

※3【諸法無我】すべてのものにおいて「私」とか「私のもの」という実体はない　※4【涅槃寂静】煩悩が消えた悟りの境地は安らぎの境地である

※5【八正道】①正見（正しいものの見方）　②正思惟（正しい考えをもつ）　③正語（正しい言葉を使う）　④正業（正しい行いをする）　⑤正命（正しい生活を送る）　⑥正精進（正しい努力をする）　⑦正念（正しい自覚をもつ）　⑧正定（正しく精神を統一する）

ライフステージで学ぶ！ 釈迦の一生

恵まれた環境で生まれ育った王子が、なぜ悩み、修行の道を選んだのか？釈迦の人生にはどんなことが起こったのか、たどってみましょう。

0歳

紀元前5世紀頃

シッダールタ誕生

今から約2500年前、釈迦の母親は白い象が右脇からおなかに入る夢を見て、妊娠に気づきました。4月8日、釈迦は母の右脇から生まれ、右手で天を、左手で地を差し「天上天下唯我独尊（てんじょうてんげゆいがどくそん）」と言いました。「人は生まれながらにして尊い」という意味といわれます。

POINT! 釈迦が生まれたときの名前はシッダールタ。誕生日には世界中の仏教施設で釈迦の誕生が祝われ、日本では「花まつり」という行事が行われます。

29歳

裕福に暮らすものの苦悩し出家

釈迦は、ヒマラヤ山脈の麓にある城の王子として不自由のない生活を送っていましたが、常に「生き物はなぜ苦しみや悲しみから逃れられないのだろう」と思い悩み、苦しみから解放される方法を探すため、華やかな生活を捨て、29歳で出家しました。

POINT! 繊細で感受性が豊かな釈迦は、恵まれた環境にいても、人が苦しみから逃れられないと気づき、周囲の反対を押し切って修行に出ました。

ゴータマ・シッダールタ生誕の地・ネパールのルンビニ。写真はルンビニの街の中心部にある聖園

35歳

厳しい修行の末、悟りを開き「仏陀」に

５人の修行者と厳しい苦行を６年間行いましたが、苦しみから逃れる方法が見つかりません。苦行はやめ、仲間と別れ、菩提樹の下で深い瞑想を続けると、明け方、心の迷いから抜け出て、悟りを開くことができました。こうして「仏陀（目覚めた人）」となりました。

POINT! 42日間の断食や息を止めるなどの厳しい修行の末、大木の下での心静かな瞑想の際、ついに悟りを開くことができました。

35歳以降

最初の説法「初転法輪」。布教の旅へ

悟りを得た仏陀のもとにブラフマンという神様が現れ、「あなたの悟りを世の人に伝えなさい」と言いました。最初渋っていた仏陀でしたが、ようやく願いを受け入れます。最初に訪れたのは、かつて修行をした5人の仲間がいるインドのサールナート。そこで最初の説法を行ってからさらなる旅へ。弟子の数もどんどん増え、仏教教団ができあがりました。

POINT! インドのサールナートで、初めて説法を行ったのが仏教の始まり。ここから布教の旅＝仏教が始まります。

インドのサールナートは、釈迦が初めて説法を行った場所として今もあがめられています

80歳

旅の途中で体調を崩し入滅

悟りを開いてから45年、仏陀は80歳になりました。弟子たちとの布教の旅の途中で体調を崩し、クシナガラという村で静かに最期を迎えます。悲しむ弟子たちに「すべてのものは無常であり、常に変化している。これからも一所懸命に修行をしなさい」と語り、生涯を閉じました。

POINT! 仏陀は口伝で教えを広めていきました。その教えは弟子たちにより「法」としてまとめられ、それが後に「経（＝お経）」と呼ばれました。

釈迦の旅マップ

表情、髪型、衣装、持ち物をチェック！
4つの仏像グループ

お寺の御朱印で、中央に墨書されているのは、多くの場合、本堂に祀られているご本尊（下記参照）である仏様の名前。仏様は4つのグループに分かれ、役割やパワーなどによって姿を変えて、人々を救います。表情や衣装に注目すると、より違いがはっきりするでしょう。

トップの如来をみんなで支え人々を救います！

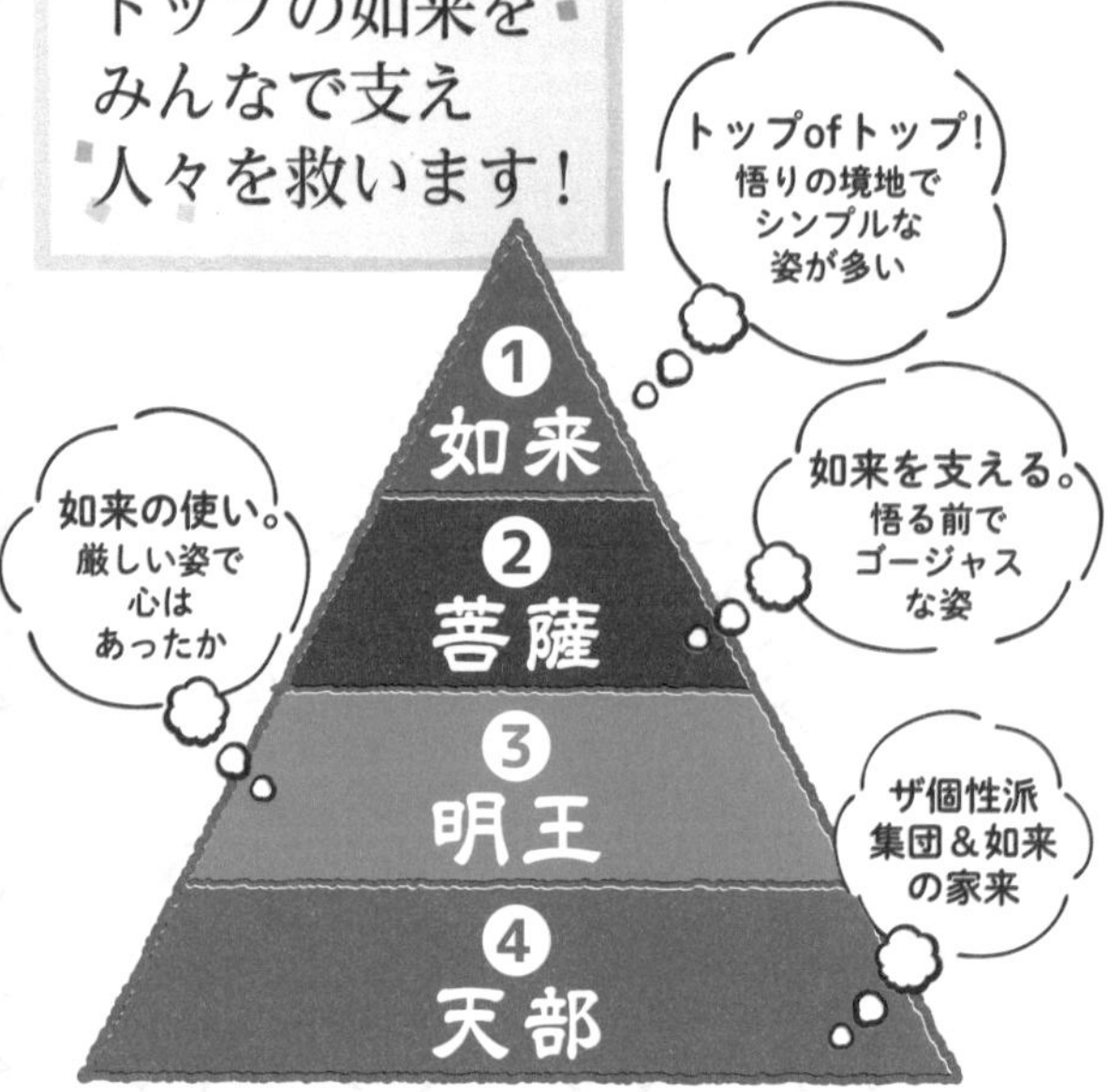

トップofトップ！

厳しい姿で

如来を支える。

ゴージャス

最強アーティスト 運慶・快慶

鎌倉時代に活躍した有名仏師・運慶と快慶。ふたりの天才アーティストによる仏像は、今も多くの人々を魅了しています。各地の寺院・博物館でも見ることができます。

1 如来【にょらい】

もともと釈迦がモデル

如来は悟りを開いた仏を意味し、「釈迦如来」は人々を救うため、「厳しい修行を通じて、悟りを開いた出家後の釈迦」がモデルとされています。袈裟をまとっただけのシンプルな姿が特徴です。

阿弥陀如来

人々を浄土へ導く仏といわれています。

おもな御利益 総合運

右巻きカールの螺髪（らほつ）は知恵の象徴
眉間にあるのは白毫（びゃくごう）。丸まった髪が光明になっている

薬師如来

人々の病気を治す仏とあがめられます。

おもな御利益 健康運

左手には薬壺（やっこ）
指の輪は「印」といわれる

キーワードで知るお寺と仏教

お寺について調べたり、参拝したりすると出てくる、聞き慣れない言葉をこちらで解説！

【極《ごく》楽《らく》浄《じょう》土《ど》】

輪廻を離れ、苦しみのない世界

阿弥陀如来が開き、輪廻転生を離れた世界のこと。迷いも苦しみもなく、寿命も永遠です。十万億仏土の西方にあるといわれ、阿弥陀如来の導きによって、極楽浄土に行けるとされています。

【ご本尊《ほんぞん》・脇侍《きょうじ》】

各宗派の信仰の対象となる仏

各宗派の教えを仏様の姿を借りて表現しているのが本尊です。例えば真言宗は大日如来、浄土宗は阿弥陀如来、曹洞宗は釈迦如来など。脇侍はご本尊の左右に控え、ご本尊の教えや功徳を補佐し、伝えます。日光・月光菩薩は薬師如来の脇侍として知られています。

【塔頭《たっちゅう》】

お寺の敷地内にある小さな寺院

もとは禅宗で高僧の墓のそばにある塔をいいましたが、現在は大寺院の敷地にある小寺院などのことも指します。

2 菩薩【ぼさつ】

華やかな姿で如来をサポート

モデルは出家前の釈迦。如来をサポートする役割をもち、脇侍（→P.50）として配置されることがあります。悟りを開くために修行中の身とされ、人々の願いをかなえ、救いの手を差し伸べます。華麗な姿が特徴。

文殊菩薩

「三人寄れば文殊の智慧」で有名。

腕釧《わんせん》と呼ばれる腕輪
おもな御利益 仕事・学業運

千手観音菩薩

たくさんの手で人々を救います。

優雅な衣をまとい、華やかな姿
おもな御利益 総合運

3 明王【みょうおう】

厳しい顔をして人々を救う

厳しい表情をしている明王は如来の使い。怖い、怒っていると思われがちですが、この表情で人々を仏道に目覚めさせたり、煩悩や苦悩などから人々を救うために命がけで戦ったりしている表情ともいわれています。

愛染明王

恋愛や欲望に悩む人を悟りに導くといわれます。

おもな御利益 縁結び
炎を背にして怒りの表情

不動明王

光背の炎で煩悩を焼き尽くし、剣で悪を絶ちます。

剣を持ち、命がけで戦う
おもな御利益 総合運

4 天部【てんぶ】

個性あふれる釈迦の家来

ヒンドゥー教やバラモン教など、インドの神々が仏教に取り入れられた天部。勇壮な姿は釈迦の家来たちがモデルになっています。さまざまな個性をもった仏像が天部に属し、仏様を守り、御利益を与えるといわれます。

弁財天

もとはヒンドゥー教の水の神で美しい姿の女神。

おもな御利益 美容・金運
女神で琵琶を持つ。諸芸上達運も

毘沙門天

戦いの神として上杉謙信が深く信仰。

甲冑を身に着け、槍や宝塔も
おもな御利益 仕事・学業運

【護摩《ごま》】

炎で煩悩や災難を焼き祓う行法

不動明王や愛染明王の前に火をたく炉を備えた壇（護摩壇）を設け、儀式に則り、木札を燃やす行のひとつです。木札は護摩木と呼ばれるもので人の悩みや災難を表し、火は知恵や真理を象徴しています。息災、招福、諸願を祈念します。

【念仏《ねんぶつ》】

仏をたたえ、救済を願う言葉

南無阿弥陀仏、南無釈迦牟尼仏、南無盧舎那仏などが念仏です。南無はサンスクリット語で敬意を表す言葉です。仏をたたえ、仏の教えに心身をささげますという意味になり、お経とは異なります。

【菩提寺《ぼだいじ》】

先祖代々の墓所がある寺院

一族が代々、その寺の宗派に帰依し、そこに墓所を定め、法事などを行うお寺のことです。江戸時代の寺請制度では家単位でひとつの寺院の檀家（信者）になることが定められました。それ以降、その寺院がその家の菩提寺となっています。

Column

知って楽しい、仏様のミニワールド

お寺の境内と頒布品

知っているようで知らないお寺の境内。お寺には何があるかを知っておくと、参拝がもっと楽しくなりますよ！

仏様を祀るお堂、修行の場など、さまざまな建物が！

お寺は仏様がいらっしゃる神聖な空間。境内にある建物は、伽藍や堂宇などと呼ばれます。まず入口にあるのが山門（三門）と呼ばれる門。仁王像と呼ばれる仏を守る像が安置された門もあります。参拝前に手水舎や常香炉で身を清めたら、ご本尊をお祀りする仏殿へ。本堂（金堂・仏殿）と呼ばれ、お寺の中心的存在です。そのほかにも説法や法話を行う講堂（法堂《はっとう》）、僧侶が修行する僧堂などがあることも。塔は仏の遺骨「仏舎利」を納める建物です。仏の世界が表現された庭園では、日本の美を体感しましょう。

東北各地のパワーアイテムをご紹介！

お寺で頂けるお守りや頒布品

星祭守

顕妙寺（宮城）

▶P.137

星祭りとは、天下国家に起こる各種の災害や個人の災いを除く仏教の儀式です

龍神お守り

弘法寺（青森）

▶P.55

都が干ばつに苦しんだ折、弘法大師が祈祷して龍神を呼び天を降らせたという伝説にちなみます

ころり元気守

如法寺（福島）

▶P.126

会津の三観音を巡拝すれば大往生がかなうという「ころり信仰」にちなんだお守りです

五重塔四季守

最勝院（青森）

▶P.130

四季折々の自然に彩られた国指定重要文化財の五重塔を描いたお守りです

第二章

編集部が太鼓判！ 最強モデルプラン

青森県、秋田県、山形県や福島県をめぐる魅力あふれる、モデルプランをご紹介します。御朱印もパワーもたっぷり頂ける東北の名刹めぐり、いざ出発です！

青森

太宰治ゆかりの寺から弘前へ

P.54～

文学と岩城山の眺望、歴史を楽しむ

大館から鹿角へ古刹を訪ねて

秋田

ハチ公の町から温泉へ

P.58～

山形

上杉家ゆかりの町から温泉へ

P.62～

米沢の町歩きと温泉を楽しむ

会津若松から"仏都"会津を旅する

福島

ドライブでめぐる会津の古刹

P.66～

見るべきポイントもご紹介！

文学と岩木山の眺望、歴史を楽しむ

モデルプラン 1

太宰治ゆかりのお寺から弘前へ

青森

御朱印を頂きながら、
太宰治の生家や立佞武多《たちねぶた》の展示館、鶴の舞橋、
桜の名所弘前城などを訪ねます

このお寺の地獄絵が多くの子供をしつけました

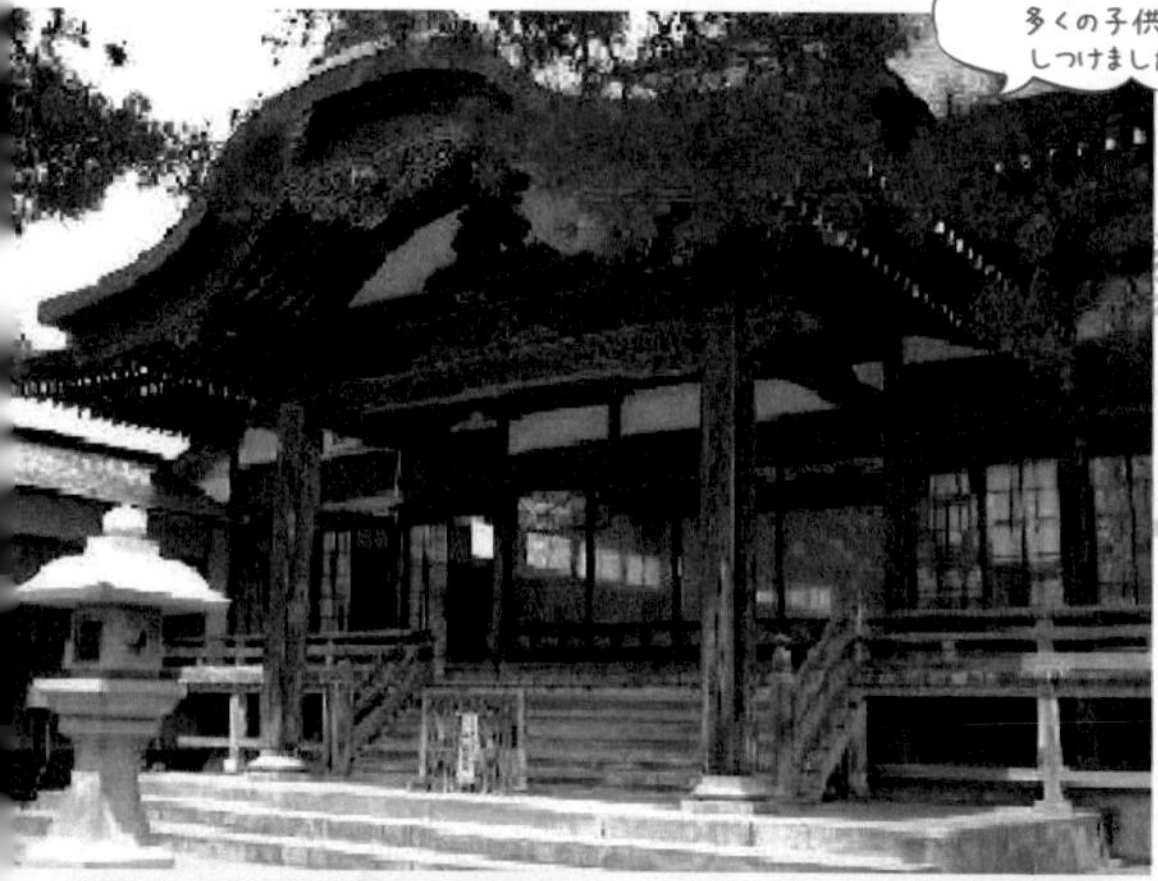

1969年（昭和44年）再建の本堂は青森産ヒバ造り

ご本尊
釈迦牟尼仏《しゃかむにぶつ》

太宰の作品『思ひ出』に登場

雲祥寺《うんしょうじ》

太宰治の生家近くに位置します。太宰は自伝的小説『思ひ出』のなかで子供のころ、「たけといふ女中」にお寺によく連れていかれ、地獄絵を見せられた、後生車を廻したと書いています。そのお寺が雲祥寺です。地獄絵は「十王曼陀羅」で江戸時代初期から中期の作と推測され、寺宝として本堂内に展示されています。

また、境内には後生車を配した太宰治碑が立ちます。雲祥寺は戦国時代に開かれ、江戸時代には津軽藩の庇護を受けて栄えました。山門は江戸時代後期の建立、左右に仁王像を安置しています。

卒塔婆の一種、後生車を太宰は日が暮れるまで回したと書いています

地獄絵の掛軸。全部で7幅。幼き日の太宰もこの絵でしつけを受けました

SPOT

太宰治記念館「斜陽館」

太宰の生家、斜陽館は1907年（明治40年）、父・津島源右衛門によって建造されました。
9:00～17:00、12月29日休、600円
https://www.city.goshogawara.lg.jp/kyouiku/bunka/syayokan.html

仏間、前座敷、板の間、文庫蔵・展示室などがあります

館内常設展示室では初期作品の原稿を展示しています

DATA

雲祥寺 MAP P.6-B2

開創／1596年（慶長元年）　山号／金木山　宗旨／曹洞宗
住所／青森県五所川原市金木町朝日山433　電話／0173-53-2074
交通／津軽鉄道「金木駅」から徒歩7分
拝観・御朱印授与時間／8:00～16:00　拝観料／無料

モデルプラン 日帰り

9:03 津軽鉄道金木駅 → 徒歩で7分 → 9:10 雲祥寺（滞在30分） → 徒歩で5分 → 9:45 斜陽館（滞在20分） → 徒歩と電車で45分 → 10:50 立佞武多の館（滞在20分） → 徒歩と電車と車で40分 → 11:50 弘法寺（滞在30分） → 車で15分 → 12:35 鳴沢駅周辺で昼食（滞在40分） → 電車と車で25分 → 13:40 鶴の舞橋（滞在15分） → 車で15分 → 14:10 聖心寺（滞在30分） → 車で30分

本堂の右手から石段を上ると高野山龍神宮が建っています。弘法大師には、かつて都が干ばつに苦しんだとき、祈祷により龍王を呼び、雨を降らせたという伝説があります

ご本尊
弘法大師《こうぼうだいし》

よりよく生きる力を授けてくれる

弘法寺《こうぼうじ》

寺号が刻まれた石柱から参道を行き、仁王門をくぐると、境内には恵比寿神と大黒天、天神様が祀られた祠が並びます。西の高野山とも呼ばれる静かな霊場です。約9000坪の広大な境内が広がります。

本堂には、身代り不動明王や福運・長寿の津軽七福神霊場の福禄寿のほか、弘法大師、千手観音、愛染明王、身代り不動、勢至菩薩をはじめとする諸仏が安置されています。

開創は洪水などで資料が消失し不明ですが、7代目住職の位牌に貞和4年(1348年)の年号が書かれていることから、700年近い歴史があると思われます。

SPOT

立佞武多の館

「立佞武多」は、高さ約23m、重さ約19tもの巨大な人形灯籠です。展示室では祭に使われる立佞武多を通年展示しています。

ギャラリーでは青森県ゆかりの作家の作品を展示しています。
http://tachineputa.jp/

厄除開運を叶えてくれる身代り不動。東北三十六不動霊場第16番札所です。不動尊の前では家内安全、開運厄除、商売繁盛などを願う各種祈祷が随時、斎行されています。

「お休み大師」の金のカード守りは所願成就のお守り(500円)

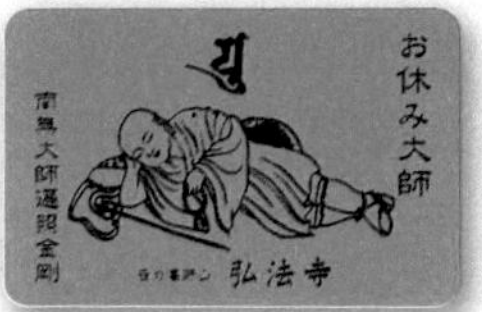

お守り

御朱印 \御朱印はP.30でも紹介!/

墨書/奉拝、南無大師遍照金剛、西の高野山、弘法寺　印/津軽大師第十一番、弘法大師を表す梵字ユの印、西の高野山弘法寺　●弘法寺は津軽弘法大師霊場第11番札所。遍照金剛とは弘法大師の名号です

「厄除三鈷指環御守」。三鈷は仏具のひとつ。あらゆる災難から身を守ってくれるお守りです(500円)

お札

「津軽凧型不動明王護り札」は迫力満点の不動明王が描かれた凧のお札(3000円)

DATA
弘法寺 MAP P.6-B2
開創/不明
山号/西の高野山
宗旨/真言宗
住所/青森県つがる市木造吹原屏風山1-244
電話/0173-26-2320
交通/JR「木造駅」からタクシー20分、「陸奥森田駅」からタクシー15分
拝観時間/8:00～17:00(冬期16:00)
御朱印授与時間/8:00～17:00(冬期16:00)
拝観料/無料
URL https://nishinokouyasan.com/

16:35 JR弘前駅 ← 車で15分 ← 15:50 弘前城 滞在30分 ← 車で10分 ← 15:10 長勝寺 滞在30分

背後に岩木山が聳えるパワスポ

聖《せい》心《しん》寺《じ》

津軽富士とも呼ばれる岩木山の麓に位置。開祖の聖心和尚は岩木山の山頂で修行を積み、開山しました。清々しい山の空気が感じられる境内には阿弥陀如来、大日如来、勢至菩薩、千手観音、虚空蔵菩薩の石像が安置され、龍神が住むという龍穴はパワースポットとして知られます。境内の地蔵堂は信徒の皆さんが折り紙などで堂内を毎月、飾りつけ、心温まる空間になっています。参拝者に人気なのが「今月の御朱印シリーズ」です。月ごとに絵柄が変わるアートのような御朱印で水墨画、カラフルな御朱印と多彩です。

ご本尊
大日如来《だいにちにょらい》
五色龍権現《ごしきりゅうごんげん》

ご本尊には龍神もお祀りしています

DATA

聖心寺 MAP P.6-B2

開創／1960年（昭和35年）　山号／五色山　宗旨／真言宗智山派
住所／青森県弘前市百沢字東岩木山3056
電話／0172-93-3015　交通／JR五能線「鶴泊駅」から車40分
拝観・御朱印授与時間／随時受付。要事前の電話確認
拝観料／無料

SPOT

鶴の舞橋

津軽富士見湖に架けられた全長300mの三連太鼓橋。青森県産ヒバで造られ、鶴が空を舞う姿に見えるのが名前の由来。橋を渡ると長生きできるといわれています。

岩木山の姿を映す津軽富士見湖は江戸時代に築かれた用水池です。

御朱印

岩木山に棲む昇龍と降龍を描いた水墨画の御朱印。御朱印帳に直書きしてあります。1万2200円（御朱印帳代を含む）

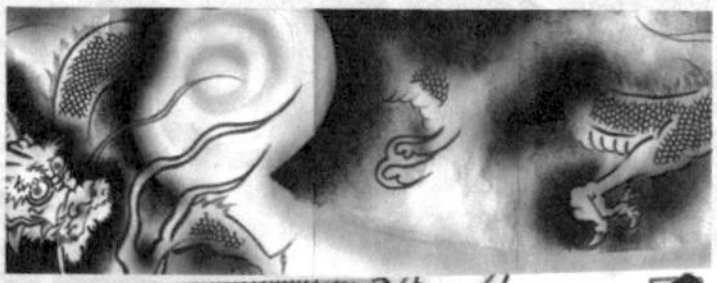

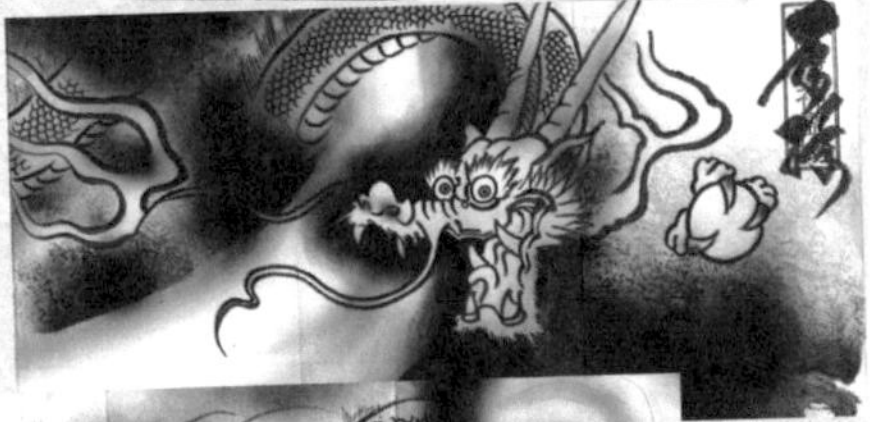

御朱印はP.28でも紹介！

御朱印帳

・表紙に古式ゆかしい有職文様を配した御朱印帳。ケース付き

禅林街に佇む津軽家の旧菩提寺

長勝寺《ちょうしょうじ》

ご本尊
釈迦如来《しゃかにょらい》

弘前城の南西には「禅林街」と呼ばれる一角があります。このエリアは延長600mほどの道路の両脇に杉並木が続き、曹洞宗の寺院、33カ寺が並ぶ寺院街で全国でも珍しい存在。禅林街の最奥に建つのが長勝寺です。三門を入ると正面に本堂、右手に庫裏があります。本堂と庫裏は廊下で結ばれ、本堂内へは庫裏から入ります。本堂は江戸時代初期の造営で庫裏とともに国の重要文化財です。ほかにも重要文化財の津軽家霊屋（非公開）もあります。

蒼龍窟には木像が安置され、中央には三尊仏を納めた厨子堂が置かれています。厨子堂は江戸時代初期の建立

江戸時代初期の禅宗様式が見られる三門は重文。左右に仁王像を安置しています

SPOT

弘前城

弘前藩主津軽家の居城。濠、石垣、江戸時代後期に再建された天守などが残り、国の史跡に指定されています。城跡は公園として整備され桜の名所として知られます。

https://www.city.hirosaki.aomori.jp/gaiyou/shisetsu/2014-1206-1528-48.html

御朱印

墨書／奉拝、釋迦如来、太平山長勝寺　印／曹洞宗、仏法僧寶の三宝印、太平山長勝寺　●庫裏の拝観受付で授与

お札

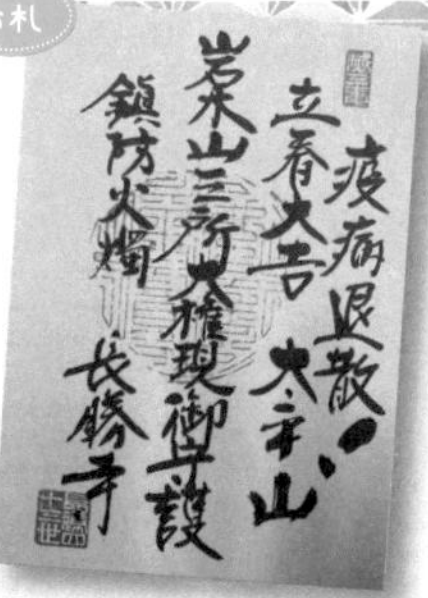

正月三が日に頒布する御祈祷御札（300円）

DATA
長勝寺 MAP P.6-C2
開創／1528年（享禄元年）　山号／太平山
宗旨／曹洞宗
住所／青森県弘前市大字西茂森1丁目23-8
電話／0172-32-0813
交通／JR「弘前駅」より弘南バスに乗り「茂森町」下車徒歩10分
拝観・御朱印授与時間／9:00～16:00（4～11月）
拝観料／無料

大館から鹿角へ、古刹を訪ねて

モデルプラン2

戦国武将の菩提寺や鉱山にゆかりの名刹、
温泉地の禅寺と、特色あるお寺をめぐります。

ハチ公の町から温泉へ 秋田

ご本尊
釈迦牟尼佛《しゃかむにぶつ》

境内に咲くコブシが見事

玉《ぎょく》林《りん》寺《じ》

戦国時代、比内地方を支配した浅利氏の菩提寺として鳳凰山の麓に創建したのが最初と伝わります。浅利氏が滅亡するとその後、江戸時代になり、現在地に移転しました。幕末に起こった戊辰戦争では新政府軍の奥羽鎮撫副総督が本陣を置いています。堂宇は大館の中心街に位置します。左右に仁王像が安置された楼門形式の山門を入ると正面が本堂です。堂内に安置されている延命地蔵菩薩は浅利氏が鎌倉時代に甲斐から守り本尊として持参したと伝わり、市の文化財に指定されています。

春には樹齢300年のコブシが満開になります

堂宇は江戸時代に焼失。山門は1931年（昭和6年）の建立

御朱印

墨書／馬頭観世音菩薩　印／秋田三十一番、馬頭観世音菩薩を表す梵字サの印、鳳凰山玉林寺

DATA
玉林寺　MAP P.6-C2
開創／1527年（大永7年）
山号／鳳凰山
宗旨／曹洞宗
住所／秋田県大館市字大館24
電話／0186-49-2267
交通／JR「東大館駅」から徒歩10分拝観・御朱印授与時間／8:00～16:00
拝観料／無料

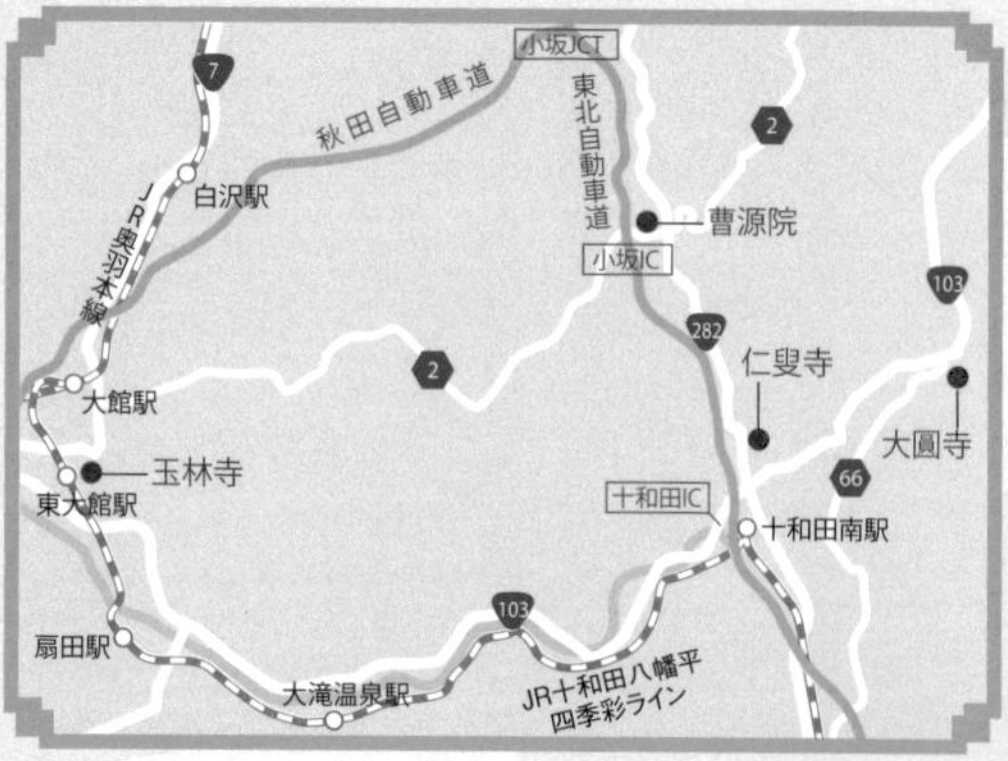

モデルプラン1日目

- 9:00 JR東大館駅
- 徒歩で10分
- 9:10 玉林寺（滞在60分）
- 徒歩で30分
- 10:40 秋田犬の里（滞在60分）
- 徒歩で2分
- 12:00 大館駅前
- （秋北バス小坂線）
- 12:47 小坂操車場前
- 小坂町散策・周辺でランチ（滞在60分）
- 徒歩で3分
- 13:50 曹源院（滞在60分）
- 徒歩で10分
- 15:00 小坂鉄道レールパーク（滞在60分）
- 小坂町泊

黒い観音「黒鉱観音」を安置

曹源院《そうげんいん》

緑の里山を背後にモノクロの外壁がスタイリッシュな本堂が建ち、広々とした境内の前には水田が広がります。お寺が位置する小坂町は明治時代後期、黒鉱を採掘・製錬する鉱山の町として発展しました。小坂鉱山で亡くなった労働者の霊を弔うために建立されたのが曹源院です。現在のご本尊は釈迦牟尼仏ですが、創建当時、ご本尊とされたのは江戸時代後期に地元の仏師が手掛けた木造阿弥陀三尊像でした。この像は町の有形文化財になっています。お寺の由緒にちなみ、永代供養堂には黒鉱観音が安置されています。

本堂は2021年（令和3年）の新築です

ご本尊 釈迦牟尼佛《しゃかむにぶつ》

SPOT 秋田犬の里

大館は忠犬ハチ公の故郷です。

大館市には秋田犬に合える観光施設「秋田犬の里」があります。
秋田犬展示室:9:30〜16:45、月曜休(月曜が祝日の場合は翌平日休)
秋田犬の里全体:9:00〜17:00(12/31・1/1休)
https://akitainunosato.jp/

永代供養堂には黒漆塗の千手観音〝黒鉱観音〟を安置

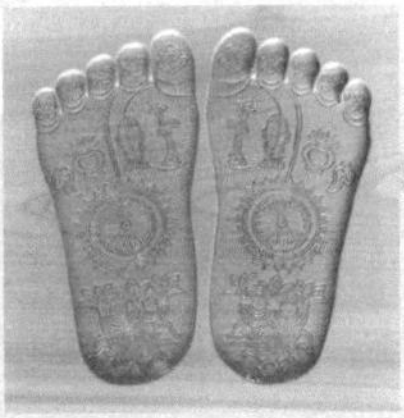

ご本尊の前には仏足跡が置かれ、ここに足を合わせます

本堂の天井は格天井。アジサイ、アサガオ、キキョウなど四季の花が描かれています

御朱印

墨書／奉拝、黒鉱観音、秋田県曹源院
印／小坂鉱山、黒鉱観音の姿を表す印、千手千眼、ハート、藤鑛山曹源院

DATA
曹源院 MAP P.6-C2
開創／1906年(明治39年)
山号／藤鉱山
宗旨／曹洞宗
住所／秋田県鹿角郡小坂町小坂字上小坂2-7
電話／0186-29-3314
交通／秋北バス「小坂」バス停から徒歩1分
拝観・御朱印授与時間／日中
拝観料／無料

SPOT 小坂鉄道レールパーク

2009年(平成21年)に廃止となった小坂鉄道の線路と設備を利用したレジャー施設です(秋田県北東部の小坂町)

レールバイクの乗車体験ができます
http://kosaka-rp.com/

戦国武将の菩提寺

仁《じん》叟《そう》寺《じ》

ご本尊
釈迦牟尼佛《しゃかむにぶつ》

中世の武将千徳氏が14世紀、現在の岩手県沢山に堂宇を建立したのが始まりです。その後、南部氏の重臣、桜庭氏が沢山を支配すると桜庭氏の菩提寺となります。江戸時代になり、桜庭氏が所替えとなると同氏とともにお寺も移転。桜庭氏の菩提寺として現在地に堂宇を構えたのです。山門を入ると正面に本堂があります。堂宇は1958年（昭和33年）の火災で焼失。その後、再建されました。本堂の右手には2006年（平成18年）建造の石造りの十三重塔が立ち、左手には聖観音像、かわいい合掌童子の石像が立っています。

石仏が安置された静かな境内が広がります

桜庭氏は南部家の重臣の家系です

山門の左右には仁王像が安置されています

お寺の墓地には東洋史学者·内藤湖南の遺髪搭があります

鐘楼は1704年（宝永元年）建立で毛馬内最古の木造建築物

DATA
仁叟寺
MAP P.6-C2
開創／1395年（応永2年）
山号／凱翁山
宗旨／曹洞宗
住所／秋田県鹿角市十和田毛馬内字番屋平26
電話／0186-35-3127
交通／JR「十和田南駅」から車10分
拝観·御朱印授与時間／不定

御朱印

墨書／奉拝、聖観音、仁叟寺　印／秋田第三十二番、聖観音を表す梵字サの印　凱翁山仁叟寺印　●秋田三十三観音霊場の札所

SPOT

大湯環状列石・大湯ストーンサークル館

大湯環状列石は約4000年前の縄文時代の遺跡。世界文化遺産です

環状に配置された遺跡は集団墓と推定されています
https://www.city.kazuno.akita.jp/kanko_bunka_sports/bunkazai/7/5593.html

モデルプラン 2日目

9:00 小坂操車場 ← 秋北バス 21分 ← 9:21 下小路 ← 徒歩で 3分 ← 9:24 仁叟寺（滞在50分） ← 徒歩で 3分 ← 10:21 下小路 ← 秋北バス 34分 ← 10:55 鹿角花輪 ← 秋北バス 35分 ← 12:12 大湯環状列石前（滞在60分）＼周辺でランチ／ ← タクシーで 8分 ← 13:20 大圓寺（滞在60分） ← 徒歩で 15分 ← 14:35 大湯温泉（滞在50分）＼日帰り入浴／ ← 秋北バス 48分 ← 16:20 鹿角花輪 ← 電車で 52分 ← 18:13 JR大館駅

参道に聳える門杉は高さ42m、樹齢2000年と伝わります

大湯温泉に位置する名刹

大《だい》圓《えん》寺《じ》

本堂は2008年（平成20年）の新築です

県道66号線から「大圓寺」と書かれた石柱が建つ脇道に入り、道の両側に杉や雑木が茂る舗装路をしばらく進むと、杉並木の参道が山門へと延びています。鐘楼形式の山門を入ると正面に本堂が建ちます。開創は戦国時代ですが、建立場所は不明です。江戸時代前期に現在地に移り、北奥羽を支配した南部氏北家の菩提寺となりました。本堂は江戸時代中期に洪水のため倒壊。再建・修理されましたが、近年、建て替えが行われています。寺宝の魚鼓は室町時代中期の作とされ、鹿角市の文化財に指定されています。

高さ5mの阿弥陀如来像は大湯大仏として親しまれています

ご本尊
釈迦牟尼佛《しゃかむにぶつ》

毎年8月15日に開催される大湯大太鼓まつり

左右に仁王像を安置した山門

DATA

大圓寺 MAP P.6-C2
開創／1522年（大永2年）
山号／普門山　宗旨／曹洞宗
住所／秋田県鹿角市十和田大湯字大湯147
電話／0186-37-2655
交通／JR「十和田南駅」から車10分
拝観・御朱印授与時間／不定
拝観料／無料
URL http://www.ink.or.jp/~daienji/

御朱印

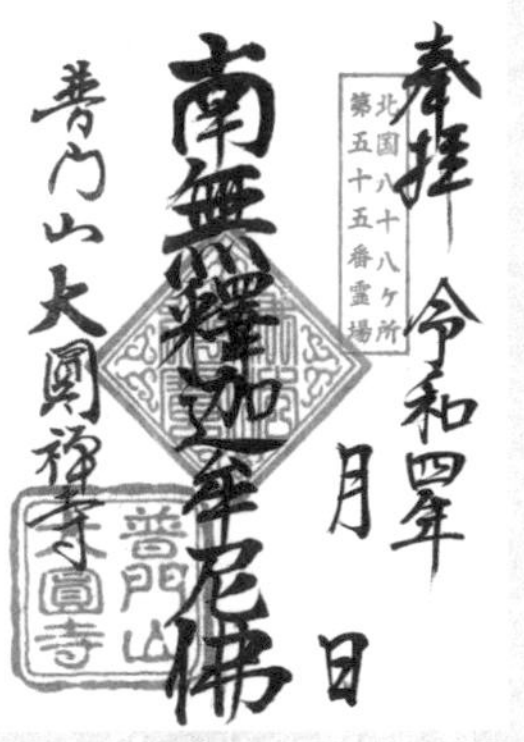

墨書／奉拝、南無釋迦牟尼佛、普門山大圓禅寺　印／北国八十八ヶ所、第五十五番霊場、佛法僧寶の三宝印、普門山大圓寺

SPOT

大湯温泉

大湯川沿いに湧出する、開湯800年の歴史ある温泉。

江戸時代は南部藩の保養所でした。川沿いに旅館が並び、共同浴場もあります

米沢の町歩きと温泉を楽しむ

上杉謙信を祖とする米沢藩上杉家は272年間、米沢に本拠を置きました。城跡や廟所を訪ね、かみのやま温泉でゴールです。

モデルプラン3

上杉家ゆかりの町から温泉へ

山形

約2000株のアジサイが咲き誇ります
ご本尊
千手観音《せんじゅかんのん》

上杉鷹山が観音堂を再建

笹《ささ》野《の》寺《でら》

大きな下駄が奉納されている仁王門から境内に入ります。夏なら、境内のアジサイが目を楽しませてくれるでしょう。平安時代初期に観音堂が建立され、観音菩薩と羽黒権現をお祀りしたのが最初と伝わります。戦国時代には上杉家家臣直江兼続が羽黒山から勧請した羽黒大権現を納め、以降、歴代米沢藩主がお堂を修理。江戸時代中期には9代藩主上杉治憲（鷹山）が再建しますが、火災で焼失。現在のお堂は幕末の建造です。毎年1月17日には十七堂祭を斎行、柴燈護摩の御祈祷があり、行者や信者による火渡り式が行われます。

雪に埋もれる観音堂

御朱印

墨書／奉拝、大悲閣、笹野寺　印／置賜第十九番、千手観音を表す梵字キリーク、別当 長命山　●大悲閣とは観音堂のことを指します

DATA

笹野寺 MAP P.9-D2

開創／810年（弘仁元年）

山号／長命山　宗旨／真言宗豊川派

住所／山形県米沢市笹野本町5686-5

電話／0238-38-5517

交通／JR「米沢駅」からバス15分。「笹野大門前」下車、徒歩7分

拝観・御朱印授与時間／9:00～17:00

拝観料／無料

URL http://sasanokannon.com/

モデルプラン 日帰り

8:10 JR 米沢駅 ← 山交バス 16分 ← 8:26 笹野大門前 ← 徒歩で 7分 ← 8:33 笹野寺（滞在 45分） ← 徒歩で 7分 ← 9:25 笹野大門前 ← 山交バス 8分 ← 9:54 上杉神社前（滞在 60分） ← 徒歩で 5分 ← 9:59 上杉博物館（滞在 60分） ← 徒歩で 3分 ← 11:02 松が岬公園（米沢城址）（滞在 80分）＼上杉神社 ランチなど／ ← 徒歩で 15分 ← 12:37 米澤藩主 上杉家廟所（滞在 20分） ← 徒歩で 5分 ←

上杉神社周辺さんぽ

上杉博物館から戦国武将上杉謙信を祀る上杉神社や上杉廟所などをめぐります。

山形

江戸時代中期の名君として知られる第9代米沢藩主上杉鷹山の座像がお濠の手前にあります

米沢でぜひ訪れたいのは米沢市上杉博物館です。常設展では江戸時代、米沢を治めてからの上杉家に関する資料を展示しています。博物館からはお濠を渡り、米沢城址に入ります。米沢城は伊達政宗が生まれた城、江戸時代には上杉景勝、鷹山ら歴代米沢藩主が居城としました。城跡一帯は松が岬公園として整備され、本丸跡には上杉神社が鎮座しています。上杉神社は祭神の上杉謙信にあやかり、開運や諸願成就、学業成就の御利益があるといわれています。神社の北側には上杉家の遺品を展示する稽照殿があります。城跡は桜の名所としても有名です。

SPOT

稽照殿

上杉神社の宝物館として刀剣、美術品など約300点を収蔵展示。

上杉謙信、景勝所有の鎧、上杉鷹山の遺品などを展示しています

上杉謙信を祀る御堂は1601年（慶長6年）上杉景勝が米沢に移封された後、米沢城内に創設、後に上杉神社となりました
https://www.uesugi-jinja.or.jp/

米沢市上杉博物館。上杉鷹山を紹介する鷹山シアターがあります
https://www.denkoku-no-mori.yonezawa.yamagata.jp/top.htm

米沢城址ではお濠の周囲に200本の桜が植栽され、4月中下旬に開花します

EVENT

上杉雪灯篭まつり

毎年2月第2土曜・日曜日に開催。約200基の雪灯篭と1000基の雪ぼんぼりが作られ、松が岬公園に配置。ローソクの灯が灯されます。

13:10 御廟前 →（山交バス 12分）→ 13:22 JR米沢駅 →（JR奥羽本線 32分）→ 14:12 JRかみのやま温泉駅 →（徒歩で 15分）→ 14:27 水岸山慈眼院 観音寺（滞在 40分）→（徒歩で 5分）→ 15:12 かみのやま温泉街（滞在 120分）→（徒歩で 5分）→ 17:17 JRかみのやま温泉駅 →（JR奥羽本線）→ 18:25 JR米沢駅

廟所の中央にある上杉謙信廟所

米沢藩歴代藩主の廟が並ぶ

上《うえ》杉《すぎ》家《け》廟《びょう》所《しょ》

入口から廟所までは道の両側に杉の大木が聳える参道を歩きます。夏には木立の間にアジサイが咲き、冬には雪に覆われ、静寂が満ちる参道です。廟所の中央には家祖上杉謙信、左右には12代斉定までの廟が並びます。この地は上杉景勝が米沢に移封され、逝去した1623年(元和9年)以降、代々の廟所となりました。謙信を初代として向かって右手が奇数代、左手が偶数代の藩主の廟所になっています。江戸時代中期、殖産興業や学問の奨励に取り組み、藩の財政改革を成功させた上杉治憲(鷹山)の廟所は左手にあります。

参道を行くと上杉家の軍旗「毘」と「龍」が掲げられています。毘は毘沙門天、龍は「懸かり乱れ龍」という軍旗で不動明王を意味します

歴代藩主の廟が並びます。上杉謙信の遺骸は甲冑を着け、漆で固め、甕に納められたと伝わります。上杉雪灯篭まつりでは廟所に雪灯篭が置かれます。「米沢藩主上杉家墓所」の名称で国の史跡に指定されています

御朱印

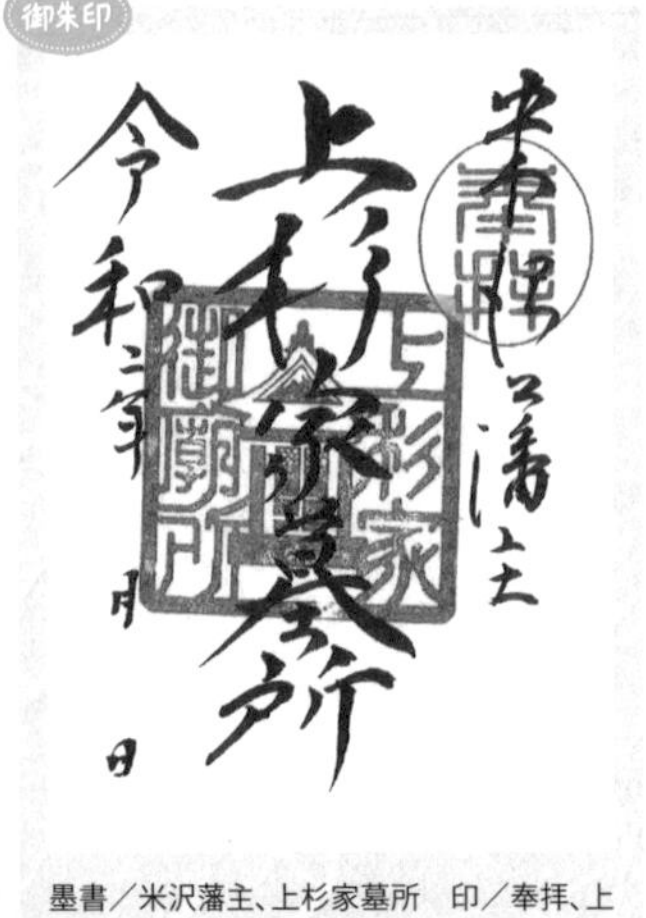

墨書／米沢藩主、上杉家墓所　印／奉拝、上杉家御廟所　●印の中央には謙信の廟が彫られています。拝観受付で頂けます

DATA
上杉家廟所
MAP P.9-D2
住所／山形県米沢市御廟 1-5-30
電話／0238-23-3115
交通／JR「米沢駅」から車20分
拝観時間／9:00～17:00
拝観料／400円
URL http://uesugigobyo.com/

GOURMET

氷を入れて供する店もあります

冷やしラーメン

山形県のご当地グルメ。その名の通り、冷たいラーメンです。醤油味がベースで冷やし中華と違うのは酸味が少ないこと。

湯の上観音として親しまれる

観音寺《かんのんじ》

本堂向拝には
精緻な彫刻が
配されています

ご本尊
聖観音《しょうかんのん》

ご本尊は行基作、平安初期の文人小野篁の守り本尊だったと伝わります。寺伝によれば、お寺が建つ一帯は昔、湖で小野篁がこの地を訪ねたとき、誤ってこの観音像を落としてしまい、後に漁師が引き上げ、お祀りしたというのです。境内へは石段を上がりますが、途中に「洗心の湯」と呼ばれる手水舎があります。温泉が湧き、お湯で手を清めることができます。本堂は江戸時代後期の再建。屋根を見ると般若と獅子のお面が掲げられています。般若は悟り、獅子は守護を意味するのだそうです。

ご本尊は秘仏のため
「お前立ち観音」に参拝する

山形

御朱印

墨書／水岸山、大悲閣、観音寺　印／令和二年子歳連合御開帳最上札所第十番上の山、聖観世音菩薩を表す梵字サの印、上ノ山水岸山観音寺執事印

DATA
観音寺
MAP P.8-C2
開創／1109年（天仁2年）
山号／水岸山
宗旨／真言宗
住所／山形県上山市十日町9-29
電話／023-672-1421
交通／JR「かみのやま温泉駅」から徒歩15分
拝観・御朱印授与時間／不定
拝観料／無料

GOURMET

**楢下宿
「丹野こんにゃく」こんにゃく番所**

山形の名物の玉こんにゃく。こんにゃく番所ではこんにゃく料理、こんにゃくスイーツなどが味わえます。各種お土産もあり。

SPOT

かみのやま温泉

泉質は無色透明、優しい肌触りで保湿効果が高く、美人の湯とも呼ばれる温泉です。

温泉街には随所に足湯が設けられ、誰でも気軽に利用できます。共同浴場は6軒。なかでも下大湯は沢庵和尚も入浴したという古い温泉場です

5つの足湯が
あります。
6:00 ～ 22:00
まで利用可

会津若松から〝仏都〟会津を旅する

会津盆地は仏都とも呼ばれ、
平安時代から仏教文化が花開いたエリア。
貴重な仏像や建造物を訪ねるドライブです。

ドライブでめぐる会津の古刹

福島

ご本尊
薬師如来《やくしにょらい》

平安中期作の薬師如来を安置

上《かみ》宇《う》内《ない》薬《やく》師《し》堂《どう》

ユーモラスな表情の仁王像が迎えてくれる仁王門をくぐると正面に薬師堂があります。堂内に安置されているのが薬師如来坐像です。初めて目にした参拝者はその大きさに驚くかもしれません。像高1.83m、ケヤキの一木造で肩の張った堂々とした体形ですが、表情はとても柔和です。平安時代中期の作と思われ、国の重要文化財に指定されています。堂内には日光・月光菩薩像、聖観世音菩薩像、十二神将像が納められています。拝観には事前予約が必要です。毎年9月12日の縁日には予約不要・無料で拝観できます。

肉身部分に漆箔が施され、法衣は朱色に彩色されていたと思われます

御朱印

墨書／上宇内薬師、奉拝、大医王殿、別当浄泉寺　印／会津十二薬師霊場第六番、薬師如来を表す梵字ベイの印、浄泉寺別当印

DATA

上宇内薬師堂 MAP P.9-D2

開創／平安時代中期?
山号／瑠璃光山(調合寺)
宗旨／曹洞宗
住所／福島県河沼郡会津坂下町大字大上字村北甲809
電話／0242-83-1953
(管理人斎藤満氏)
交通／JR「会津坂下駅」より車10分
拝観時間／9:00～16:00、要予約
御朱印授与時間／不定
拝観料／500円
URL https://www.town.aizubange.fukushima.jp/soshiki/30/316.html

モデルプラン 日帰り

- 9:25 JR会津若松駅
- ← 車で30分
- 9:55 上宇内薬師堂（滞在30分）
- ← 車で5分
- 10:30 恵隆寺（滞在30分）
- ← 車で20分
- 11:20 米沢の千歳桜（滞在20分）※桜の時期のみ
- ← 車で5分
- 11:45 法用寺（滞在30分）
- ← 車で20分
- 12:35 薹沼森林自然公園（滞在60分）おべんとう
- ← 車で30分
- 14:05 左下り観音（滞在30分）
- ← 車で30分
- 15:05 鶴ヶ城（滞在45分）

ご本尊、立木千手観音は弘法大師作と伝わり、国の重要文化財

立木観音と呼ばれ親しまれる

恵《え》隆《りゅう》寺《じ》

ご本尊
十一面千手観音《じゅういちめんせんじゅかんのん》

仁王門から境内に入ると正面に観音堂が建ちます。茅葺屋根のお堂は鎌倉時代に建立されました。その後、何度か修復され現在に至りますが、鎌倉時代らしい剛健な風情を留め、国の重要文化財に指定されています。堂内に安置されているのが立木十一面千手観音立像です。平安時代、ケヤキの立木に彫られた観音像で、まだお堂の下に木の根が残っているといわれています。高さは約8.5m、国内最大級を誇る一木彫りの立像です。両隣には二十八部衆、雷神、風神、合わせて30体の眷属が控えています。二十八部衆はご本尊を彫った木の枝で制作されていると伝わり、緑や朱の彩色が残ります。

グルメ

喜多方ラーメン

「平打ち熟成多加水麺」と呼ばれる水分を多く含んだ麺が特徴です。喜多方市内には100軒ほどの店舗があります。

御朱印

御朱印はP.34でも紹介!

墨書／第三十一番、立木観音、奉拝、千手観音を表す梵字キリーク、立木千手観音、会津塔寺、恵隆寺　印／会津三十三観音霊場第三十一番、梵字キリーク、金塔山恵隆寺

「抱きつき柱」に抱きついて願いごとをすると成就するといわれます

DATA

恵隆寺　MAP P.9-D2

開創／540年(欽明元年)　山号／金塔山　宗旨／真言宗豊山派

住所／福島県河沼郡会津坂下町塔寺字松原2944

電話／0242-83-3171

交通／JR「塔寺駅」から徒歩20分

拝観・御朱印授与時間／9:00～16:00(12～3月は10:00～15:00)

拝観料／300円　URL http://www.tachikikannon.jp

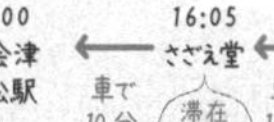

17:00 JR会津若松駅 ← 車で10分 ← 16:05 さざえ堂 (滞在45分) ← 車で15分

会津に唯一現存する三重塔

法用寺《ほうようじ》

ご本尊
十一面観音《じゅういちめんかんのん》

観音堂は
会津美里町の
高台にあります

奈良時代初期に創建され、その後、徳一大師により再興されたという、会津では最古級に属する寺院です。現在の観音堂は江戸時代中期の再建。堂内には金剛力士像や厨子が納められています。金剛力士像はケヤキの一木造りで高さは2m以上。平安時代後期の作と思われ、国の重要文化財です。厨子も鎌倉時代のものとされ、やはり国の重要文化財。観音堂内部の拝観には事前予約が必要です。観音堂の左手には三重塔が聳えます。この塔は江戸時代中期の建造で高さは約20m。塔内には釈迦三尊像が祀られています。

法用寺から1㎞ほど北上した米沢地区に「米沢の千歳桜」と呼ばれる樹齢700年以上の紅彼岸桜があります

三重塔は1780年(安永9年)の完成。福島県指定の重要文化財

御朱印

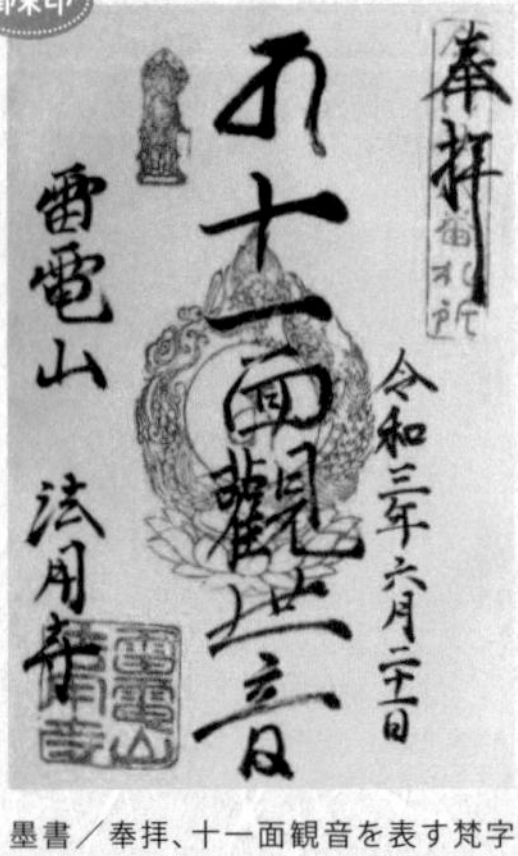
奉拝
十一面觀世音
雷電山
法用寺

墨書／奉拝、十一面観音を表す梵字キャ、十一面觀世音、雷電山、法用寺　印／会津廿九番札所、十一面観音の印、梵字キャ、雷電山法用寺

DATA
法用寺　MAP P.9-D2
開創／720年(養老4年)
山号／雷電山
宗旨／天台宗
住所／福島県大沼郡会津美里町雀林字三番山下3554
電話／0242-56-4882
(会津美里町観光協会)
交通／JR「会津高田駅」から車15分
拝観・御朱印授与時間／境内は自由、堂内は事前予約
拝観料／志納

SPOT

蓋沼森林公園展望台

蓋沼周辺は森林公園として整備され、展望台からは会津盆地が一望のもと。JR只見線の撮影ポイントとしても知られます。冬期閉園。

東向きのお堂は県の重要文化財です

ご本尊
聖観音《しょうかんのん》

岩場に建てられた懸崖造りの観音堂

左《さ》下《くだ》り観《かん》音《のん》

観音堂へは山道を登ります。坂を登りきると視界が開け、左手にお堂が見えてきます。観音堂は岩壁を切り開き建てられた懸崖造り、高さ15mほどのお堂。建立は奈良時代で、当初は修験道の修行に使われていたものと推測されます。参道左手から延びる石段を上がれば堂内に入れ、廻り縁からは遠くに磐梯山、手前には阿賀野川の流れが見える絶景が楽しめます。お堂西側の崖の洞には無頸《くびなし》観音が安置されています。平安時代、無罪の人を助けるため、身代わりになって斬首された観音様と伝わります。

山の中腹に建ち、廻り縁からは会津盆地が一望できます

観音堂までは参道入口の石柱から約1km。崖の洞には無頸観音の石仏が安置されています

御朱印

墨書／会津二十一番、奉拝、聖観世音、左下山観音寺　印／聖観世音を表す梵字サの印、左下山観音寺

DATA
左下り観音
MAP P.9-E2
建立／天長7年（830年）
山号／左下山
宗旨／臨済宗
住所／福島県大沼郡会津美里町大石字東左下り1173
電話／0242-56-4882（会津美里町観光協会）
交通／JR「会津本郷駅」から車15分
拝観・御朱印授与時間／不定
拝観料／無料

SPOT

鶴ヶ城と会津さざえ堂

1593年（文禄2年）に蒲生氏郷が築城。周辺は公園として整備され、桜の名所です。

鶴ヶ城

江戸時代中期の建立。六角三層のお堂で堂内は二重螺旋のスロープになっている独特の構造です。国の重文。

会津さざえ堂

東北の霊場おめぐりリスト

東北には多くの札所めぐりがあります。東北6県にまたがるものから
エリアごと、県ごとといったように、ここに挙げた以外にも……。
身近なところから、霊場めぐりを始めてみませんか。

東北三十六不動尊霊場

東北6県にそれぞれ6ヵ所、計36の札所があります。
山形県の1番札所から札所順にめぐると、秋田県、青森県…と、
時計回りに東北を巡礼することになります。

第1番	慈恩寺	寒河江市大字慈恩寺地籍31
第2番	大日坊	鶴岡市大網入道11
第3番	光明院	天童市山口3143-1
第4番	大樹院	山形市青野640
第5番	龍覚寺	鶴岡市泉町1-13
第6番	荒沢寺正善院	鶴岡市羽黒町手向字手向232
第7番	普傳寺	秋田市大町4-5-37
第8番	嶺梅院	秋田市土崎港2-8-22
第9番	多聞院	秋田市土崎港南1-14-16
第10番	吉祥院	男鹿市船川港椿家ノ後45
第11番	玉蔵寺	山本郡三種町鯉川内鯉川96
第12番	長久寺遍照院	大館市上町6
第13番	國上寺	平川市碇ケ関古懸門前1-1
第14番	大圓寺	南津軽郡大鰐町蔵館村岡12
第15番	光明寺最勝院	弘前市銅屋町63
第16番	弘法寺	つがる市木造吹原屏風山1-244
第17番	青森寺	青森市栄町1-4-24
第18番	青龍寺	青森市桑原山崎45
第19番	永福寺	盛岡市下米内2-1-1
第20番	長根寺	宮古市長根1-2-7
第21番	福泉寺	遠野市松崎町駒木7-57-1
第22番	興性寺	奥州市江刺区男石1-7-2
第23番	達谷西光寺	西磐井郡平泉町平泉北沢16
第24番	金剛寺	陸前高田市気仙町町裏26
第25番	観音寺	気仙沼市本町1-4-16
第26番	大徳寺	登米市津山町横山本町3
第27番	松景院	遠田郡美里町中埣字町80
第28番	瑞巌寺五大堂	宮城郡松島町松島町内91
第29番	西光寺	仙台市太白区秋保町馬場大滝11
第30番	愛敬院	伊具郡丸森町不動59
第31番	相応寺	安達郡大玉村玉井字南町188
第32番	大龍寺	会津若松市慶山2-7-23
第33番	薬師寺	大沼郡会津美里町橋爪94
第34番	円養寺	白河市天神町43
第35番	徳善院	東白川郡棚倉町北山本字小桧沢94-2
第36番	常福寺	いわき市赤井赤井獄1

奥州三十三観音霊場

「奥州」とは旧陸奥国のことで、現在の岩手県、
宮城県、福島県にあたります。平安時代からの古い歴史を有する
33ヵ所の観音霊場です。

第1番	紹楽寺	名取市高舘吉田西真坂17
第2番	秀麓齋	名取市高舘吉田上鹿野東88
第3番	金剛寺	名取市高舘川上八反68
第4番	斗蔵寺	角田市小田斗蔵95
第5番	名取千手観音堂	名取市増田柳田385-4
第6番	瑞巌寺（三聖堂）	宮城郡松島町松島町内91
第7番	大仰寺	宮城郡松島町手樽三浦93
第8番	梅渓寺	石巻市湊牧山8
第9番	箟峯寺	遠田郡涌谷町箟岳神楽岡1
第10番	興福寺	登米市南方町本郷大嶽18
第11番	天王寺	福島市飯坂町天王寺11
第12番	観音寺	伊達郡桑折町万正寺坂町20
第13番	不動院大聖寺	伊達郡桑折町上郡観音沢30
第14番	大慈寺	登米市東和町米川町下56
第15番	大悲院華足寺	登米市東和町米川小山下2
第16番	清水寺	栗原市栗駒岩ケ崎桐木沢3
第17番	大祥寺	一関市花泉町老松水沢屋敷58
第18番	道慶寺（六角堂）	一関市花泉町老松舘平31
第19番	宝持院新山観音堂	岩手県一関市花泉町金沢永沢前46
第20番	徳寿院	一関市花泉町花泉西郷目30
第21番	観音寺	栗原市金成有壁館下69
第22番	勝大寺	栗原市金成小迫三嶋45
第23番	長承寺	登米市中田町上沼大泉門畑28
第24番	長谷寺	登米市中田町浅水長谷山288
第25番	黒石寺	奥州市水沢区黒石町山内17
第26番	長泉寺	一関市大東町大原長泉寺先10
第27番	観福寺	一関市舞川龍ヶ沢7
第28番	大善院 蛸浦観音堂	大船渡市赤崎町鳥沢75
第29番	普門寺	陸前高田市米崎町地竹沢181
第30番	補陀寺	気仙沼市古町2丁目2-51
第31番	聖福寺	八幡平市西根寺田第20地割27
第32番	正覚院	岩手郡岩手町御堂第3地割9
第33番	天台寺	二戸市浄法寺町御山久保33

特別霊場	医王寺	福島市飯坂町平野寺前45
特別霊場	毛越寺	西磐井郡平泉町大沢58
特別霊場	中尊寺	西磐井郡平泉町平泉衣関202

まだまだある東北のおめぐりリスト

津軽三十三観音霊場

江戸時代の寛延年間（1748～1751）に制定されたといわれる観音霊場で、青森県の弘前や五所川原を中心に広がる寺社で構成されています。

秋田三十三観音霊場

西国三十三観音霊場の再興をうけて、三十三観音信仰が全国に広まりました。秋田三十三観音は長久年間（1040～1044年）頃の開設といわれ、歴史ある霊場のひとつです。

最上三十三観音

最上川沿いに、山形県上山市から秋田県境に近い鮭川村までに点在する観音霊場です。最上地方は、古くから観音信仰の篤い地域として知られています。

会津三十三観音

会津三十三観音めぐりは、名君と称えられた会津藩の祖、保科正之が定めたといわれます。古くから仏教の浸透した会津地方には、随所に往時の会津の姿を見ることができます。

第三章 御利益別！ 今行きたいお寺

Part 1 総合運

恋愛成就にキャリアアップはもちろん、
大切な金運や健康もすべてかなえたい。
そんなあなたはこちらのお寺へGO！

★総合運★絶対行きたいオススメお寺 3選

◉青龍寺（青森市） 長谷寺（由利本荘市） 願成寺（いわき市）

◉龍本寺（むつ市）
◉長福寺（下北郡佐井村）
◉専念寺（五所川原市）
◉圓通寺（鹿角市）／正伝寺（横手市）
◉永泉寺（由利本荘市）／龍門寺（男鹿市）
◉大悲寺（秋田市）／長泉寺（一関市）
◉大慈寺（盛岡市）／普門寺（陸前高田市）
◉天台寺（二戸市）

◉慈眼寺（仙台市）
◉大雄寺（本吉郡南三陸町）
◉斗蔵寺（角田市）／廣布山 蓮華寺（青森市）
◉吉祥院（山形市）／總光寺（酒田市）
◉正善院（鶴岡市）
◉遍照寺（長井市）
◉普門坊（長井市）／長泉寺（石川郡石川町）
◉陽林寺（福島市）
◉圓通寺（いわき市）／高蔵寺（いわき市）
◉願成寺（喜多方市）

絶対行きたい
オススメお寺3選

総合運

開運のパワーで人生を
全方位からサポート！

金堂の内部には極彩色で阿弥陀聖衆来迎図が描かれています

オススメお寺1

境内散策でパワーチャージ

青銅座像として日本一の高さを誇る昭和大仏や厄除け不動など境内にはパワスポが点在します。

青森

青龍寺【せいりゅうじ】

ご本尊
昭和大仏《しょうわだいぶつ》

境内の入口には鮮やかな朱色の大師堂が建ち、ここから極楽橋を渡ると正面に金堂。堂内の須弥壇には大日如来を中心に5体の如来像が並びます。参道を進めば国内第4位の高さの五重塔、さらに歩くと緑の樹木をバックに巨大な昭和大仏が見えてきます。境内には地蔵尊や観音菩薩など多くの仏像が点在し、散策するだけでパワーがいただけるような気がします。

胎内めぐりができる昭和大仏
高さ21.35mで、奈良や鎌倉の大仏を凌ぎます。1984年（昭和59年）、戦没者の慰霊と世界平和、人々の心を正しく導く仏法興隆の願いを込めて造立されました。胎内には地獄極楽図、十二支守り本尊、大日如来座像を安置しています。

四天王を祀った中門。邪鬼を踏みつけていますが、持国天と増長天に踏まれている邪鬼は手に赤いリンゴを持っています

金堂東側の回廊からは枯山水庭園「忘帰庭」と五重塔の景色が楽しめます。五重塔は青森のヒバ材を使用した木造で高さは約39m

墨書／奉拝、大日如来、全佛山青龍寺　印／納経、大日如来を表す梵字アーンクの印、昭和大佛、青龍寺印　●昭和大仏は頭に宝冠をかぶり、法界定印を結んでいます。これは胎蔵界大日如来の姿です

みんなのクチコミ!!

8月13日～16日の19時から、盂蘭盆万灯会を開催。無数の灯篭に明かりがつき、昭和大仏と五重塔がライトアップされ、幻想的な世界が広がります

DATA
青龍寺　MAP P.6-B2
開創／1982年（昭和57年）
山号／全仏山　宗旨／真言宗
住所／青森県青森市大字桑原字山崎45
電話／017-726-1300
交通／JR「青森駅」から車20分
拝観・御朱印授与時間／4～10月8:00～17:30・8:30～17:00、11～3月9:00～16:30・9:30～16:00
拝観料／400円
URL http://showa-daibutu.com/

お寺の方からのメッセージ

開山主は「仏像や伽藍は言葉を発しないが無言の説教をしている」という言葉を遺しています。諸仏が佇む境内に身を置けば、この言葉通りの感慨を抱くと思います。心静かなひと時をお過ごしください。

中門から金堂へ向かう石段の東側には十和田湖と奥入瀬渓谷を表現した「酔我庭」が整備されています。白壁の塀の向こうに広がる稲山の風景を借景とした雄大な景色が楽しめます。境内には甘味や麺類が味わえる「洗心庵」があります。

大仏殿は二重屋根造り。1893年（明治26年）に再建されました

オススメお寺2

赤田の大仏と呼ばれ親しまれる

ご本尊は像高約8mもの巨大な観音像
日本三大観音のひとつといわれています。

秋田

長谷寺【ちょうこくじ】

ご本尊
十一面観世音菩薩《じゅういちめんかんぜおんぼさつ》

田んぼに囲まれたのどかな田園風景のなかにお寺はあります。ご本尊は「赤田の大仏」とも呼ばれる十一面観世音菩薩立像。奈良県桜井市、神奈川県鎌倉市の長谷寺と並び、日本三大長谷観音のひとつとされます。観音像は1786年（天明6年）に建立されましたが、明治時代に火事で焼失。大仏殿も同時に焼け、ともに再建されました。大仏殿は国の登録有形文化財です。

みんなのクチコミ!!

境内の釈迦三尊石庭は地元出身の日本画家、堀川達三郎が1990年（平成2年）に築庭しました

華麗な十一面観世音菩薩立像

観音像は江戸時代に鎌倉長谷寺のご本尊と同木から彫り出されたという小仏を胎内仏として建立されましたが、1888年（明治21年）に堂塔伽藍のすべてが火事により焼失し、4年後に再建されました。木製金箔押しの観音像です。

開山の是山和尚は病人には薬を与え、また龍を使って雨を降らせるなど数々の霊験を起こしたと伝わります

墨書／奉拝、赤田の大佛、正法山長谷寺　印／寺紋、赤田の大仏、十一面観世音菩薩を表す梵字キャ、開山是山参拝記念大佛赤田長谷寺
●赤田の大佛は由利本荘市の指定文化財。モミジとイチョウのあしらいは秋季限定です

高さ約21mの大仏殿は1896年（明治29年）の再建。正面に観相窓があり、江戸時代後期の様式や規模を忠実に復元したとされます。外観からは2階建てに見えますが、内部は吹き抜けです

DATA
長谷寺 MAP P.7-E1
開創／1775年（安永4年）
山号／正法山
宗旨／曹洞宗
住所／秋田県由利本荘市赤田字上田表115
電話／0184-22-1349
交通／JR「羽後岩谷駅」から車10分
拝観時間／明るい時間
拝観料／無料

是山和尚の頭骸骨が安置されている舎利殿。毎年7月中旬に御開帳があります

お寺の方からのメッセージ

開山は是山泰覚和尚で庵を結んだのが始まりとされます。創建以来、亀田藩主岩城氏が篤い信仰を寄せ、武運長久、五穀豊穣の祈願所としました。大仏殿は彫刻や絵画などの装飾が豊富に施され、秋田県下で最大規模の仏殿です。

毎年8月21日、22日に行われる赤田の大仏祭りは珍しい神仏混交のお祭りです。祭りでは21日に長谷寺から約1㎞離れた神明社に大仏の分身とされる小さな観音像を移し、翌日は像を神輿にのせ、獅子舞や民俗芸能などの行列とともに長谷寺へ戻ります。

オススメお寺 3

阿弥陀堂は国宝建造物

夫を供養するため妻が建立した阿弥陀堂
秋には鮮やかな紅葉が浄土庭園を彩ります。

福島

願成寺【がんじょうじ】

ご本尊
阿弥陀如来《あみだにょらい》

木造の小さな橋で池を渡ると正面に阿弥陀堂（白水阿弥陀堂）が建っています。お堂は平安時代末期、藤原清衡の娘、徳姫が建立したと伝わり、福島県内唯一の国宝建造物です。堂内には、阿弥陀三尊（国重文）、持国・多聞天王（国重文）が安置されています。山に囲まれたお堂の周囲は浄土式庭園が築かれ、紅梅、山桜、ハス、萩など四季の花々が咲き、参拝者を楽しませてくれます。

みんなのクチコミ!!

阿弥陀堂の横に立つ大イチョウは樹高約12m。いわき市の天然記念物で黄葉の見ごろは例年11月上旬～中旬。モミジの紅葉もきれいです

三方を池と山で囲まれた阿弥陀堂

阿弥陀堂は東・西・南側を池、さらに北・東・西側は山で囲まれています。お堂へは南側から池を渡り、中の島を経由して参拝します。堂内には極楽浄土を描いた壁画があったと思われますが、その一部しか現存していません。

秋にはモミジの紅葉や樹齢600年というイチョウの黄葉が鮮やか。池には紅葉が映り、美しい風景を見せてくれます

浄土庭園の花暦は梅から始まり、アヤメ、ハス、萩へと移ります。周辺山林や農地、民家敷地を含めた約24万㎡は国の史跡

墨書／奉拝、阿弥陀如来を表す梵字キリーク、阿弥陀如来、願成寺　印／国宝、阿弥陀如来を表す梵字キリーク、菩提山願成寺　●阿弥陀堂内陣の須弥壇には阿弥陀如来を中心に5体の仏像を安置

墨書／奉拝、大日如来を表す梵字バン、大日如来、願成寺　印／福島八十八霊場札所七十番、大日如来を表す梵字バン、菩提山願成寺

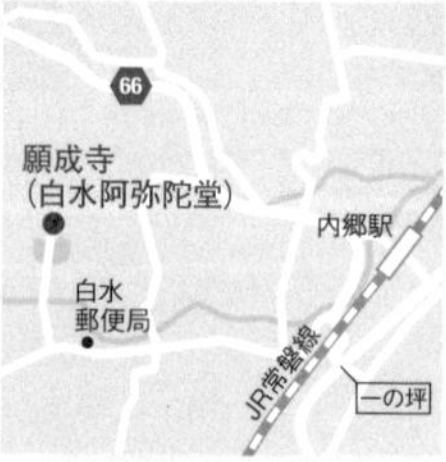

DATA

願成寺 MAP P.9-E3

開創／1160年（永暦元年）
山号／菩提山　宗旨／真言宗智山派
住所／福島県いわき市内郷白水町広畑221
電話／0246-26-7008
交通／JR「内郷駅」から車10分
拝観時間／8:30～15:45（11月～3月は15:15）
御朱印授与時間／拝観時間内
休寺日／毎月第4水曜日、節分、春秋彼岸中日、8月12日～16日、8月24日、12月20日～31日　拝観料／500円
URL http://shiramizu-amidado.org/

御朱印帳

オリジナル御朱印帳はシックな色合いと菊の刺繍が上品です（2500円）

お寺の方からのメッセージ

御朱印は本来、寺社に写経を納めた（納経）方に証としてお渡ししていたといわれています。そこで、当寺では拝観されない方にはお渡ししておりません。拝観受付と同時にお声かけください。

阿弥陀堂が建つ「白水」という地名は、藤原清衡が支配した奥州平泉の「泉」という文字を2つに分けたものという説があります。浄土庭園は岩手県平泉町にある毛越寺の影響を受けて造園されたと思われます。

絵がすてきな御首題

陸奥湾を見渡す高台に建つ
むつ市で唯一の日蓮宗寺院

青森

龍本寺【りゅうほんじ】

ご本尊
釈迦牟尼仏《しゃかむにぶつ》

むつ市内では唯一の日蓮宗の寺院です。高台に位置し、境内の庭や本堂の2階からは陸奥湾が見下ろすことができます。大正時代の初め、大湊町に駐屯する海軍の軍人、同時に大湊町民のために布教を行ったのがお寺の始まりです。絵入りの御首題は副住職が書いています。副住職は手話通訳の資格を取得していて、耳の不自由な人には手話で応対してくださいます。

みんなのクチコミ!!

イラスト入り御朱印は副住職が不在時は頂けません。事前に連絡するか、インスタグラムにDMしておくと直書きしていただけます

本堂に安置された七面大明神

本堂にはご本尊の釈迦牟尼仏以外に七面大明神が安置されています。七面天女とも呼ばれており、日蓮宗では法華経を守護するとされる女神として、各地の日蓮宗寺院で祀られています。龍本寺でも毎年7月28日に七面祭が行われます。その翌日には七面大明神を釜伏山にある七面堂にまでお運びし、2日間かけて檀信徒の家内安全等をご祈願しています。

御朱印はP.29
でも紹介!

墨書／奉拝、我観一切普皆平等、南無妙法蓮華経、大縁山龍本寺印／南部七面山大湊霊場、大縁山龍本寺　●ハスの花と葉が淡い色彩で配されています

墨書／奉拝、我観一切普皆平等、南無妙法蓮華経、大縁山龍本寺　印／南部七面山大湊霊場、黒白二大龍神、日蓮宗大縁山龍本寺　●ダイナミックな龍神が描かれています

お守り

身代わりお守り
500円

正面側から見た本堂。参拝する時はこちら側から入ります

境内の庭から見た陸奥湾

4月には境内の枝垂れ桜が見事です

DATA

龍本寺　MAP P.6-A3
開創／1919年（大正8年）
山号／大縁山　宗旨／日蓮宗
住所／青森県むつ市大湊新町29-19
電話／0175-24-2023
交通／JR「大湊駅」から徒歩10分
拝観時間／9:00～16:00
御朱印授与時間／9:00～16:00
拝観料／無料
URL https://www.instagram.com/daienzan_ryuhonji/

お寺の方からのメッセージ

龍本寺にお越しの際は、ぜひ下北めぐりもご堪能ください。下北半島にはさまざまな見どころがあります。ゴールデンウィークに水源地公園などで開催される「むつ桜祭」もおすすめです。

龍本寺の庭に祀られた浄行菩薩は、法華経に出現する菩薩様で、煩悩の汚れを洗い注いでくれる水徳があります。病気や怪我で痛む箇所があった場合、浄行菩薩を「南無妙法蓮華経」と一心に唱えながら磨くことで功徳を授かれるといわれています。

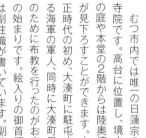

青森

長福寺【ちょうふくじ】

円空仏の傑作、観音像を安置

病気・眼病平癒の薬師如来や子供を守る子安観音、地蔵菩薩がお祀りされています。

ご本尊
釈迦牟尼仏《しゃかむにぶつ》

本堂にはご本尊をはじめ十六羅漢、子安観音、観世音菩薩、弥勒菩薩など多くの仏様が祀られています。大広間では子供たちがいつでも遊べるような取り組みを実施。なかでも、電池とモーターで走る車の模型を作る「ミニ四駆工作体験」はユニークな体験として雑誌などで紹介されました。薬師堂が建つ薬師山からは佐井村と海が見渡せ、すばらしい景色が楽しめます。

みんなのクチコミ!!

お寺では66畳の大広間に全長160mのミニ四駆のコースを設営。レース体験を随時開催しています

円空仏の傑作、十一面観音立像

ヒバ材を使ったと思われる木彫で総高181cm、像高145cmの大きな仏像です。その大きさは円空仏では全国第2位とされています。背面は粗く、鋸を当てたような処理にとどまっています。円空36歳頃の作品と推定され、青森県の重要文化財です。

御朱印はP.28でも紹介!

墨書／奉拝、本尊釈迦牟尼佛、県重宝十一面観音円空佛、青森県下北郡佐井村、曹洞宗長福寺　印／釈迦牟尼仏を表す梵字バク、佛法僧寶の三宝印、長福寺印　●御朱印のみの対応はしていません

境内には海上安全の金毘羅大権現、芸事上達の神様である弁財天、病気平癒の牛頭天王を祀る金毘羅堂があります

本堂須弥壇には釈迦如来を中心に右側には文殊菩薩、左側には普賢菩薩を従えた釈迦三尊像が祀られています。また須弥壇には十六羅漢像も安置されています

御朱印帳

円空仏のしおりが付いた「円空仏オリジナル御朱印帳」(1000円〜)

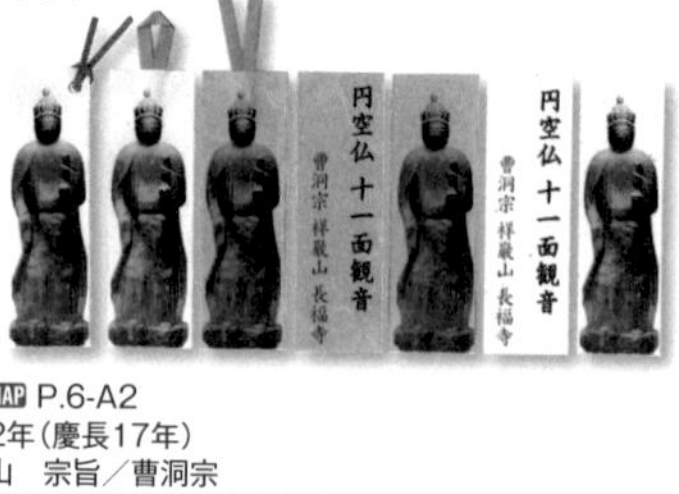

DATA

長福寺 MAP P.6-A2

開創／1612年(慶長17年)
山号／祥巌山　宗旨／曹洞宗
住所／青森県下北郡佐井村大字佐井字古佐井112
電話／0175-38-2298
交通／JR「下北駅」から下北交通バス2時間20分、「古佐井」バス停から徒歩3分
拝観時間／9:00〜16:00(御朱印は要事前予約)
拝観料／無料
URL https://www.facebook.com/CHOFUKUJI1612/

お寺の方からのメッセージ

御朱印のほか、年中行事ごとに消しゴムハンコを用いた参拝印を用意しています。法要のため、ご案内できない場合がございます。事前に訪問日をご相談ください。拝観の際は寺務所へお立ち寄りください。

寺では「御朱印帳作り」を行っています。表紙は好みの和紙を選びますが、長福寺オリジナルの円空仏の表紙もあります。スティック糊を使用して作るので子供でも大丈夫です。写経、坐禅体験も実施。事前予約が必要です。

地域の人々に愛されるお寺

ヨガ教室やコンサートなどイベントを開催。地域の人々が穏やかな時間を過ごすお寺です。

青森

専念寺
【せんねんじ】

総合運

北側には十川が流れ、周囲には田畑が広がるのどかな環境のなかにお寺はあります。仁王像が立つ山門を入ると広々とした境内が開け、鐘楼、白壁がきれいな本堂が建ちます。江戸時代初期の開山とされますが、鎌倉時代に法然上人の直弟子で津軽浄土宗の始祖ともされる金光上人が、この地に立ち寄ったと伝わることから、江戸時代以前からの由緒あるお寺とも思われます。

ご本尊
阿弥陀如来《あみだにょらい》

みんなのクチコミ!!

毎週木曜日10:30～11:45にはヨガ教室を開催しています。参加費は1回600円、初回体験は300円です。和気あいあいとした雰囲気のなか体験ができます

境内からは岩木山が展望できます

開山当時の堂宇は江戸時代後期に火災に遭い、焼失。明治時代になり再建されました。その後、1998年（平成10年）に河川拡張に伴い、現在地に移転新築。2008年（平成20年）12月には強風により、山門が倒壊したため、2年後に再建しました。

境内には地蔵尊や石仏が祀られているお堂や観音像や弘法大師の石像が立っています

境内の南にはよく手入れされた坪庭があります。住職によると雑木林風枯山水とか

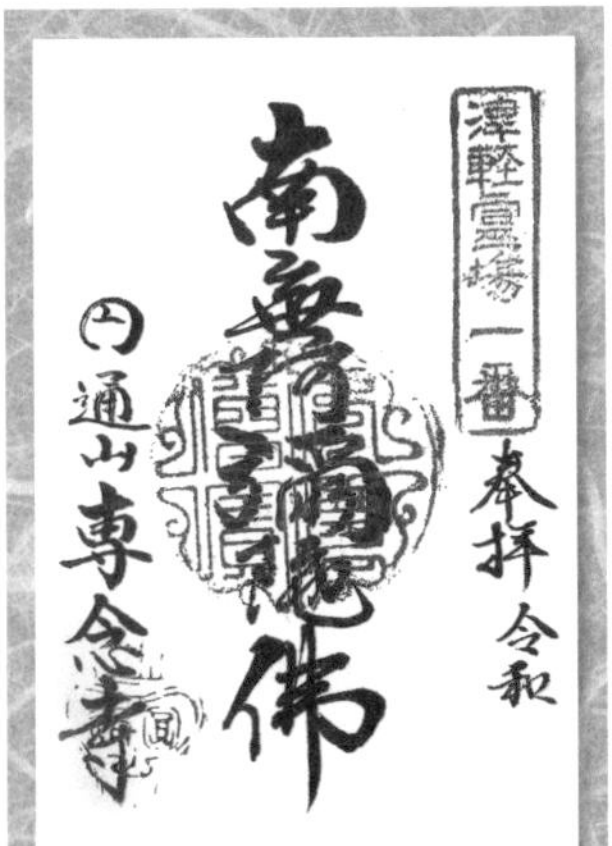

墨書／奉拝、南無阿彌陀佛、円通山専念寺　印／津軽霊場一番、佛法僧寶の三宝印、圓通山　●広い本堂にはご本尊の阿弥陀如来と脇侍の観音菩薩、勢至菩薩が安置されています。

DATA
専念寺　MAP P.6-B2
開創／1658年（万治元年）
山号／円通山
宗旨／浄土宗
住所／青森県五所川原市広田下り松390-1
電話／0173-35-2983
交通／JR「五所川原駅」から車15分
拝観・御朱印授与時間／9:00～17:00
拝観料／無料

お寺の方からのメッセージ

開山は1626年（寛永3年）とも、1658年（万治元年）とも伝えられています。津軽八十八ヶ所霊場を創建した田中千代尼僧が当寺第32世住職の妻だったことから第1番札所となりました。

津軽八十八ケ所霊場は大正時代末期から昭和時代初期にかけて開設されました。太平洋戦争中は一時中断されましたが、1960年代から一部の人たちにより巡礼の旅が復活し、徐々に広まり現在に至っています。

尾去沢鉱山のふもとに位置

秋田

圓通寺
【えんつうじ】

「決して規模は大きくありませんが尾去沢鉱山の歴史と共に繋がってきた寺院です。史跡尾去沢鉱山の観光と合わせて立ち寄ってくだされば」とご住職はいいます。

この鉱山地の発見は8世紀と伝えられています。1481年（文明13年）、化鳥が顕れ、金銀鉱石の発見に至る『光る怪鳥』伝説が地域に残っていますが、本格的な鉱山史としての始まりは1666年（寛文6年）とされています。

山門。境内には尾去沢鉱山中沢ダム決壊事故のの犠牲者を供養する観音堂や地蔵堂があります

本堂内に安置されているのは人々を苦しみから救ってくれるという薬師如来です

ご本尊
薬師瑠璃光如来《やくしるりこうにょらい》

墨書／奉拝、聖観音、大盛山圓通寺　印／聖観音を表す梵字サの印　●圓通寺は秋田三十三観音の第30番札所です。観音堂には聖観音が祀られています

DATA

圓通寺 MAP P.6-C2

開創／不明

山号／大盛山

宗旨／曹洞宗

住所／秋田県鹿角市尾去沢字中沢4-25

電話／0186-23-3291

交通／JR「鹿角花輪駅」から車8分

拝観時間／7:00～17:00

御朱印授与時間／不定

拝観料／無料

みんなのクチコミ!!

尾去沢鉱山はすでに閉山になっていますが、坑道を見学できる観光コースや天然石掘りや万華鏡作りなどの体験コースがあります

東北最古級の観音菩薩像

秋田

正伝寺
【しょうでんじ】

山門から桜並木の参道を行き、鐘楼門をくぐれば正面に本堂が建ちます。江戸時代初期に火災に遭い、詳細は不詳ですが、最初は密教寺院として始まり、室町時代後期に曹洞宗に改宗したとされます。ご本尊は秘仏で東北では最古の部類に入る金銅仏です。秋には境内のイチョウが見事な黄葉を見せてくれます。

ご本尊
聖観世音菩薩《しょうかんぜおんぼさつ》

墨書／奉拝、微笑観音、正伝寺　印／秋田一番、聖観世音菩薩を表す梵字サの印、祝融山正伝寺　●秋田三十三観音霊場1番札所。ご本尊は秋田県の指定文化財

ご本尊は奈良時代作、高さ約29㎝の金銅仏。秘仏で御開帳の日時は決まっていません

1776年（安永5年）建造の本堂には荘厳な天蓋が吊り下げられています

DATA

正伝寺 MAP P.7-E2

開創／不詳

山号／祝融山　宗旨／曹洞宗

住所／秋田県横手市大屋新町鬼嵐117

電話／0182-33-5723

交通／JR「横手駅」から車15分

拝観・御朱印授与時間／8:00～17:00

拝観料／無料

URL https://www.facebook.com/syukuyuzan/

みんなのクチコミ!!

冬は豪雪地帯ですが、夏はアジサイなど草花が楽しめます。周辺は農家で農産物の無人販売所もあります

山門は1980年（昭和55年）の豪雪で倒壊し、翌年再建されました

秋田

優美な装飾が施された山門
永泉寺【ようせんじ】

本荘藩初代藩主六郷政乗が六郷家の菩提寺として開きました。山門は1865年（慶応元年）の建立です。高さ約8m、総欅造り、二層からなる楼門で左右には仁王像が安置されています。軒廻りを中心に、獅子、牡丹、鷹、鳳凰など精緻な彫刻に施され、重厚で華麗な造り。「飽かずの門」とも呼ばれます。

ご本尊聖観世音菩薩は苦しみから救ってくれる「抜苦与楽」の観音様です

ご本尊
聖観世音菩薩《しょうかんぜおんぼさつ》

山門には釈迦如来像、阿難尊者像、迦葉尊者像、十六羅漢像などが安置されています

墨書／奉拝、聖観音、龍洞山、永泉寺　印／秋田十番、聖観音を表す梵字サの印、永泉禅寺埜印　●秋田三十三観音第10番札所。住職不在時は書き置きです

DATA
永泉寺　MAP P.7-E1
開創／1623年（元和9年）
山号／龍洞山　　宗旨／曹洞宗
住所／秋田県由利本荘市給人町44
電話／0184-22-0044
交通／JR「羽後本荘駅」から徒歩18分
拝観時間・御朱印授与時間／8:00～17:00
拝観料／無料
URL http://www8.plala.or.jp/yousenji/

みんなのクチコミ!!

山門の一層格天井には花鳥図が描かれています。写経会や坐禅会を開催しています。日時はHPで告知

秋田

地域最古と推測される
龍門寺【りゅうもんじ】

参道入口では観音菩薩の石像と寺標号が迎えてくれます。ケヤキの古木が茂る参道には三十三観音の石仏が並びます。江戸時代に火災に遭い、由緒などは不明ですが、鎌倉時代末期から室町時代の様式の五輪塔や「天文六年（1537年）」銘の卒塔婆が残されていることから、この地域で最も歴史の古いお寺と思われます。

ご本尊のほかに秋田三十三観音の聖観世音菩薩もお祀りされています。本堂は2005年（平成17年）、火災に遭い、その翌年に再建されました

ご本尊
釈迦如来《しゃかにょらい》

墨書／聖観音、龍門寺　印／秋田二十番、聖観音を表す梵字サの印、宝珠山、龍門寺印　●観音霊場第20番札所です。御朱印拝受はできれば事前連絡をしてください

DATA
龍門寺　MAP P.7-D1
開創／不明
山号／寶珠山　　宗旨／曹洞宗
住所／秋田県男鹿市船越字船越267
電話／0185-35-2607
交通／JR「船越駅」から徒歩8分
拝観・御朱印授与時間／8:00～17:00
拝観料／無料

みんなのクチコミ!!

境内には弘化年間（1844～1848年）に建立されたという稲荷堂が建ちます。ほかにも地蔵尊や石仏が安置されています

衆生を救う観音様

秋田

大悲寺【だいひじ】

秋田三十三観音霊場第24番札所、秋田西国観音霊場第14番札所です。山号「普門山」の扁額が掛かる山門をくぐると正面に本堂、右手には鐘楼、鐘楼手前に六體地蔵が並びます。江戸時代には藩主佐竹氏が深く信仰し、寺領20石を拝領しています。ご本尊の十一面観音像は秋田県の文化財に指定されています。

墨書／奉拝、十一面観音、大悲寺
印／秋田二四番、十一面観音を表す梵字キャの印、普門山大悲寺
●事前に電話で確認

六體地蔵は心の迷いから苦しんでいる人々を救済してくれる菩薩です

DATA

大悲寺 MAP P.7-D1

開創／1283年（弘安6年）

山号／普門山　宗旨／臨済宗

住所／秋田県秋田市旭北寺町4-50

電話／018-823-2379

交通／JR「秋田駅」から秋田中央交通バス10分「大悲寺前」下車

拝観・御朱印授与時間／9:00頃～16:00頃（御朱印は要確認）

拝観料／浄財（お心で）

ご本尊

十一面観音菩薩《じゅういちめんかんのんぼさつ》

みんなのクチコミ!!

梵鐘は参拝後に誰でも撞くことができます。座禅会を毎月開催しています

落ち着いた境内。禅密研修寺院でしたが、南北朝時代に臨済宗に改宗されています

亀にちなむ伝説が残る

岩手

長泉寺【ちょうせんじ】

楼門造りの山門をくぐると正面が本堂です。堂内には江戸時代中期の作と伝わり、北国八十八ヶ所霊場第83番でもあるご本尊が安置されています。広い境内には庭園が造られ、観音堂や六角堂が建ち、亀の石像が点在します。何万年もこの地に住みたいと願う亀に法名を与えたという伝説があるのです。山号も、この伝説にちなんでいます。

墨書／奉拝、亀峯山、千手観音、長泉寺　印／佛法僧寶の三寶印、奥州第二十六番、岩手県大東町長泉寺　●御朱印は本堂横にある庫裏で頂きます

1819年（文政2年）建立の六角堂。三十三観音が祀られています

本堂裏手の山の斜面に観音堂があり、千手観音が安置されています

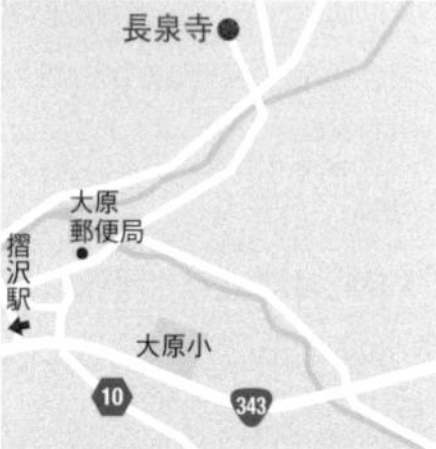

DATA

長泉寺 MAP P.7-F3

開創／1082年（永保2年）

山号／亀峯山　宗旨／曹洞宗

住所／岩手県一関市大東町大原字長泉寺先10

電話／0191-72-2267

交通／JR「摺沢駅」からバス20分、「長泉寺」下車

拝観・御朱印授与時間／9:00～17:00（御朱印は事前連絡推奨）

拝観料／無料

ご本尊

釈迦牟尼佛《しゃかむにぶつ》

みんなのクチコミ!!

本堂は1736年（元文元年）の建立と伝わります。千手観音像は70cmの白木の立像です

サツキや紅葉がきれいな庭園。池には鯉が泳ぎます

岩手

大正期の首相、原敬の菩提寺

大慈寺【だいじじ】

盛岡市内唯一の黄檗宗寺院。盛岡藩主南部行信の娘、光源院の菩提寺です。1884年(明治17年)、堂宇が火災で焼失。その再建に尽くしたのが原敬でした。原は大正10年(1921年)、東京駅構内で暗殺され、境内に墓所があります。北上川で行われる、盆の行事「舟っこ流し」発祥の寺とされます。

山門は1905年(明治38年)建造とされる楼門形式。天井には龍が描かれています。市の保存建造物です

原敬は1856年(安政3年)、盛岡市の出身。遺言により、この地に埋葬されました

ご本尊

如意輪観音《にょいりんかんのん》

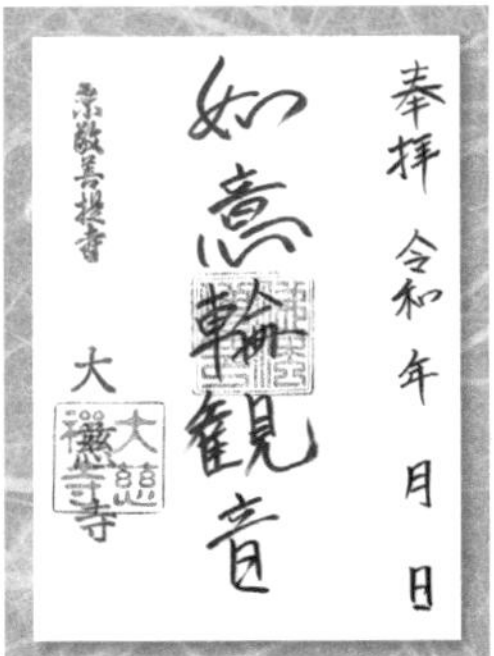

墨書/奉拝、如意輪観音、原敬菩薩寺、大慈寺　印/仏法僧寶の三宝印、大慈禅寺　●盛岡三十三観音霊場第6番札所。札所本尊は十一面観音です

DATA

大慈寺 MAP P.7-D3

開創/1673年(寛文13年)

山号/福聚山

宗旨/黄檗宗

住所/岩手県盛岡市大慈寺町5-6

電話/019-622-4709

交通/JR・いわて銀河鉄道「盛岡駅」から車10分

拝観・御朱印授与時間/9:00〜16:00

拝観料/無料

URL https://daijiji.m-lp.jp/

みんなのクチコミ!!

舟っこ流しは提灯や供物で飾った舟を川に流し、火を放ち、先祖の霊を送る行事です。毎年8月16日に明治橋付近で開催されます

岩手

鎮魂と癒やしに満ちた古刹

普門寺【ふもんじ】

樹齢300年以上という杉の巨木が続く参道を登ると本堂があります。戦国時代、江戸時代の2度の火災のため、創建当時の堂宇や史料はほとんど焼失。明治時代になり、本堂や庫裏が再建されました。東日本大震災の犠牲者を弔う五百羅漢像や高田松原の倒木を使用した親子地蔵・見守り地蔵を安置しています。

本堂にある「ねがい桜」は東日本大震災の犠牲者を供養するため、祈りの言葉を記した紙を入れた布地で作られています。袋は犠牲者と同数の1万8430個です

高さ12.5mの三重塔は1809年(文化6年)の建造。岩手県指定有形文化財です

ご本尊

聖観音《しょうかんのん》

墨書/奉拝、本尊聖観音、海岸山普門寺　印/佛法僧寶の三宝印、聖観音を表す梵字サの印、奥州第二十九番、海岸山普門寺　●奥州三十三観音霊場第29番札所です

DATA

普門寺 MAP P.7-F4

開創/1241年(仁治2年)

山号/海岸山　宗旨/曹洞宗

住所/岩手県陸前高田市米崎町字地竹沢181

電話/0192-55-2034

交通/JR「盛岡駅」から車110分

拝観・御朱印授与時間/8:00〜17:00

拝観料/無料

URL https://fumonji-iwate.jp/

みんなのクチコミ!!

境内のサルスベリは岩手県の天然記念物。樹高6m、樹齢は300年以上とされます。8月には紅色の花を咲かせます

瀬戸内寂聴師が住職を務めた名刹

奈良時代開山と伝わる東北屈指の古刹。
ご本尊は願いをかなえ、人を救う観音様です。

岩手

天台寺【てんだいじ】

ご本尊
聖観音立像《しょうかんのんりゅうぞう》

みんなのクチコミ!!

文化財収蔵庫には本尊をはじめ、仏像や舞楽面などが収蔵展示されています。境内を案内してくれるボランティアガイドの会があります。
電話0195-38-2416

入口から仁王門までの参道は上りが続きます。参道の両脇にはアジサイが植えられ、かわいい石仏も並びます。仁王門を入ると正面に本堂。1658年（万治元年）、盛岡藩主南部重直により、建立されました。お寺を一躍有名にしたのは瀬戸内寂聴師です。1987年（昭和62年）、73代住職となると「青空説法」を開催。全国から大勢の人が集まりました。

国指定重要文化財の聖観音立像

像高約117cm。桂材を素地のまま仕上げた一木造です。丸刀を使用した横縞が目立ち、眉、唇、ヒゲなどが朱あるいは墨で描かれているのが特徴です。行基作と伝わり、東北鉈彫仏（とうほくなたほりぶつ）の最高傑作とされています。

御朱印はP.31でも紹介!

墨書／奉拝、桂泉観音、八葉山天台寺　印／奥州第三十三番、聖観音を表す梵字サの印、八葉山天台寺　●境内に湧く桂清水にちなみ、桂泉観音とも呼ばれています

境内は明治の廃仏毀釈や杉の伐採などで荒れていましたが、1960年代後半から復興へ向けて住民の機運が高まり、整備が進みました。境内に咲くアジサイは寂聴師の提案で植えられました

参道沿いには奉納された地蔵尊が並びます。伐採された杉の切株の上に安置されています

DATA

天台寺 MAP P.6-C3

開創／728年（神亀5年）
山号／八葉山　宗旨／天台宗
住所／岩手県二戸市浄法寺町御山久保33
電話／0195-38-2500
交通／JR「二戸駅」から車20分／山道中段付近に普通車駐車場有（春秋例大祭のみ有料・500円）
拝観時間／9:00～17:00（冬期16:00）
御朱印授与時間／拝観時間内
拝観料／300円
URL http://tendaiji.or.jp/

お寺の方からのメッセージ

東北最古級のお寺です。行基が、八峯八谿（8つの峰と8つの谷）をもつこの山を八葉山と名づけ、桂の木を用いて観音菩薩像を彫り、聖武天皇自らが記した天台寺という額を掲げて開いたと伝えられています。

天台寺のある浄法寺地区は日本屈指の漆の産地です。浄法寺塗は使うごとに艶を増す、暮らしの漆器として注目されています。お寺の参道入口近くに位置する「滴生舎」では作業の様子が見学でき、販売も行っています。https://urushi-joboji.com/life/tekiseisha

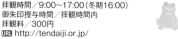

宮城

慈眼寺
【じげんじ】

護摩祈祷で心身を清める

大峯千日回峰行と四無行の満行を果たした塩沼亮潤大阿闍梨の護摩祈祷が受けられます。

大峯千日回峰行は奈良県吉野山の山道を往復48キロ、1000日間歩き続ける修行です。この修行に加え、断食、断水、不眠、不臥を9日間続ける四無行を達成した塩沼亮潤大阿闍梨が開山しました。正門を入るときれいに掃き清められた境内が広がり、正面に本堂、その奥に護摩堂があります。護摩堂では毎月第3日曜日13時から塩沼大阿闍梨による護摩が行われます。

ご本尊
蔵王大権現《ざおうだいごんげん》

総合運

塩沼亮潤大阿闍梨による護摩修法

護摩修法は祈願が書かれた護摩木を火に投じてご祈祷する修法です。火は仏の知恵を表し、人間の煩悩を滅却するといわれています。毎月第3日曜日に行われる護摩修法に誰でも参列することができます。(事前予約制。毎月1日よりHPにて受付開始)

みんなのクチコミ!!

11月から3月末までは合格成就祈願の御祈祷を受けられます。また、希望者には試験会場に持参できる「合格成就特別御守」が授与されます

墨書/奉拝、蔵王大権現、慈眼寺　印/福聚山、蔵王大権現を表す梵字ウーンの印、福聚山慈眼寺　●仙台の奥座敷と呼ばれる、静かな秋保にあるお寺です

龍のイラストをプリントしたオリジナルトートバッグ(2600円)

御朱印帳

龍のイラストが箔押しされた御朱印帳(1200円)と京都の一澤信三郎帆布製の御朱印帳入れ(3800円)

慈眼寺ロゴと龍のイラストが描かれた手ぬぐい(1200円)

お守り

仏さまが守ってくれる「うでわ念珠」(1000円)

本堂には蔵王権現が祀られ、修正会や節分祭などの年中行事や法話が行われます。本堂の奥には重層入母屋造りの護摩堂が建っています

DATA
慈眼寺 MAP P.8-C3
開創/2003年(平成15年)　宗旨/金峯山修験本宗
山号/福聚山
住所/宮城県仙台市太白区秋保町馬場字滝原89-2
電話/022-399-5333
交通/JR「愛子駅」から仙台市営バス40分、「慈眼寺前」下車
※フリー区間のため「慈眼寺前」と乗務員に告げて下車
拝観時間/7:00～17:00
御朱印授与時間/7:00～17:00
拝観料/無料
URL https://www.jigenji-sendai.com/

お寺の方からのメッセージ

蔵王大権現の「権現」とは「仮のお姿で現れる」という意味です。釈迦如来、千手観音菩薩、弥勒菩薩がひとつになり、災難や苦しみから民衆を救うために現れたお姿です。

慈眼寺の近くには秋保大滝が流れ落ちています。この大滝は真っすぐに落下する幅6m、落差55mの滝。華厳の滝、那智の滝とともに日本三名瀑のひとつといわれることもあり、「日本の滝百選」にも選ばれています。

宮城

大雄寺【だいおうじ】

南三陸町きっての古刹

奥州藤原氏、藤原高衡の開基とされ江戸時代の貴重な資料を所蔵しています。

ご本尊
阿弥陀仏《あみだぶつ》

みんなのクチコミ!!

魚籃摩梨阿観音の足元には写経848巻が納められています。東日本大震災の犠牲者への鎮魂と慰霊、そして南三陸町の再興が祈願されているとのことです

緑濃い環境のなかに佇む古刹です。開創は平安時代末期から鎌倉時代初期と伝わります。江戸時代初期に伽藍が焼失、中~後期になって再建され、現在も山門、仁王門、回廊など七堂伽藍の禅寺の様式を備え、名刹としての威容を見ることができます。本堂内には地獄絵図や間引きをいさめる絵馬、過去帳など、江戸時代初期からの貴重な資料が多く残されています。

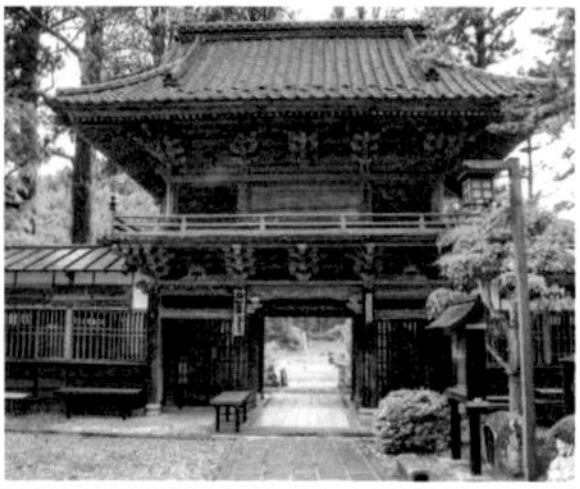

江戸時代中期に建立された楼門

楼門は1648年(慶安元年)に火災に遭い、1717年(享保2年)に再建されたものです。雄大な建造物は江戸期の秀作とされ、南三陸町の文化財に指定されています。また、楼門の左右には廊がありますが、宮城県内でも回廊をもつ寺院は珍しい存在といえるでしょう。

墨書/奉拝、南無釋迦牟尼佛、松林山大雄寺　印/佛心宗、仏法僧寶の三寶印、松林寶山、大雄寺　●大雄寺は中世にこの地を支配した本吉氏の菩提寺として再興されたと伝えられています

山門まで延びている参道には推定樹齢300年とされる84本の杉並木がありましたが、東日本大震災の津波に遭い、枯死してしまいました

「魚籃摩梨阿観音(ぎょらんまりあかんのん)」はキリスト教の聖母マリアと魚籃観音を融合させた観音像。宗派を問わず参拝できるようにとの配慮がされています

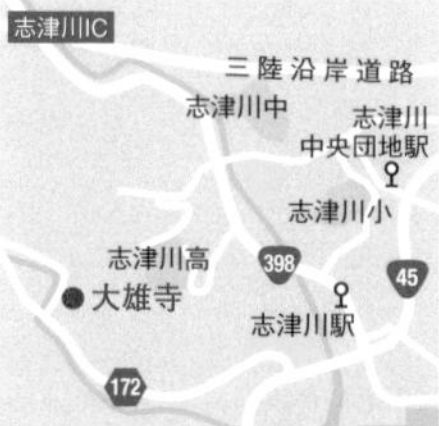

DATA

大雄寺 MAP P.8-B4

開創/平安時代末期~鎌倉時代初期
山号/松林山
宗旨/曹洞宗
住所/宮城県本吉郡南三陸町志津川字田尻畑10-1
TEL/0226-46-4145
交通/BTR志津川駅から徒歩20分
拝観・御朱印授与時間/9:00~日中
拝観料/無料

お寺の方からのメッセージ

開創当初は天台宗の寺で中瀬町寺沢か細谷にあったのですが、1537年(天文6年)に曹洞宗の寺に改め、阿弥陀如来を本尊として現在の地に再建したといわれています。7月にはアジサイが見事です。

水尻川を挟んで大雄寺と向かい合うあたりに、こんもりした山があります。これが朝日館跡で16世紀初期に本吉氏が築いた居館跡とされます。自然の地形を巧みに利用した山城で二ノ丸・本丸、空堀、土塁の跡が残ります。

通称は「おとくらさん」

宮城

斗蔵寺【とくらじ】

角田市の南西に位置する斗蔵山の山頂に境内が広がります。平安時代、坂上田村麻呂が千手観音を安置したのが最初とされ、この地を訪れた弘法大師は「奥州無二の霊地」と称賛したと伝わります。秘仏銅造千手観音像懸仏は所願成就や安産、子育ての観音菩薩として知られます。朱塗りの観音堂は江戸時代の建立です。

墨書／奉拝、千手観音、斗蔵寺　印／千手観音を表す梵字キリーク、奥州第四番、斗蔵寺　●ご本尊のお前立ちは約2.7mの木彫りの千手観音像です

斗蔵寺周辺は「斗蔵山野鳥の森」として整備されています。森のなかにはシジュウカラ、モズ、ホオジロなど野鳥のさえずりを聞きながら歩ける遊歩道が設けられています。頂上からは蔵王連峰が見渡せます

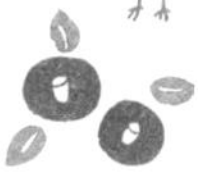

ご本尊

千手観世音菩薩《せんじゅかんぜおんぼさつ》

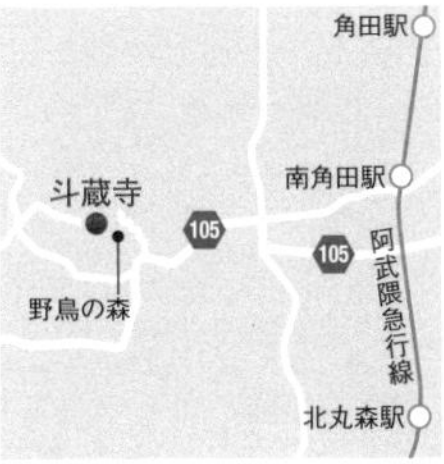

DATA

斗蔵寺　MAP P.8-C3

開創／807年（大同2年）

山号／安狐山　宗旨／真言宗智山派

住所／宮城県角田市小田字斗蔵95

電話／0224-62-5341

交通／阿武隈急行「角田駅」より車15分

拝観・御朱印授与時間／10:00～15:00、本堂内拝観の場合は事前予約が必要

拝観料／300円

みんなのクチコミ!!

斗蔵山は標高238m。ウラジロガシの北限地です。落葉樹が多く秋には紅葉が見事です。頂上までハイキングコースが続いています

日蓮宗の九識霊断法で運命を好転

青森

廣布山 蓮華寺【こうふざん れんげじ】

鎌倉時代、日蓮聖人の高弟であった日持上人は蝦夷地の布教をめざし、善知鳥村に立ち寄ります。しかし風波が激しく出航できず、この地に留まること数ヵ月間。そこで草庵を結んだのが蓮華寺の始まりです。蓮華寺では日頃の悩み事や困り事に進むべき道を示してくれる日蓮宗の秘法「九識霊断法」にて解決ご指導いただけます。宗旨宗派は問わず、些細なことから重大なことまで相談できます。

ご本尊

十界大曼荼羅《じっかいだいまんだら》

御朱印はP.31でも紹介!

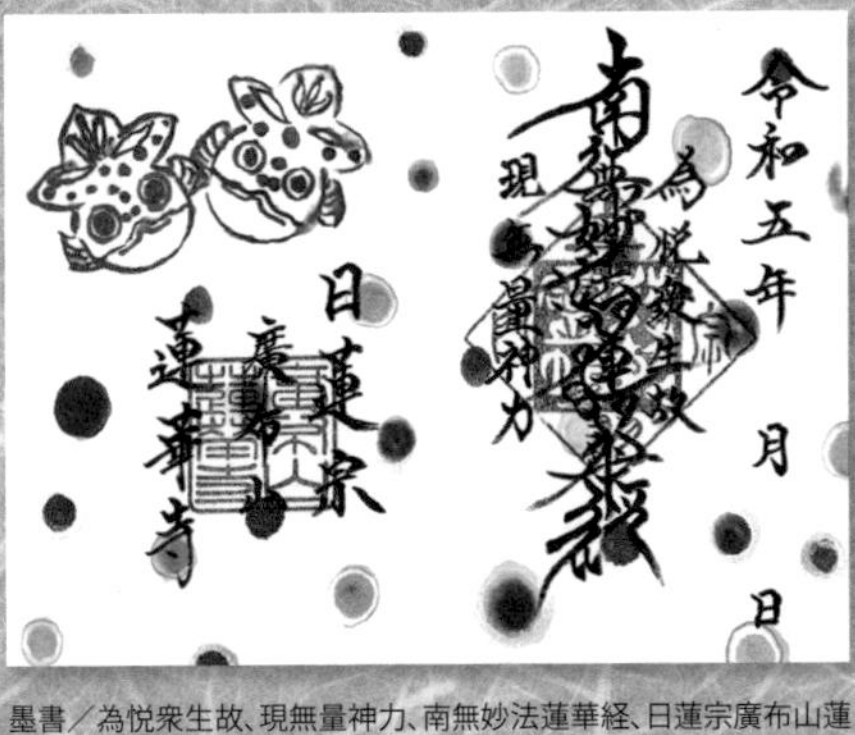

墨書／為悦衆生故、現無量神力、南無妙法蓮華経、日蓮宗廣布山蓮華寺　印／奥羽宗門、発軫霊場、廣布山蓮華寺　●特別御朱印は季節毎に背景が変わります

「青森大空襲」で奇跡的に焼け残った大本堂は戦後、市役所として使われたことで有名です。空襲の時に突然池の水が溢れ出したおかげで消火できたことから中庭に「龍神様」を祀っています

みんなのクチコミ!!

実際に運行された蓮華寺ねぶたの印が押印された直書きの御首題のほかにカラフルな御朱印もあります

DATA

蓮華寺　MAP P.6-B2

開創／1294年（永仁2年）

山号／廣布山　宗旨／日蓮宗

住所／青森県青森市本町1-5-12

電話／017-776-5840

交通／JR「青森駅」から徒歩20分

拝観・御朱印授与時間／9:00～17:00

拝観料／無料

URL http://www.koufuzan-rengeji.or.jp/

苦悩を救済してくれる千手観音

山形

吉祥院【きちじょういん】

悪病の流行で苦しむ人々を救済するため、聖武天皇の勅命を受けた僧行基が開山。観音菩薩像を造立し、この地に安置したと伝わります。行基作とされる千手観音菩薩像（重文）は阿弥陀如来像、薬師如来像とともに奥之院に秘仏として祀られています。御開帳は毎年8月10日ですが、事前に申し込めば拝観可能です。

ご本尊
千手観音菩薩《せんじゅかんのんぼさつ》

冬の雪景色、春の桜、夏にはハスなどと四季折々の風景が楽しめます

1971年（昭和46年）に復元改修された本堂の前には池を配した庭園が広がります

墨書／守國山、抜苦殿、吉祥院　印／最上三十三所三番千手堂、千手観音菩薩を表す梵字キリークの印、千手堂守國山吉祥院円満寺　●抜苦殿とは本堂のことです

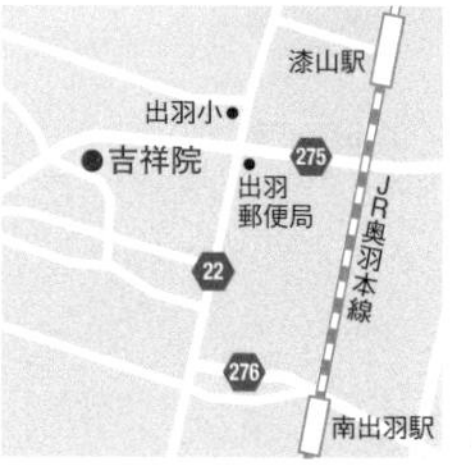

DATA

吉祥院　MAP P.8-C2

開創／737年（天平9年）
山号／守國山　宗旨／天台宗
住所／山形県山形市千手堂509
電話／023-684-8026
交通／JR「南出羽駅」より徒歩10分、JR「漆山駅」より徒歩15分
拝観・御朱印授与時間／7:00～18:00
拝観料／無料
URL https://dewa-kichijoin.jp/

みんなのクチコミ!!

8月10日は四万八千日「万燈会」が行われます。境内に置かれた、多くのロウソクに火がともされ、幻想的な風景が出現します

参道のキノコ杉が有名

山形

總光寺【そうこうじ】

大門から山門へと至る約100mの参道の両側にはキノコ杉が並びます。樹齢400年とされるこの杉は江戸時代初めに植樹され、以来、歴代の住職がよく手入れし、整った樹形を作り上げてきました。山形県の天然記念物に指定されています。本堂裏手には滝が落ち、築山を配した庭園「蓬莱園」が広がります。

ご本尊
薬師如来《やくしにょらい》

自然の林泉美を活かして造園された「蓬莱園」は江戸時代後期の造園。国の名勝指定庭園です

御朱印はP.32でも紹介！

墨書／奉拝、瑠璃光殿、洞瀧山總光寺　印／総光禅寺　●左下に押印されているのはキノコ杉のシルエット。写経体験限定や季節の御朱印もあります

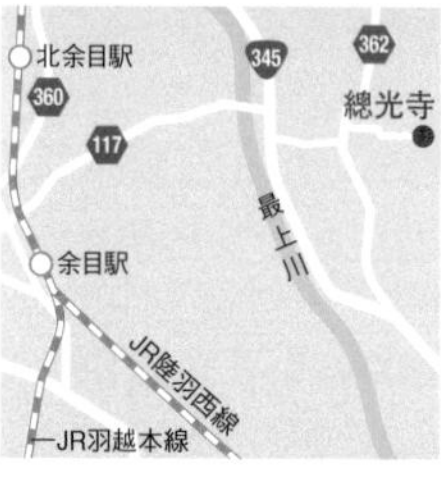

DATA

總光寺　MAP P.8-B2

開創／1384年（至徳元年）
山号／洞瀧山　宗旨／曹洞宗
住所／山形県酒田市字総光寺沢8
電話／0234-62-2170
交通／JR「余目駅」から車10分
拝観時間／本堂内9:00～16:00（12月～3月中旬まで停止）
拝観料／400円
URL http://www.sokoji-sakata.com/

みんなのクチコミ!!

庭園を眺めながら抹茶が頂けます。キノコ杉や山門、桜、アジサイなど季節の花をかたどった干菓子が付きます。600円

山門は完成まで3年を費やし1811年（文化8年）に落成。左右に仁王像、2階には釈迦如来像を安置。酒田市指定文化財です

よりよく生きるパワーを頂く

境内に建つ黄金堂、於竹大日堂を巡拝すると人生を有意義に生きる力が授かれます。

山形

正善院【しょうぜんいん】

ご本尊
聖観世音菩薩《しょうかんぜおんぼさつ》

出羽三山登拝の参拝者を泊める宿坊街の中心地に位置します。仁王門を入ると正面に黄金堂、右手に於竹大日堂が建ちます。参拝はまず、黄金堂から。源頼朝が平泉の藤原氏を討つ際、戦勝を祈願して寄進したお堂です。堂内には金色に輝く33体の観音像が安置されています。次に於竹大日堂を参拝すれば出羽三山参拝と同じ御利益が頂けるといわれています。

国指定重要文化財の黄金堂

1593年（文禄2年）、酒田城主・甘粕景継と直江兼続が大修復を行ったのが現在のお堂です。堂内にはご本尊をはじめ、仁王尊、毘沙門天、大黒天など約80体の仏神像が祀られています。まず正面のご本尊を参拝し、回廊を左回りに進むと昔から伝わる三山参りができます。

於竹大日堂は大日如来の化身とされる「お竹」という女性を祀っています。女性の守り本尊とされ、縁結びや安産、婦人病平癒、商売繁盛の御利益があります

みんなのクチコミ!!

宿坊街では精進料理が味わえます。月山筍、ゼンマイ、フキノトウなど山の幸やごま豆腐などが食卓に上ります。問い合わせは羽黒町観光協会（0235-62-4727）へ

お守り　災難から救ってくれる「身代御守」

女性を守護してくれる「於竹大日如来御守護」

御朱印はP.33でも紹介!

墨書／奉拝、大慈悲殿、羽黒山正善院　印／出羽三山霊場、聖観世音菩薩を表す梵字サの印、國寶　黄金堂 羽黒山正善院　●聖観世音菩薩は慈悲の心で人々を救う菩薩です

墨書／奉拝、於竹大日如来、羽黒山正善院　印／出羽三山霊場、於竹大日堂　●中心には、女性を守ってくれる、お竹の姿を押印

DATA
正善院　MAP P.8-B2
開創／860年（貞観2年）
山号／羽黒山
宗旨／羽黒山修験本宗
住所／山形県鶴岡市羽黒町手向字手向232
電話／0235-62-2380
交通／JR「鶴岡駅」より羽黒行きバス35分「黄金堂前」下車
拝観時間・御朱印授与時間／9:00～16:30（4月中旬～11月中旬）、冬期閉堂
拝観料／300円
URL https://hagurosan-shozenin.or.jp/

お寺の方からのメッセージ
庄内三十三観音第1番の霊場である当寺は、羽黒山で1番目にお参りする拝所で、出羽三山を知るうえで最重要なお堂です。ぜひお立ち寄りください。

正善院が位置する手向（とうげ）は羽黒山の宿坊が軒を連ねる宿坊街です。宿坊とは寺社への参拝者のために作られた宿泊施設で「○○坊」という看板がある家が宿坊です。入口には冠木門を立て、しめ縄が張られています。

奥の高野で大願成就

奈良時代、行基菩薩の開基と伝わり「奥の高野」とも呼ばれる古刹です。

山形

遍照寺【へんじょうじ】

ご本尊
大日如来《だいにちにょらい》

境内へは冠木門から入ります。参道を行くと左手のお堂のなかに大きな地蔵尊が鎮座しています。子育て地蔵です。その先に建つのが勅使門。通常、門は閉まっているので右手の脇から入りましょう。正面が本堂です。本堂で節分のご祈祷を受けると「夢成鈴」が授与されます。この鈴は祈願成就へ導いてくれる仏様のパワーを宿している鈴。住職が手作りしています。

みんなのクチコミ!!

大イチョウの銀杏を食べると、ひと冬健康で過ごせるという言い伝えがあります。またイチョウの葉がすべて散ったあとに降った雪は根雪になるともいわれています

「開かずの門」といわれる勅使門

勅使門は山門にあたりますが、通常は閉門しています。勅使の訪問、特別な儀式、この門を寄進した一族の葬儀など、限られたときにしか開門しません。1875年（明治8年）に新町の宮大工堀越源次郎により、再建されています。

大イチョウは高さ27m、根回り10.7m、樹齢600年。室町時代、中興の祖といわれる宥日上人のお手植えと伝えられています。市の天然記念物です

お守り

本堂の近くには御衣黄桜の大木があります。この桜は八重桜の一種で4月中旬ごろから薄緑色の花を咲かせます。花は散り際になると中心部が赤みを帯びてきます。御衣黄桜の花言葉は「心の平安」、「優美」。「御衣黄桜守」（500円）は平穏な日常が過ごせるようにとの祈願が込められています。4月中旬～5月末頒布、要予約

墨書／奉拝、大日如来、遍照寺　印／奥の高野、金剛界大日如来を表す梵字バンの印、金剛山遍照寺　●御朱印は庫裏でいただきますが、書き置きのみの対応になります

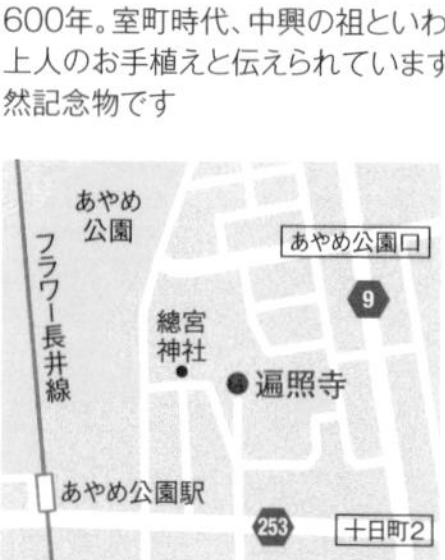

DATA
遍照寺　MAP P.8-C2
開創／8世紀中頃
山号／金剛山
宗旨／真言宗豊山派
住所／山形県長井市横町14-8
電話／0238-88-2285
交通／山形鉄道フラワー長井線「あやめ公園駅」から徒歩4分
御朱印授与時間／9:00～17:00
URL https://k-henjyoji.com/

お寺の方からのメッセージ

当寺は真言宗豊山派長谷寺を本寺とするお寺で、東北の本山格とも伝わります。起源についての史料はなく、室町時代の1436年（永享8年）に、宥日上人により、中興されたことがわかっています。

本堂では百人一首を学び、日本古来の文化に触れてほしいと毎月2回「遍照寺かるた会」を開催。周辺地域の大人から子供まで十数名が参加しています。毎年11月3日文化の日には「遍照寺住職杯」を実施しています。

山形

腰痛緩和、勝運の観音様

普門坊【ふもんぼう】

江戸時代後期に建てられたという本堂は四面すべての格子戸が開く珍しい構造です。ご本尊は鎌倉時代、笠間時朝初願による運慶作と伝わる秘仏。御開帳は60年に一度です。馬頭観音は勝運の御利益で知られていますが、最近では足腰の強い馬にちなんで腰や膝の痛みを和らげてくれる仏様としての信仰も集めています。

墨書／奉拝、馬頭観音、普門坊
印／置賜十番、馬頭観音を表す梵字カンの印、宮の観音普門坊之印
●普門坊は置賜三十三観音霊場の第10番札所です

本堂前にて授与。500円。裏面にお願い事を書いて本堂前の絵馬掛けに、または持ち帰りも可。

馬頭観音は像高2m。東北一の大きさです。寄木造りで全身に漆が施されています

ご本尊
馬頭観音《ばとうかんのん》

DATA
普門坊 MAP P.8-C2
開創／不明
山号／大悲山　宗旨／真言宗豊山派
住所／山形県長井市横町14-8
電話／0238-84-0427
交通／山形鉄道フラワー長井線「あやめ公園駅」から徒歩4分
御朱印授与時間／9:00～17:00
URL https://fumonbo.com/

みんなのクチコミ!!

普門坊のキャラクターはかわいい燁姫（はなひめ）。燁姫が白馬に乗っている絵馬もあります。午の月・午の日・午の刻には特別ご祈祷があります

福島

地域で愛される開かれたお寺

長泉寺【ちょうせんじ】

お寺が建つ石川町は古くから桜谷とも呼ばれる桜の名所です。室町時代、この地を治めた三芦城主石川持光が父の菩提を弔うために開きました。江戸時代後期、火災により伽藍は全焼。現在の本堂、庫裏は1857年（安政4年）の再建です。本堂・会館ではコンサートや絵画展などが随時、開催されています。

春には桜、秋には紅葉が美しい境内。歴代三芦城主の墓所や庭園があり、京都伏見稲荷から勧請した鎮守大石下稲荷が鎮座しています

ご本尊は慈覚大師作と伝わる延命地蔵尊。脇侍に多聞天、増長天を従えています

ご本尊
延命地蔵尊《えんめいじぞうそん》

墨書／奉拝、延命地蔵尊、高源山長泉寺　印／六國峰、佛法僧寶の三宝印、高源山長泉寺　●左上の印は延命地蔵尊の姿です

DATA
長泉寺 MAP P.9-E3
開創／1436年（永享8年）
山号／高源山　宗旨／曹洞宗
住所／福島県石川郡石川町高田271
電話／0247-26-2009
交通／JR「磐城石川」駅から徒歩18分
拝観時間・御朱印授与時間／9:00～17:00
拝観料／無料
URL https://ishikawa-chousenji.com/

みんなのクチコミ!!

毎日曜日早朝6時から、坐禅会と茶話会を開催しています。自由参加で会則も会費もありません。退会も自由です

福島

陽林寺【ようりんじ】

伊達政宗の曽祖父が開基

大森城址より南へ約5kmの山中に位置。伊達家由来の古刹でアジサイ寺としても有名。

位作山の緑に包まれて建つ静かなお寺です。16世紀初頭の開創とされますが、本堂などの伽藍は多くが1805年（文化2年）前後の再建です。寺名の「陽林」はお寺の開基である伊達稙《たね》宗《むね》が、樹木の枝葉が茂るように繁栄することを願って命名したとされます。広い境内は初夏にはアジサイの名所となり、稙宗と稙宗の三男で大森城主実元《さねもと》の墓所があります。

ご本尊
釈迦牟尼仏《しゃかむにぶつ》

みんなのクチコミ!!

恋愛成就の印が押されたかわいい恋地蔵の御朱印もあります（要予約）。また、不定期ですが、季節の花を浮かべた花手水が出現することがあります

左右に仁王像を安置した入母屋造りの山門

1935年（昭和10年）に落慶した山門。建立には大勢の寄進が集まり、本堂内に寄付者の氏名が掲示されています。落慶式は3日間にわたり行われ、その間、2万人もの参拝者があったと伝わります。木材は寺有林の松や杉が使われました。

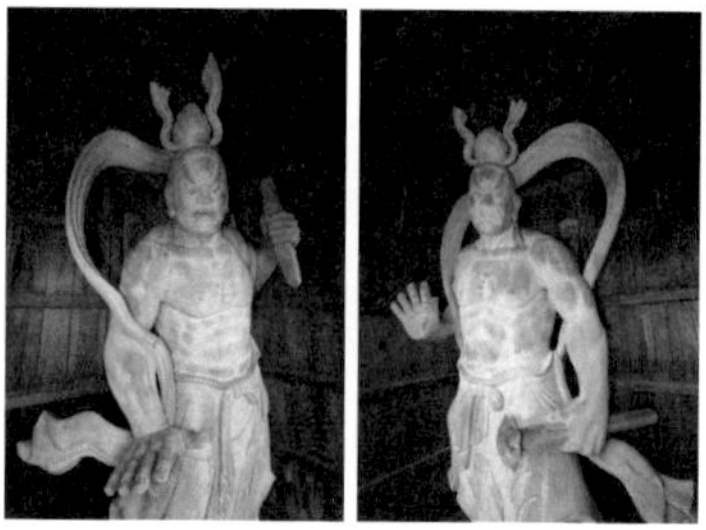

山門に安置された木造阿吽仁王像。29代、30代住職が親子2代にわたり、山門とともに建立しました

御朱印はP.33・35・36でも紹介!

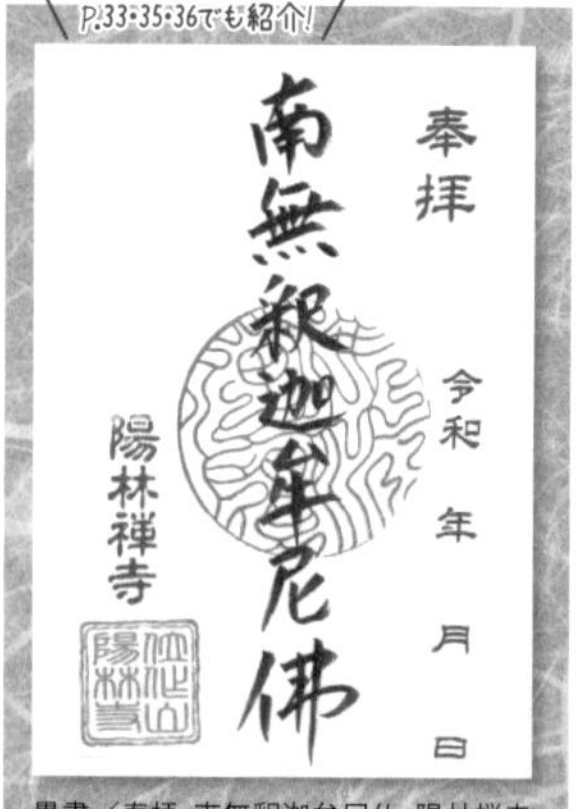

墨書／奉拝、南無釈迦牟尼仏、陽林禅寺　印／仏法僧寶を表す三寶印、位作山陽林寺　●このほかに季節を感じさせる印をあしらった季節本尊の印もあります。住職不在時は書き置きとなります

本堂は柱間11間、梁間7間半、建坪91坪の風格ある大堂です。本堂内にはご本尊の釈迦牟尼仏が安置されています

本堂西側にはかつて修行僧が常在した衆寮があります。寮内には春日造りの屋根を持つ厨子が安置され、なかには愛宕権現が納められています

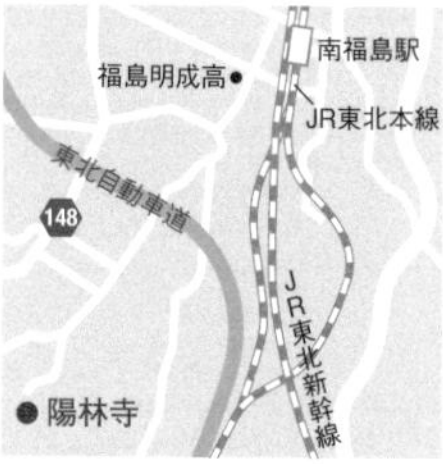

DATA

陽林寺 MAP P.9-D3

開創／1513年（永正10年）
山号／位作山　宗旨／曹洞宗
住所／福島県福島市小田字位作山13
電話／024-546-0177
交通／JR「福島駅」から車15分
拝観時間／10:00～15:00
御朱印授与時間／休みの日もあり、ホームページに記載
拝観料／無料
URL https://isakusan-yourinji.com/

お寺の方からのメッセージ

境内には檀信徒が供養のために建立した石仏や各種の石塔が点在し、アジサイや西洋アジサイ、スイレンなど四季の花が彩ります。福島市指定の史跡及び名勝です。

陽林寺ではマルシェを随時開催しています。境内には地元農家による新鮮野菜や新米の販売、ハンドメイド雑貨やキッチンカーなどが出店。限定御朱印の頒布もあります。日程はホームページのお知らせで告知されます

優しさにあふれた観音様

福島

圓通寺 【えんつうじ】

平安時代の開創で1200年以上の歴史ある古刹です。江戸時代には末寺28カ寺を有し、3代将軍徳川家光から寺領御朱印30石を賜りました。また、東北地方きっての檀林寺として僧侶の学問、教育の場でもありました。ご本尊は室町時代の作で優しさやぬくもりが伝わり、参拝者に心の平穏を与えてくれます。

ご本尊
聖観世音菩薩《しょうかんぜおんぼさつ》

ご本尊は高度な技術をもって造像された桧の寄木造りという貴重な仏像。福島県の県重要文化財に指定されています

堂々とした鐘楼門。本堂は約300年前の建立で柱はカヤ材を使用

みんなのクチコミ!!

本堂裏の観音池では5月初めからスイレンが咲き、お彼岸の頃まで楽しめます。花は赤、黄色のものが多く、10日間ほどもつようです

御朱印はP.34でも紹介！

墨書／厄除祈願アマビエ、陸奥國菊多郡、光明山圓通寺　印／アマビエの印、光明山円通寺　●アマビエのほかにご本尊の御朱印も頒布しています

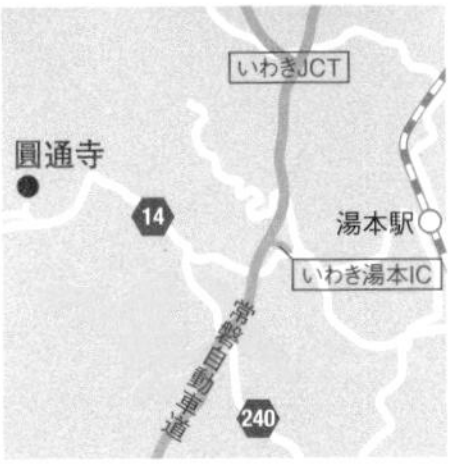

DATA
圓通寺　MAP P.9-E3
開創／807年（大同2年）
山号／光明山
宗旨／真言宗智山派
住所／福島県いわき市遠野町上遠野字根小屋40
電話／0246-89-2627
交通／JR「湯本駅」から新常磐交通バス30分、「上遠野小学校前」下車徒歩3分
拝観時間／8:00～17:00
御朱印授与／8:00～17:00　拝観料／無料
URL https://www.entsuu-ji.com/

生きる勇気を与えるため開山

福島

高蔵寺 【こうぞうじ】

平安時代、釈徳一上人が疫病や天災で苦しむ人々を救おうと観音像を刻み、安置したのが最初で、世の中に平穏が訪れると、ありがたい尊像と広く信仰されるようになりました。江戸時代には徳川3代将軍家光から30石の御朱印地を拝領しています。4月下旬から5月中旬には50万株のシャガが境内に咲きます。

ご本尊
阿弥陀如来《あみだにょらい》

観音堂には千手観音を安置。毎年1月17日の大祭には県内外より多くの参拝者があります。この日、境内には模擬店も出て賑わいます

みんなのクチコミ!!

毎月17日の10時から写経会を開いています。予約は不要で写経が終わると茶話会があります。1000円、7月・8月はお休み

御朱印はP.34でも紹介！

墨書／奉拝、千手観音を表す梵字キリーク、千手観音、石城（いわき）、高蔵寺　印／磐城三十三観音第六番札所、宝珠の印、海雲山高蔵寺

高蔵寺三重塔は1774年（安永3年）の再建で県の重要文化財に指定されています

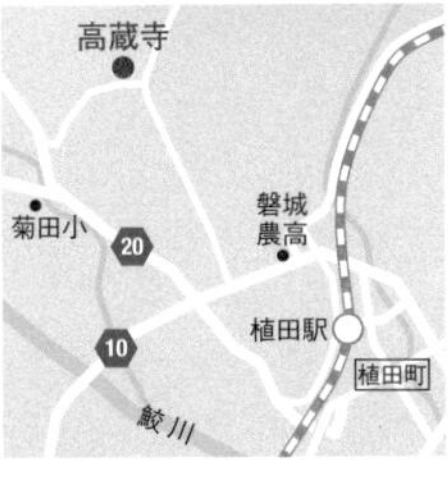

DATA
高蔵寺　MAP P.9-F3
開創／807年（大同2年）
山号／海雲山　宗旨／真言宗智山派
住所／福島県いわき市高倉町鶴巻50
電話／0246-63-3030
交通／JR常磐線「植田駅」から車10分
拝観・御朱印授与時間／9:00～16:00
拝観料／無料
URL https://kohzouji.jp/

福島

願成寺
【がんじょうじ】

諸願をかなえてくれる會津大佛

鎌倉時代、法然上人の高弟隆寛律師により開山。金色に輝く會津大佛は国指定の重要文化財です。

ご本尊
阿弥陀如来《あみだにょらい》

表門から境内に入ると正面に堂々とした山門が建っています。その門をくぐると本堂が見えます。堂内には、ご本尊のほかに廿五菩薩が安置されています。本堂と庫裡の間を進んだ先に千佛堂、右手奥に大佛殿が現れます。お堂に入ると目の前に金色に輝く會津大佛。その大きさに圧倒されます。

通称會津大佛は阿弥陀三尊像

阿弥陀如来を中尊に向かって右に観音菩薩、左に勢至菩薩を従えています。阿弥陀如来像は2m41㎝で上品下生の来迎相、観音菩薩像は1m28.5㎝、勢至菩薩は1m30㎝の大きな像です。鎌倉時代初期、京都三千院の来迎三尊像と同じ形式です。

みんなのクチコミ!!

願成寺は花のお寺としても有名。特に7月上旬~中旬のアジサイは30年ほど前から檀信徒が供養のために植栽。色とりどりの花が咲きます。11月上旬の紅葉も見事です

花柄がきれいな「御守」は全3色。(各1000円)

表紙に伝統工芸品の会津木綿を使用した「御朱印帳」(2500円)。素朴な味わいがあります

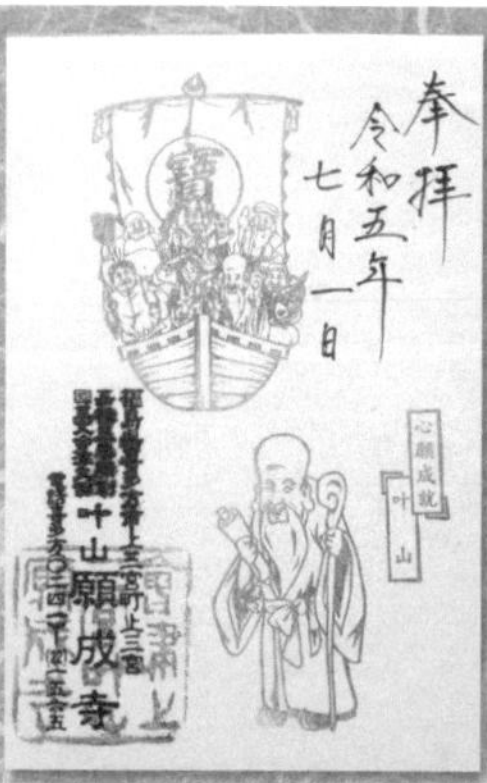

福島県喜多方市上三宮町上三宮、嘉禄三年開創 國重文会津大仏 叶山 願成寺　印／心願成就、叶山　會津上三宮叶山願成寺　●みちのく七福神の御朱印。願成寺は福禄寿

嘉禄三年隆寛律師御開山、國重文會津大佛、福島県喜多方市上三宮町上三宮、嘉禄三年開創 國重文会津大佛、叶山 願成寺
印／三寶印、會津上三宮叶山願成寺

DATA

願成寺 MAP P.9-D2

開創／1227年(嘉禄3年)
山号／叶山　宗旨／浄土宗
住所／福島県喜多方市上三宮町上三宮字籠山833
電話／0241-22-1565
交通／JR「喜多方駅」から車15分
拝観・御朱印授与時間／9:00～17:00(冬期16:00)
拝観料／300円(御朱印300円)
URL https://aizudaibutsu.com/

お寺の方からのメッセージ

江戸時代初期の慶長大地震、大洪水の後、会津藩初代藩主 保科正之公、2代目正経公、3代目正容公によって復興を遂げたお寺です。2027年には願成寺開山800年を迎えます。

毎年10月第2月曜日のスポーツの日の直前の金曜日からの十日十夜の間に行われる御十夜会の期間中に二回、大晦日に一回、来迎念仏行道が行われます。念仏行道は、二人一組で参加することができます。事前に申し込みが必要です。

第三章

御利益別！　今行きたいお寺

Part2

縁結び

恋愛成就は女子も男子も永遠のテーマ！　すてきな出会い、仕事の人脈、夫婦円満など、あらゆる良縁と幸せをゲット♡

★縁結び★絶対行きたいオススメお寺 3選

◉雲昌寺（男鹿市）　大観密寺（仙台市）　釜石大観音（釜石市）

◉大圓寺（南津軽郡大鰐町）

◉吉祥院（男鹿市）／西法寺（横手市）

◉西光寺（仙台市）

◉若松寺（天童市）

◉海向寺（酒田市）

◉龍泉寺（二本松市）

絶対行きたい
オススメお寺３選

縁結び

恋愛からビジネスまで
すてきな縁を引き寄せる

その他の御利益
心願成就
など

オススメお寺 1

境内一面、ブルーの絶景

境内を埋め尽くすアジサイはまさに絶景。
アジサイには縁結びの御利益があるとされます。

秋田

雲昌寺【うんしょうじ】

ご本尊
釈迦牟尼仏《しゃかむにぶつ》

絶景スポットとしてここ数年脚光を浴びているお寺です。山門から参道、本堂周辺までびっしりとアジサイが茂り、初夏になると境内一面がブルーに染まるのです。この風景がSNSで紹介されると「一生に一度は行ってみたい絶景スポット」として話題を呼びました。特に夜間のライトアップでは濃い藍色が浮かび上がり、それは幻想的な世界が出現します。

唯一無二の「あじさい御守」
お守り袋のなかには境内のアジサイで作ったプリザーブドフラワーの花びらが入っています。袋はオリジナルデザインの布を裁断し、縫製、1点ずつ違う柄になっています。何度も試行錯誤を繰り返して完成したお守りです。数量限定、1200円

アジサイは副住職古仲宗雲さんが、15年以上の歳月をかけて育てました。1株から1500株以上に株分けしたアジサイですが、独自の育成方法により、1株につく花の数が多いのが特徴です

境内には、かわいいお地蔵様が6体配されています。苦しいときも微笑みを忘れなければ自分も他人も幸せにできるという思いを込めて「微笑み地蔵」と名づけられています

みんなのクチコミ!!

御朱印はアジサイの期間には書き置きになります。御朱印帳への直書きはありません

墨書／釋迦牟尼佛、北浦山雲昌寺　印／奉拝、佛法僧寶の三宝印、アジサイ　●1度目はアジサイ、2度目は「寺紋の周りにアジサイ」、3度目は「手水鉢にアジサイ」を押印してもらえます

墨書／釋迦牟尼佛、北浦山雲昌寺　印／奉拝、佛法僧寶の三宝印、微笑み地蔵　●境内におられる微笑みを浮かべたお地蔵様の印

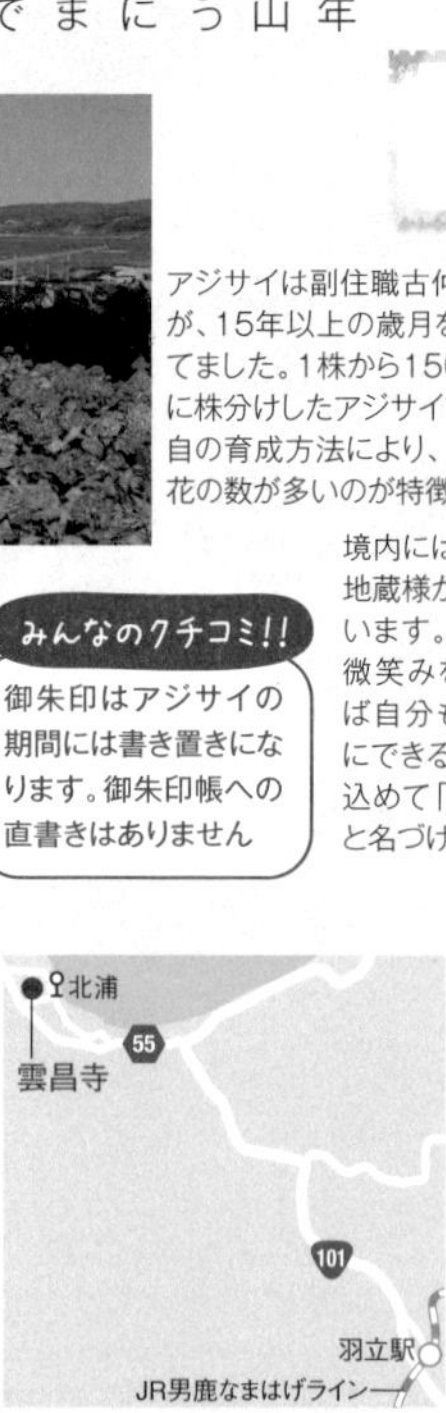

DATA
雲昌寺　MAP P.7-D1
開創／1624年（寛永元年）
山号／北浦山　宗旨／曹洞宗
住所／秋田県男鹿市北浦北浦字北浦57　電話／0185-33-2537
交通／JR「羽立駅」から男鹿北線30分、「北浦」バス停から徒歩5分
拝観時間／9:00～17:00
御朱印授与／不定
拝観料／300円、アジサイ時期600円
URL https://www.facebook.com/oga.unsyouji/

お寺の方からのメッセージ

アジサイを育て始めたのは、ある夜、境内の片隅にひっそりと咲いていた一株のアジサイの美しさに心を奪われたのがきっかけでした。お参りいただく皆さんの心にも花を咲かせていただけたらと願っています。

雲昌寺の境内には参道をはじめ、ハートの形をした石が７つ隠れているそうです。すべてを見つけると願い事がかなうとか。アジサイ開花中の夜間ライトアップは例年18:45～21:30（最終入場21:00）。

境内に縁結びの油掛大黒天

仙台大観音建立以前から鎮座する油掛大黒天は縁結びのパワスポとして知られています。

宮城

大観密寺【だいかんみつじ】

ご本尊は境内に立つ大観音像です。仙台市内の至るところから、姿を見ることができ、仙台大観音とも呼ばれています。その高さは100m。「龍の口」の形をした入口から胎内に入ることができ、最上階までエレベーターで昇れます。内部には十二神将像や三十三観音像、そのほかに108体もの仏像が安置され、展望窓からは市内、太平洋が一望のもとに見渡せます。

その他の御利益 開運招福、商売繁盛 など

ご本尊
仙台天道白衣大観音《せんだいてんどうびゃくえだいかんのん》

良縁成就をかなえてくれる油掛大黒天

貧しい油売りが商売で得たお金でお供えを買い、毎日供えていたところ、ある日、油が完売し、以後は人の縁が広がり、商売が繁盛したなどさまざまな伝説があります。参拝方法は真言を7回唱えながら大黒天像に油をかけます。良縁のほか、金運の御利益もあるそうです。

みんなのクチコミ!!

仙台大観音はタイ映画「グラビティ・オブ・ラブ（愛の重力）」のロケ地で2017年11月にタイの人気俳優が撮影に訪れました。そこで外国人観光客にも人気があります

「縁結びリボン」（300円）は紫とピンクの2色。恋愛成就の祈願を書いて、所定の場所に結び付けると願いがかなうそうです。ハートがデザインされた縁結びのかわいいお守りもあります

お守り

「幸福の御守」（500円）は仙台大観音の胎内でのみ頒布しているお守りで干支毎に用意されています。薬師如来十二神将のパワーが込められています

墨書／奉拝、大悲殿、新界山大観密寺　印／宝珠のなかに聖観音を表す梵字サの印、仙台大観音　●大悲とは観音菩薩の別名です。そこで観音菩薩を安置する本堂や観音堂を大悲殿ともいいます

DATA
大観密寺 MAP P.8-C3
開創／1991年（平成3年）
山号／新界山
宗旨／真言宗智山派
住所／宮城県仙台市泉区実沢字中山南31-36
電話／022-278-3331
交通／JR「仙台駅」から仙台市営バス35分、「仙台大観音前」から徒歩1分
拝観・御朱印授与時間／10:00～16:00（平日15:30）
拝観料／500円
URL https://daikannon.com

お寺の方からのメッセージ

白衣観音は諸仏を生ずる観音の母ともいわれており、三十三観音のひとつに数えられています。ご真言「オンシベイテイシベイテイハンダラバシニソワカ」と念ずれば災難は消滅し、吉祥を招くとされます。

仙台大観音の胎内は12層に分かれ、中心には金色に輝く宝塔があり、如意宝珠の珠と大日如来が秘仏として安置されています。観音像の全長は仙台市制100周年を記念して100mとし、21世紀の繁栄を願って地下21mとしました。

オススメお寺3

岩手

釜石大観音
【かまいしだいかんのん】

「恋人の聖地」に選定
ハート型のモニュメントに設置された「願いの鐘」を鳴らして恋愛成就を祈願。

海を見下ろす観音像は
高さ48.5m。魚を抱く
魚藍観音です

その他の御利益
開運、金運など

ご本尊
魚藍観音《ぎょらんかんのん》

石応禅寺の釜石大観音は釜石湾を一望する高台、大平町鎌崎半島の先端に立つ白亜の魚藍観音像です。大海原を見つめるように立つ観音像は人々の苦悩を救い、死者の菩提を弔うために建立されました。胎内は13階に分かれ11階、12階が展望室になっています。2階から11階の各階には木彫りの七福神が祀られ、参拝しながら、登ると7つの幸福が授かるといわれています。

展望室から釜石湾が一望のもと
観音像の魚を抱いている腕のあたりが、展望室になります。展望室は海抜120mに位置し、眼下に釜石湾、遠くは馬田岬、尾崎半島まで見渡せ、陸中海岸の風景らしいリアス式海岸の雄大な眺望が楽しめます。エレベーターはなく螺旋階段を上ります。

2016年(平成28年)、プロポーズにふさわしいロマンチックなスポットとして「恋人の聖地」(地域活性化センター主催)に選定。高さ2.7mのハートに鐘と海鳥があしらわれたモニュメントが立てられました

胎内には楠の一木造り、鉈彫り様式で彫像した三十三観音が安置されています。作者は東京湾観音を手掛けた彫刻家長谷川昴です

みんなのクチコミ!!
釜石大観音の胎内展望室から初日の出を見ることができます。12月31日22時から特別に開館され、1日の16時30分まで胎内に入れます。

墨書/奉拝、佛舎利大悲殿、明峰山石應禅寺、釜石大観音　印/佛舎利塔を表す印、聖観音を表す梵字サの印、石應禅寺釜石大観音　●佛舎利とはお釈迦様の遺骨を指します。オリジナル御朱印帳あり

観音像に隣接する仏舎利塔には1975年(昭和50年)、スリランカから寄贈された仏舎利が納められています

DATA
釜石大観音 MAP P.7-E4
観音像建立/1970年(昭和45年)
山号/明峰山　宗旨/曹洞宗
住所/岩手県釜石市大平町3-9-1
電話/0193-24-2125
交通/JR「釜石駅」から岩手県交通バス15分、「釜石大観音入口」から徒歩10分
拝観・御朱印授与時間/9:00〜17:00
拝観料/500円
URL http://kamaishi-daikannon.com/

お寺の方からのメッセージ
釜石大観音は石応禅寺の住職雲汀晴朗(うんていせいろう)大和尚が夢のなかで無縁仏より観音像の建立を催促され、建立を発願し1970年(昭和45年)に造立しました。観音像の原型は長谷川昴の制作です。

青空をバックに白亜の大観音像を写真に撮りたいなら、赤い浄土橋の手前から観音像を仰ぎ見るのがベストアングル。「撮影場所」と記された案内板に従って行けば撮影スポットがあります。浄土橋から眺める釜石湾も絶景です。

縁結び

青森

大圓寺
【だいえんじ】

大鰐の大日様と呼ばれる

ご本尊の仏像は、実は阿弥陀如来という不思議なお寺。江戸時代には津軽藩主が篤い信仰を寄せました。

鮮やかな朱色の大日堂。境内には金毘羅社、鐘楼堂などがあります

その他の御利益
開運など

ご本尊
大日如来《だいにちにょらい》

温泉街の中に建ち、鮮やかな朱色の山門が目立ちます。山門をくぐると正面に大日堂が建ち、ご本尊が安置されています。お寺の起源は奈良時代にまで遡りますが、その後、荒廃。江戸時代、3代弘前藩主津軽信義が鷹狩りに使っていた鷹の病気平癒を祈願したところ、病が治り、そのお礼にと堂宇を建立して以後、お寺は栄えました。未と申の守り本尊とされています。

国指定重要文化財のご本尊

鎌倉時代前半の作。漆箔仕上げで像高約2m、ヒバ材が使われた寄木造りです。大日如来とされ、信仰されてきましたが、実は阿弥陀如来坐像です。「胎内に大日如来像が納められている」という伝説があり、大正時代に調査したものの、何もありませんでした。なぜ、大日如来になったのかはいまだ解明されていません。

みんなのクチコミ!!

7月中旬~8月中旬には大鰐温泉サマーフェスティバルが行われ、「大鰐温泉丑湯まつり」「ねぶたまつり」などのイベントが開催されます

お守り

ご本尊(大日如来)のカード型御守(800円)。開運や縁結びなどのパワーを授けてくれます

約800年もの歴史をもつ大鰐温泉郷。津軽の奥座敷として古くから親しまれており、もやしの栽培や味噌の醸造に温泉熱が利用されるなど、産業にも役立っています

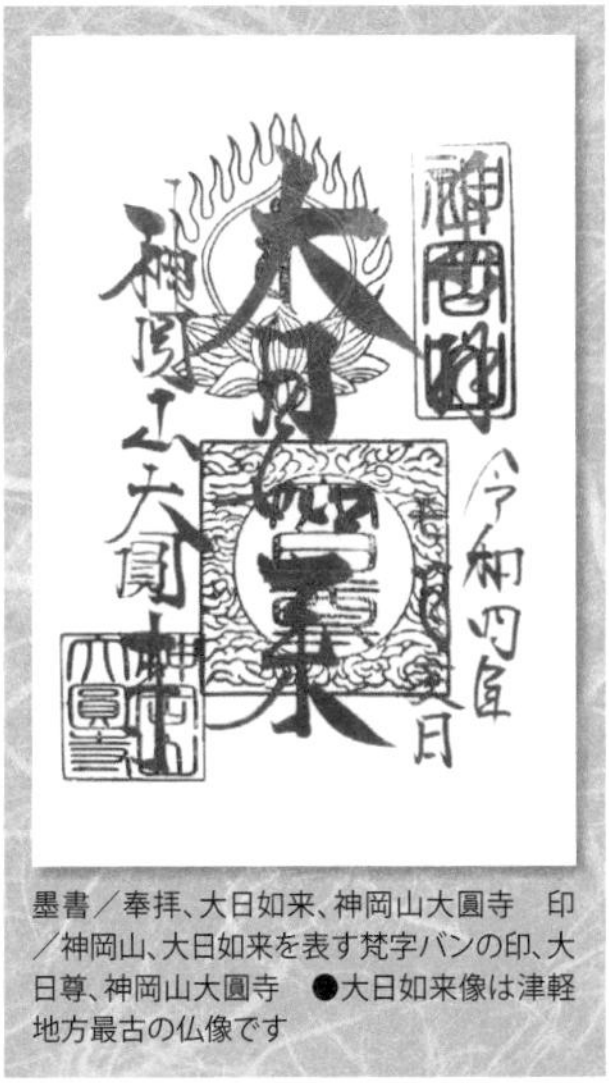

墨書/奉拝、大日如来、神岡山大圓寺　印/神岡山、大日如来を表す梵字バンの印、大日尊、神岡山大圓寺　●大日如来像は津軽地方最古の仏像です

DATA

大圓寺　MAP P.6-C2

開創/782~806年(延暦年間)
山号/神岡山　宗旨/真言宗
住所/青森県南津軽郡大鰐町蔵館字村岡12
電話/0172-48-2017
交通/JR「大鰐温泉駅」から徒歩10分
拝観時間/5:00(冬期6:00)~17:00
御朱印授与時間/9:00~17:00
拝観料/無料

お寺の方からのメッセージ

奈良時代、聖武天皇が全国に国分寺建立を命じた際、この地に仏教を広めるため、現在の大鰐温泉の南に位置する阿闍羅山に大安国寺を建て、大日如来を安置したのが、お寺の起源と伝わります。

大圓寺が位置する大鰐温泉は、建久年間(1190~1199年)に東国を行脚していた円智上人が発見したと伝えられ、津軽の奥座敷として古くから親しまれてきました。弱食塩泉で無色透明、神経痛、筋肉痛、疲労回復に効能があります。

北限の椿が境内を彩る

秋田

吉祥院

【きっしょういん】

開創から700年の歴史をもつと伝わる古寺で、東北三十六不動尊霊場の第10番札所です。永禅院5世覚運により創建された塔頭寺院とされます。明治時代以降は住職の不在や廃仏棄釈の影響で廃寺の危機となりましたが、檀信徒の支えによってそれを免れ、さらに再度の移転のすえ、現在に至っています。

その他の御利益
諸願成就など

墨書／奉拝、不動尊を表す梵字カーン、波切不動尊並両童子、吉祥院　印／東北三十六不動尊霊場第十番、不動尊を表す梵字カーン、吉祥院　●書置きもあります

本堂では北斗護摩祈祷会や弘法大師御影供法要などの法要が行われます

境内には、秋田でいち早く春を知らせる紅白の北限の椿が植えられています

DATA

吉祥院　MAP P.7-D1

吉祥院

開創／平安時代と伝わる

山号／幸福山　宗旨／真言宗

住所／秋田県男鹿市船川港椿字家ノ後45

電話／0185-27-2721

交通／JR「男鹿駅」からバス30分、「椿波止場前」下車徒歩3分

拝観時間／9:00～17:00

御朱印授与時間／不明

拝観料／無料

URL https://dev-bridge.jp/kisshoin/

ご本尊

波切不動明王《なみきりふどうおう》

みんなのクチコミ!!

お寺から日本海はすぐ近く。海沿いの道は「おが潮風街道」と名づけられ椿漁港があります

御利益たっぷりのお地蔵様

秋田

西法寺

【さいほうじ】

山門を入り参道を歩くと右手に六地蔵、後ろには無事かえるの石。本堂前の左手にはぽっくり地蔵とぼけ除け地蔵が並びます。本堂前にはすらりとした聖観音像が立ち、周囲や本堂裏手に三十三体の観音像が点在します。秋田県内最大級という梵鐘は重さ3t以上。毎朝・夕6時にご住職が「刻の鐘」を撞いています。

墨書／奉拝、聖観世音菩薩、吉祥山西法寺　印／梵鐘のなかに聖観世音菩薩を表す梵字サの印、吉祥山西法寺　●印は横手市大町の高橋印房の手作りです

不動明王、仁王像が立つ鐘楼。鐘は直径1.35m、高さ2.7mと巨大。刻の鐘をつく18時に訪問すれば一般の人でも鐘つきが体験できます

ご本尊の姿を配した「金の護符」（1000円）。

その他の御利益
心願成就、学業成就・厄除け、交通安全など

ご本尊

聖観世音菩薩《しょうかんぜおんぼさつ》

DATA

西法寺　MAP P.7-E2

開創／1712年（正徳2年）

山号／吉祥山　宗旨／曹洞宗

住所／秋田県横手市平鹿町上吉田字吉田51

電話／0182-24-0341

交通／JR「横手駅」から車20分

拝観・御朱印授与時間／9:00～17:00

拝観料／無料

URL https://www.saihouzi.com/

みんなのクチコミ!!

大晦日には昼12時からと夜23時から除夜の鐘を撞きます。事前予約、1000円で一般も撞かせてもらえます

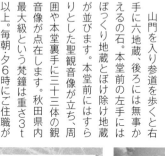

宮城

西光寺【さいこうじ】

不動尊のパワーで良縁成就

慈覚大師が山寺創建後、この地に立ち寄り大滝に霊感を得て不動明王を祀ったとされます。

その他の御利益
眼病平癒など

ご本尊
秋保大滝不動尊《あきうおおたきふどうそん》

イチョウやモミジ、杉の巨木に囲まれて不動堂があります。江戸時代建立のお堂には精緻な彫刻が施されていますが、そのなかに、ひとつだけ鯉が彫られています。それを見つけると良縁に恵まれるとか。堂内に鎮座する不動明王は迫力満点の姿です。境内の奥から階段を降りて滝見台に出ると、ごうごうと水音を立てて流れ落ちる秋保大滝が目の前に迫ります。

迫力の金銅不動明王坐像

1826年(文政9年)に中興の開山知足上人の発願により造像されました。像高3.30m、胴まわり5.10m、剣の長さ1.86m、火焔の高さ5.10mにもおよぶ巨大な像です。東日本大震災では損傷を受け、大掛かりな修復作業が行われ、造立当初の姿が再現されました。

みんなのクチコミ!!

秋保大滝の近くに不動茶屋があります。水は湧水を使用。名物は竹豆腐です。ずんだ餅やあんみつなどもあります。電話/022-399-2707

幅6m、落差55mの秋保大滝は華厳の滝、那智の滝に並ぶ日本三名瀑のひとつに数えられることもあります。日本滝百選にも選ばれ、国指定名勝です

中興開山の知足上人を祀る知足堂。知足上人は荒行を積み木食行者となり、不動堂の中興を発願。奥州を巡錫し、浄財を集め、不動堂を建立しました

墨書/奉拝、不動尊を表す梵字カーン、大瀧不動尊、秋保、滝本山、西光寺　印/東北三十六不動尊霊場秋保大滝、梵字カーンの印、瀧本山西光寺
●会館受付、御札売り場で頒布しています

DATA

西光寺 MAP P.8-C3

開創/860年(貞観2年)
山号/滝本山　宗旨/真言宗
住所/宮城県仙台市太白区秋保町馬場字大滝11
電話/022-399-2127
交通/JR「作並駅」から車30分
拝観・御朱印授与時間/9:30〜16:00
拝観料/無料
URL https://www.akiuotakifudoson.com/

お寺の方からのメッセージ

当山の御朱印は中心に本尊不動明王様の朱印が押印されています。これはご本尊大滝不動明王そのものといえます。お不動様とのご縁を結んだ印でもありますので、どうぞ大切になさってください。

西光寺の近くに秋保大滝植物園があります。園内には約200種、1万5000本の植物が植えられ、シャクナゲやツツジ類が開花する頃と紅葉は鮮やかです。4月〜11月の9:00〜16:30開園、入園料240円、電話/022-399-2761

山形

若松寺【じゃくしょうじ】

縁結びの観音様として親しまれる

飛鳥時代開山の観音霊場は縁結びで有名。「西の出雲、東の若松」といわれるほどです。

その他の御利益
福徳賦与、災難除去など

ご本尊
聖観音菩薩《しょうかんのんぼさつ》

「めでためでたぁのぉ〜若松様よ」と花笠音頭で歌われているお寺です。静かな山の奥に位置しますが、良縁祈願の参拝者の姿が絶えません。高さ7mほどの石鳥居をくぐると杉とケヤキの大木が茂る古参道が観音堂まで続きます。境内には子供を抱いた子育て地蔵尊を祀る地蔵堂や諸芸上達をかなえてくれる弁天様を祀る奥の院があります。紅葉の名所としても知られています。

国の重要文化財に指定されている観音堂

室町時代の建立とされ、慶長年間（1596〜1615年）に山形城主最上義光が大改修しています。近年、文部省が解体修理を行いました。平屋入母屋造り、銅板葺きのお堂です。最上地方に多いブナ材を主材料にしている観音堂は全国的にも珍しい存在です。

みんなのクチコミ!!

境内から往復約30分、鈴立山の頂上まで遊歩道があります。山頂からは天童市内が一望のもと。晴天なら鳥海山、遠くに月山を眺めることができます

墨書／奉拝、観自在、鈴立山若松寺　印／最上札所第壱番、聖観世音を表す梵字サの印、鈴立山若松寺
●若松寺は最上三十三観音霊場の第一番札所です。観自在とは観自在菩薩（観世音菩薩のこと）の略

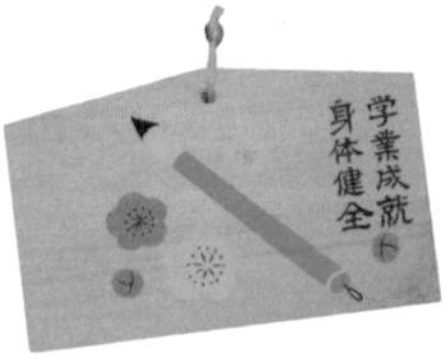

合格祈願なら「学業成就・身体健全」の絵馬（700円）

観音堂には文殊菩薩が安置されています。文殊菩薩は知恵を与えてくれる仏様。毎年12月には「文殊まつり」が開催され、合格祈願の加持祈祷を行っています

鐘楼堂の近くには縁福大風鈴があります。良縁と幸福の願いを込めて、紐を持ち、ゆっくり3回鳴らし合掌すると願いがかなうとか。誰でも自由に鳴らすことができます

DATA

若松寺 MAP P.8-C2

開創／708年（和銅元年）
山号／鈴立山　宗旨／天台宗
住所／山形県天童市大字山元2205-1
電話／023-653-4138
交通／JR「天童駅」から車20分
拝観・御朱印授与時間／4〜9月7:00〜17:00、10〜3月8:00〜16:00
拝観料／無料
URL https://www.wakamatu-kannon.jp/com/

お寺の方からのメッセージ

古くから若松観音と呼ばれ親しまれています。寺伝によれば東国巡錫の途中であった行基が鈴の音に導かれ、鈴立山に登ると山上で光り輝く三十三観音像が現れ、開山したとされています。

10数年前、良縁祈願の女性がご住職と握手をしたところ、間もなく結婚が決まり、ご住職と握手すると良縁が成就するという噂が広まったそうです。以来、良縁ご祈祷には予約が殺到。北海道や関西からの参拝者もいます。

山形

海向寺【かいこうじ】

湯殿山信仰を伝承する寺院

境内の観音堂には女性の守り観音を安置。安産や良縁を授けてくれる観音様です。

月の出入りを眺望できる境内から、湯殿山行者が修行した出羽三山が一望できます。境内に建つ観音堂には粟嶋水月観音が祀られています。江戸時代後期、鉄門上人が粟嶋で難産に苦しむ女性を助け、その家の当主から光る石を授かりました。この石を本尊として安置したのが粟嶋水月観音です。以来、縁結び、安産、子授け、婦人病治癒の観音様として信仰されています。

その他の御利益
開運招福・開運厄除・所願成就

ご本尊
大日如来《だいにちにょらい》

即身佛を間近で拝観できる即身佛堂

庄内にある6体の即身佛のうちの2体で、荒行、断食など厳しい湯殿山木食行を行い即身佛に至った忠海上人（1755年入定）、円明海承認（1822年入定）が祀られています。拝観料／500円、毎週火曜・1月1～3日閉館

みんなのクチコミ!!

海向寺の裏には、市の交流観光施設「日和山小幡楼」があります。映画「おくりびと」のロケ地で主人公が就職する葬儀社として重要なシーンに登場しました

御朱印は P.34でも紹介!

墨書／奉拝、大日如来、酒田、海向寺　印／湯殿山、大日如来を表す梵字アの印、砂高山海向寺法主印　●お正月には新年を祝し、限定朱印紙を枚数限定で授与しています

墨書／奉拝、粟嶋水月観世音、酒田、海向寺　印／右上湯殿山、聖観世音菩薩を表す梵字サの印、砂高山、砂高山海向寺法主印

12年に1度、丑年に二体の即身佛が身につけている着物を衣替えします。衣替えまでの12年間身につけていた法衣を細かく切って、封入したのが「即身佛衣入り御守」。あらゆる災難から守ってくれるというお守りです

DATA
海向寺 MAP P.8-AB2
開創／1200年前　山号／砂高山
宗旨／真言宗智山派
住所／山形県酒田市日吉町2-7-12
電話／0234-22-4264
交通／JR「酒田駅」から車5分
拝観時間／9:00～17:00（11～3月は16:00）
御朱印授与時間／9:00～17:00（11～3月は16:00）
拝観料／500円
URL https://kaikouji-sakata.jimdofree.com/

お寺の方からのメッセージ
運がよければ境内でパトロール中の寺猫さんに出合えるかも。見かけたらあたたかく見守ってあげてくださいね。

毎年8月初旬の3日間には「あわしま観音夜会式」を開催。本堂では19:00から護摩祈祷が行われ、即身佛堂が18:30～21:00まで夜間特別開帳され、無料で拝観できます。同時期に酒田花火があり、境内から見物できます。

仏前結婚式ができるお寺

仏前で結婚を誓ったふたりは来世でも結ばれると仏教ではいわれています。

福島

龍泉寺【りゅうせんじ】

仏前結婚式は本堂で行われます。その本堂は約300年前の建立。ご本尊が祀られた内陣には、きらびやかな天蓋が下がり、荘厳な雰囲気に満ちています。長廊下の左手に安置されているのはおおらかな笑顔を見せる布袋尊です。本堂左手に建つ不動堂には鮮やかな朱色の火焔光背を背負った不動尊が安置されています。桜、ハス、ヒガンバナと四季の草花に心が和む境内です。

その他の御利益
家門繁栄、子孫長久、厄災救済など

ご本尊
南無釈迦牟尼佛《なむしゃかむにぶつ》

みんなのクチコミ!!
本堂では坐禅体験（有料）ができます。約1時間で事前申し込みが必要です。事前に坐禅の心構え、姿勢などについてのお話があります

聖観世音菩薩像は県重要文化財

龍泉寺は安達三十三観音霊場の第22番札所です。境内には宝形造三間堂の観音堂があります。堂内に安置されている木造聖観世音菩薩立像は県重要文化財です。明治時代に奉納された絵馬「双松舘観桜連中の図」もあり、市の有形民俗文化財です。

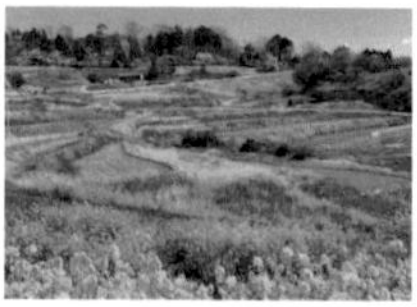

境内の正面には棚田が見渡せ、春には菜の花が咲き競います

鐘楼堂の背後に咲くのは推定樹齢300年のエドヒガン桜。「翔龍桜」と名づけられ、4月上旬から中旬に満開となります

オリジナル御朱印帳は表紙の表裏を使い、本堂と安達太良連峰、境内に咲く花々を描いています（2000円）

御朱印はP.36でも紹介!

墨書／奉拝、南無釈迦牟尼佛、大本山總持寺御直末、二本松歴代殿様の祈願寺、開山五六〇年、曹洞宗永松山龍泉寺　印／東日本大震災慰霊みちのく巡礼札所福島第一番、三宝印、北国・東北八十八ケ所霊場

DATA
龍泉寺　MAP P.9-D3
開創／1460年（寛正元年）
山号／永松山　宗旨／曹洞宗
住所／福島県二本松市二伊滝1-81
電話／0243-22-0423
交通／JR東北本線「二本松駅」から車5分
拝観・御朱印授与時間／10:00～18:00
拝観料／無料
URL https://eishozan-ryusenji.wixsite.com/ryusenji2

お寺の方からのメッセージ
ふたりが出会えたのは命を与えてくれた先祖があってこそ。そこで仏前式では先祖を大切に思い、「今ここに生かさせていただいている」という感謝の気持ちを込めて、仏様と先祖の前で結婚を誓います。

龍泉寺は寺フェスや夜桜コンサートなど地域イベントを積極的に実施しています。寺フェスはもともとロックフェスが好きだったご住職が2016年（平成28年）ごろから始めた音楽フェス。毎年、本堂でライブを開催しています。

Michinoku

みちのくの仏像に会いに行こう！

東北地方に仏教が広まっていったのは、平安時代の初め頃といわれます。京都や奈良に比べて厳しい環境に生活する東北の人々の祈りの仏に会いに行きませんか。

古い歴史をもつ仏像群と徳一

東北で最古級の仏像といわれるのは秋田県横手市の正伝寺のご本尊、金銅聖観音立像です。秘仏ですので御開帳の時しかお会いできませんが、奈良時代の作といわれています（上の写真）。こちらのお寺は秋田三十三観音の第１番札所です。霊場巡りのスタートで訪れてみるのもよいかもしれません。

東北の仏像を語るには、僧徳一に触れないわけにはいきません。平安時代の初めに会津を中心に東北地方に仏教を広めた高僧です。勝常寺や上宇内薬師堂など会津五薬師を開いたと伝わります。勝常寺の薬師如来坐像（国宝）や上宇内薬師堂の薬師如来坐像（重文）など、会津にはお会いしたい仏像がたくさんおられます。

一木造と鉈彫り

勝常寺の薬師如来坐像は、また欅の一木造《いちぼくづくり》ということでも知られています。文字通り１本の木から彫り出された仏像は、比較的東北地方に多く見られ、１本の木に神を見る自然信仰の現れという説もあります。

鉈彫りという仏像の制作手法も、東北地方に多く見られます。平安時代の作といわれる天台寺（岩手県）のご本尊聖観音立像は、この鉈彫りの代表的な仏像です。像の表面に規則的なのみの削り跡をそのまま残した仕上げで、江戸時代の円空仏のような素朴な雰囲気です。

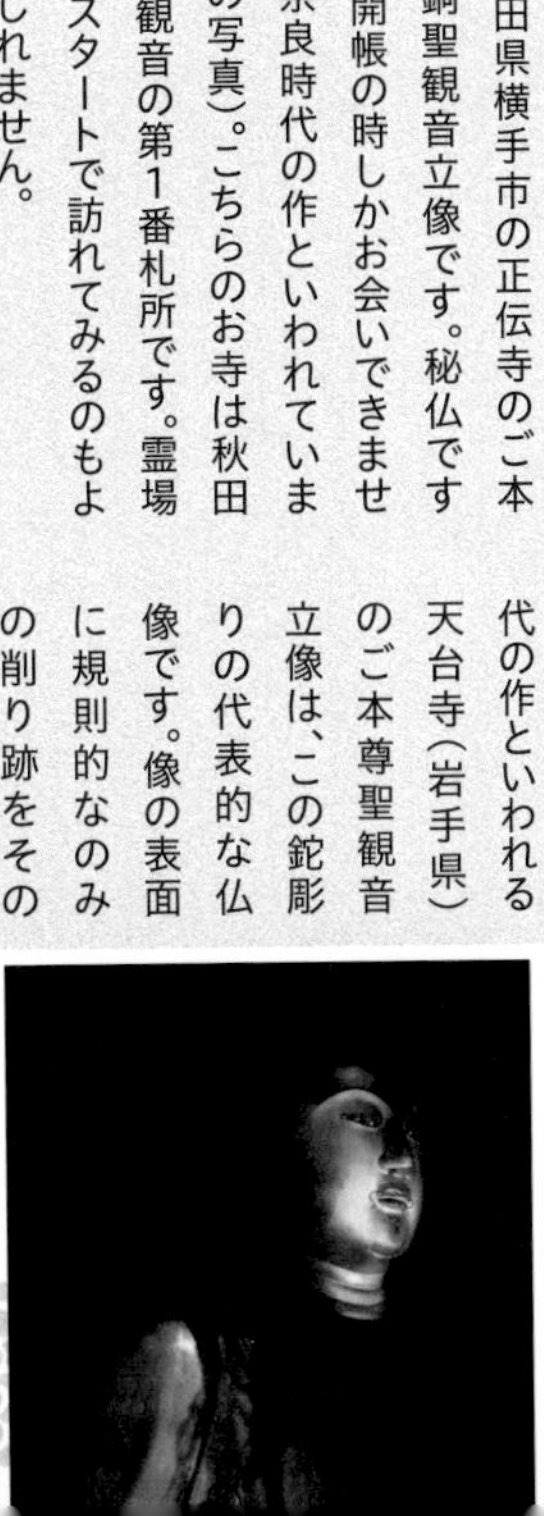

平泉文化と鎌倉期の仏像

奥州藤原氏によって仏教文化が花開いた平泉。中尊寺の仏像は中央の文化の強い影響を受けたもので、その姿を写したような仏様です。そしてこのような影響が平安時代後期から鎌倉時代へと伝わり、願成寺（白水阿弥陀堂）や福島の會津大佛（右の写真）といった仏像に受け継がれていきます。

◆

東北の仏像の歴史を知ることで、仏像鑑賞のポイントがわかれば、お寺めぐりもより楽しくなるのでは？

Rāgarāja

愛染明王に会いに行こう！

愛染明王という仏様を知っていますか？「あいぜんみょうおう」と読みます。『明王(▼P・51)』『二面六臂(顔がひとつで腕が6本)』で全身が赤く、目が3つあるというお姿が大きな特徴です。明王ですから悪を降伏し、威圧することが役割。そのため激しい怒りの表情(忿怒相・憤怒相)をしています。

そんなお姿から怖いイメージがありますが、実は愛染明王は「恋愛・縁結び・夫婦円満」などをつかさどる仏様として信仰されているのです。それは密教の「煩悩即《ぼんのうそく》菩提《ぼだい》」という概念から来ています。煩悩と菩提とは一体のもので、煩悩があるからこそ、悟りを求める心が生まれるという考え方です。

「愛欲」は煩悩のひとつですが、愛染明王は人間のもつ「愛欲・煩悩」を「悟りを求める心」に導き、さまざまな悩みを救ってくれるとされています。

そんなわけで、愛染明王は良い縁を結び、結婚を成就し、円満な家庭を築いてくれるとされているのです。

このほかにも、「愛染」から、染物や織物職人の守護の御利益、また愛欲を肯定することから古くは遊女や水商売の守護の御利益があるとされています。

ちなみに戦国武将・直江兼続の兜には「愛」の文字の前立てがあることで知られていますが、軍神としての愛染明王への信仰から「愛」の文字を取ったともいわれています。

ちなみに青龍寺(▼P・72)や大圓寺(▼P・97)など愛染明王が祀られているお寺は東北の各地にもあります。ぜひ訪れてみましょう。

大圓寺
(P.97)

青龍寺
(P.72)

第三章

御利益別！ 今行きたいお寺

Part 3

商売繁盛・財運

年収アップや宝くじの当選、商売繁盛、一攫千金……。人生をもっとハッピーにしてくれる金運アップのお寺をご紹介！

★商売繁盛・財運★絶対行きたいオススメお寺 3選

◉久渡寺（弘前市）／補陀寺（秋田市）／成島毘沙門堂（花巻市）

◉誓願寺（弘前市）

◉本覚寺（東津軽郡今別町）

◉光星寺（東田川郡庄内町）

絶対行きたい♥
オススメお寺3選

商売繁盛・財運

お財布のピンチを解消し
思い通りに人生を楽しむ

オススメお寺1

繁栄を願うオシラ信仰の本山

ご本尊は慈覚大師の作とされる聖観音。円山応挙作と伝わる幽霊画が有名です。

青森

久渡寺【くどじ】

その他の御利益
家内安全、開運招福など

ご本尊
聖観音《しょうかんのん》

杉木立の中、苔むした石段が本堂、観音堂へと続きます。観音堂の奥には熊野堂があり、背後には250体もの観音像がずらりと並びます。お寺では毎年5月に「オシラ講」と呼ばれる参拝行事が行われています。この行事では豊作や繁栄を願い、家に祀られているオシラ様を寺に持参し、祈祷・お祓いを受けます。こうしてオシラ様の格を上げ、また家を守ってもらうのです。

本尊聖観音は非公開の秘仏

代々の津軽藩主が信仰し、1626年（寛永3年）には最勝院、百沢寺（現・求聞寺）、橋雲寺、国上寺とともに津軽真言五山の一つになりました。慈覚大師作とされる聖観音は33年に一度の御開帳。本堂には聖観音、不動明王が安置されています。

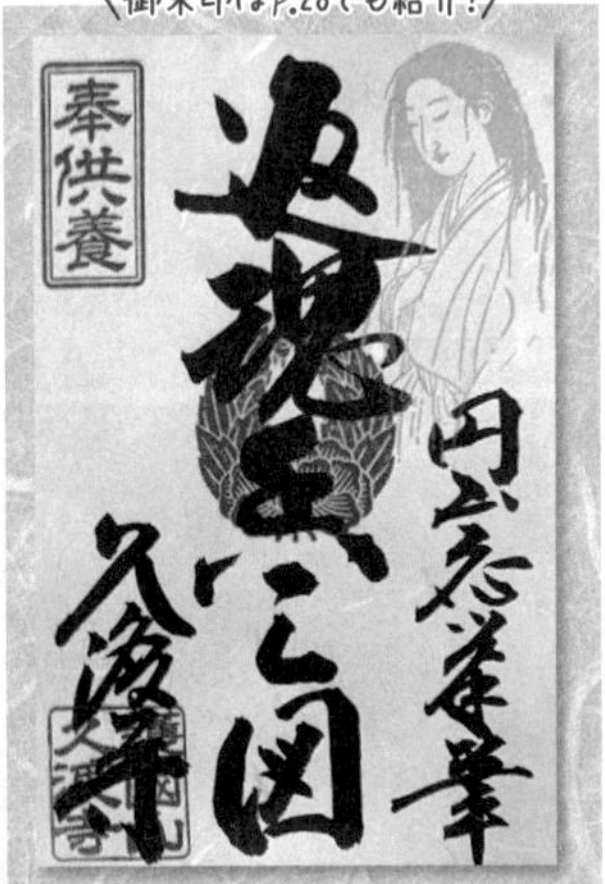

＼御朱印はP.28でも紹介！／

墨書／円山応挙筆、返魂香之図、久渡寺印／寺紋（?）、奉供養、護国山久渡寺 ●右上の印はお寺が所蔵する円山応挙の幽霊画です。オリジナル御朱印帳を購入するとこの御朱印が押印されています

朱色が鮮やかな観音堂。左手には白亜の聖観音像が立ちます。右には馬頭観音と鶴亀延命堂があります。延命堂には本堂を移築した際に掘り起こしたという巨石が納められているそうです

お寺では円山応挙の幽霊画「返魂香之図」を所蔵しています。応挙は江戸時代中～後期、京都で活躍した絵師です。幽霊画は1784年（天明4年）に弘前藩家老が寄進したもの。毎年旧暦の5月18日に公開されます

みんなのクチコミ!!

久渡寺門前に「ska vi fika?」（スカヴィフィーカ）」というカフェがあります。スウェーデン語で「お茶しない?」という意味。飲み物やスイーツなどが味わえます

円山応挙の幽霊画を表紙にしたオリジナル御朱印帳。特製しおり付（3000円）

DATA
久渡寺

御朱印帳

MAP P.6-C2
開創／800年頃　山号／護国山
宗旨／真言宗智山派
住所／青森県弘前市坂元山元1
電話／0172-88-1555
交通／弘前弘南鉄道大鰐線「千年駅」から車13分
拝観時間／9:00～16:30（特別公開時は9:00～17:00）
御朱印授与時間／不定　拝観料／無料
URL https://kudoji.com/

お寺の方からのメッセージ

毎月18日（本尊ご縁日）にだけ頒布する特別朱印が有名（→P28）で当日はこれを求める参拝者で賑わいます。この特別朱印は郵送不可。当日、参拝した人のみが頂ける霊験あらたかといわれる御朱印です。

久渡寺は標高663mの久渡寺山の麓に位置します。参道入口からお寺の境内を通り、頂上まで登山道が続いています。本堂の北側に位置する標高285mの国見台や頂上からは弘前の町が一望のもとに見渡せます。

オススメお寺2

秋田最古と伝わる曹洞宗寺院

大本山総持寺の直末としての格式を誇り東奥の小本山、東北の中本山ともいわれます。

秋田

補陀寺【ほだじ】

その他の御利益 心願成就など

ご本尊
釈迦牟尼如来《しゃかむににょらい》

室町時代初期、比内庄松原（現・大館市）に創建され、その後現在地に移転したと伝わります。森や田畑に囲まれて堂宇が並びます。杉並木の緩やかな坂を登ると左手に堂々とした山門が立ち、本堂前では達磨大師の石像が参拝者を迎えてくれます。本堂は江戸時代後期の建立。当初は、茅葺屋根でしたが、昭和の改修で銅板葺きに変わりました。

どっしりした風格のある山門

山門は1771年（明和8年）の建立と伝わり、1984年（昭和59年）に改修されました。建立当初は茅葺でしたが、現在は鉄板葺きで左右には仁王像が配されています。山門の2階には十六羅漢像が安置されています。装飾や彫刻等が控えめな素朴な造りで古形式をよく継承しているため、市の文化財に指定されています。

境内の裏手にある2世住職無等良雄の墓所は中納言藤原藤房の墓と伝わります。藤房は後醍醐天皇の側近でしたが、政治から引退後に月泉和尚の弟子となり無等良雄と名を改め、後に秋田で月泉和尚とともに補陀寺を創建したというのです

みんなのクチコミ!!

境内には「極楽水」と呼ばれる水が湧いています。この湧水はなんと600年以上、枯れたことがない霊水とか。夏でも冷水が湧いています

墨書／聖観音　印／秋田二十三番、聖観音を表す梵字サの印、秋田補陀寺　●補陀寺は秋田三十三観音霊場第23番札所です。御朱印は本堂右手の寺務所でいただきます

境内には梵鐘があり、手前には宝篋印塔が立ちます。秋には周囲の木々が見事な紅葉を見せてくれます

本堂内の荘厳な内陣。釈迦牟尼仏をお祀りしています

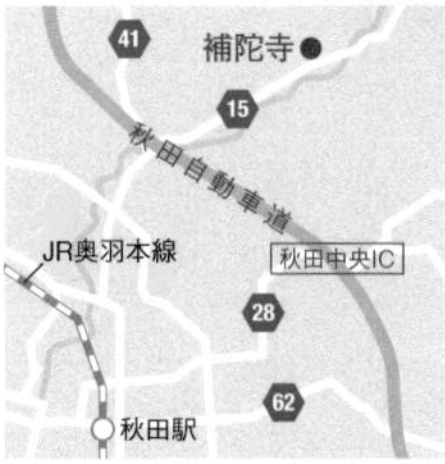

DATA

補陀寺 MAP P.7-D1

開創／1349年（正平4年）
山号／亀像山
宗旨／曹洞宗
住所／秋田県秋田市山内字松原26
電話／018-827-2326
交通／JR「秋田駅」から車20分
拝観・御朱印授与時間／不定
拝観料／無料

お寺の方からのメッセージ

補陀寺は陸奥の豪族・安藤盛季により招かれた月泉良印和尚が創建したと伝えられています。境内には秋田七福神のうち、招福大黒天や鎮守の亀像大権現をお祀りする祠、聖観世音の石像などがあります。

補陀寺は観音霊場で、そのご詠歌は「極楽の水　ここだくに湧きいづる　ここは補陀洛　観音菩薩」です。極楽の水とは境内に湧く「極楽水」のこと。土地神の亀像大権現が月泉和尚の前に現れ、授けた霊水と伝わります。

兜跋毘沙門天は毘沙門堂ではなく、宝物館に安置されています

オススメお寺3

開運をかなえる、日本屈指の毘沙門天

平安中期の作とされる毘沙門天像は高さ約5m、日本屈指の大きさです。

岩手

成島毘沙門堂
【なるしまびしゃもんどう】

杉の老木が茂る境内には毘沙門堂と熊野神社が並びます。蝦夷統治のため、この地を訪れた坂上田村麻呂は熊野三山の神々に戦勝を祈願、東北平定を感謝して三熊野神社を建立し、さらに毘沙門堂を造らせたと伝わります。また、源義家が奥羽平定祈願のため鏑矢を納めたという逸話もあります。武将たちから篤い信頼を受けてきたパワフルな毘沙門天です。

ご本尊
毘沙門天《びしゃもんてん》

開運・勝運の兜跋毘沙門天

平安時代中期の作と推定され、足下の像を含め、高さ4.73m、ケヤキ一本彫成仏として日本一の大きさを誇る像です。兜跋とは西域にあった兜跋国（現在のトルファン付近）のことで兜跋毘沙門天は兜跋国を守るために出現したと伝わります。宝塔、鉾を持ち、足下で地天女に支えられる姿が兜跋毘沙門天像の特徴です。

向拝流棟造の三熊野神社本殿。延暦年間（782～806年）、坂上田村麻呂が建立したのが最初と伝わります。岩手県内では数少ない古代建築様式をもつ建造物として県の有形文化財に指定されています

毘沙門堂は寄棟造、鉄板葺の三間堂。延宝元年（1673年）に修理をしていますが、建築様式から室町時代後期の建造とされます。国の重要文化財

みんなのクチコミ!!

境内には「御味噌奉納堂」という小さなお堂があります。堂内には毘沙門天の足が祀られ、この足に味噌を塗って祈願すると成就するといわれています

墨書／奉拝、兜跋毘沙門天　印／岩手成島、毘沙門天、熊野山毘沙門堂埜印　●古くは三熊野神社の別当熊野山成島寺でしたが、明治時代の神仏分離令で廃寺となり、毘沙門堂が残りました

墨書／奉拝、泣き相撲の宮、三熊野神社　印／岩手成島、三熊野神社、三熊野神社宮司埜印　●泣き相撲の様子を描いた印も押印

お守り

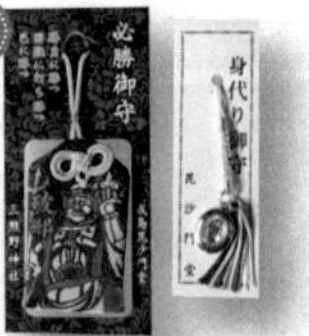

「必勝御守」は勝負に勝つ、困難に勝つ、そして自分に勝つパワーをくれる御守（1000円、身代り御守も同じ）

御朱印帳

オリジナル御朱印帳は表紙に兜跋毘沙門天、裏には三熊野神社のお使い〝八咫烏〟がデザインされています（2500円）

DATA

成島毘沙門堂 MAP P.7-E3

開創／平安中期
宗旨／真言宗
住所／岩手県花巻市東和町北成島5-1
電話／0198-42-3921
交通／JR「土沢駅」から車10分
拝観時間／8:30～16:30
御朱印授与時間／不定
拝観料／500円

お寺の方からのメッセージ

毘沙門堂は坂上田村麻呂あるいは慈覚大師の草創と伝わります。近年まで堂内には兜跋毘沙門天が祀られていました。このことから、この地が古来、重要な信仰の場であったことが推測できます。

境内の土俵では、毎年5月上旬に「毘沙門まつり・全国泣き相撲大会」が行われます。生後6ヵ月～1歳6ヵ月の幼児が親方に抱かれ土俵に上がり、顔を近づけ、泣いたら負けという相撲。子供の成長を祈願する祭事です。

山門は華麗な鶴亀門

境内には安土桃山時代から江戸時代初期を生きた津軽家の軍師沼田面松斎の墓所があります。

青森

誓願寺【せいがんじ】

江戸中期の建造と思われる山門。国の重要文化財です

その他の御利益
受験合格など

ご本尊
阿弥陀如来《あみだにょらい》

住宅街のなかを行くと、特異な形の山門が迎えてくれます。通称、鶴亀門とも呼ばれる珍しい形の山門は朱色や緑の彩色がされ、鶴や亀の彫刻が施されています。門を見るだけでも運が開けるような気持ちになるでしょう。お寺は最初、現在地より東の大光寺村（現・平川市）に創建されましたが、2代藩主が弘前城築城の際、西の守りとして移転させたと思われます。

初代藩主の軍師沼田面松斎像

本堂に向かって左手には沼田面松斎の像があります。面松斎は1568年（永禄11）年、初代弘前藩主津軽為信の軍師となり、津軽統一に貢献しました。弘前城を築く際には候補地を選定し、武家屋敷や社寺を移転するなどの町割りを行いました。1612年（慶長17年）に亡くなると誓願寺に葬られました。

みんなのクチコミ!!

鶴亀門をよく見ると上層部に未、午、寅などの十二支が描かれています。切妻造こけら葺きの屋根が重なり、とても重厚な感じです

ご本尊。創建当時は京都誓願寺の大仏を模した一丈六尺の阿弥陀仏が安置されていたと伝わりますが、1688年（元禄元年）の火事で焼失しました

境内には本堂や庫裏などが建ちます。江戸時代に3度、明治時代になってからも火災に見舞われ、堂宇や寺宝は焼失し、資料も残っていません。江戸期の建造物は山門だけです

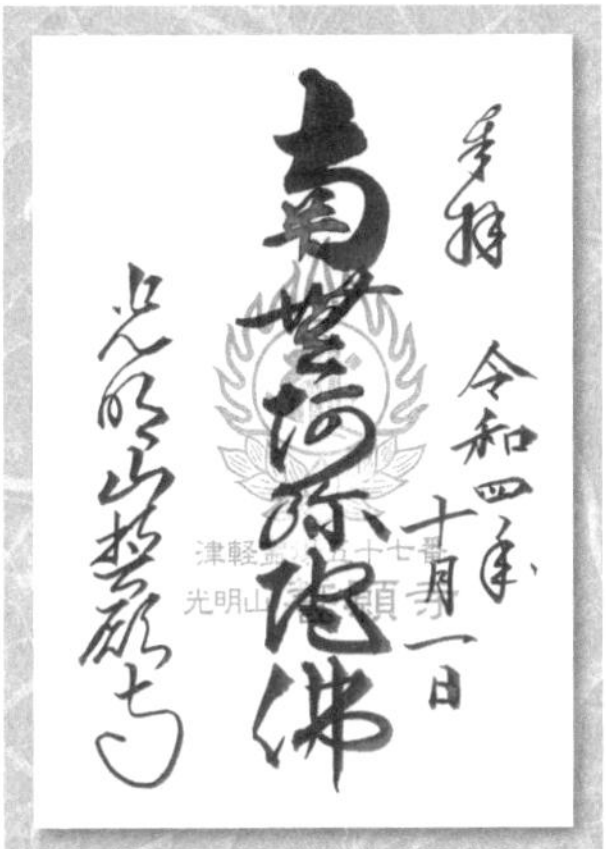

墨書／奉拝、南無阿弥陀佛、光明山誓願寺
印／阿弥陀如来を表す梵字キリークの印、津軽霊場五十七番、光明山誓願寺　●津軽八十八ヶ所霊場の札所です。ご住職不在時は書き置きです

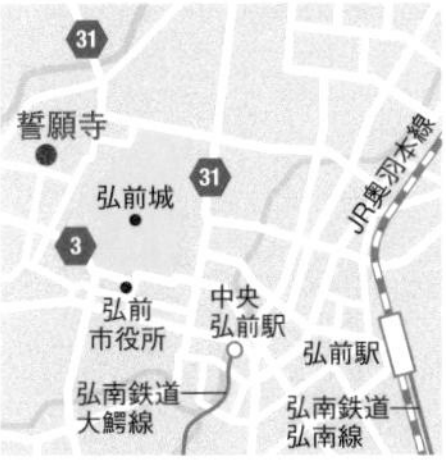

DATA
誓願寺　MAP P.6-C2
開創／1596年（慶長元年）
山号／光明山　宗旨／浄土宗
住所／青森県弘前市大字新町247
電話／0172-34-5532
交通／弘南鉄道大鰐線「弘前中央駅」から車5分
拝観時間／9:00～15:30（冬期15:00）
御朱印授与時間／不定
拝観料／無料

お寺の方からのメッセージ

開山は岌禎（ぎゅうてい）法庵上人です。上人は弘前藩主津軽為信の幼名の名付親で、学問を授けるなどして、藩主から信頼されたと伝わります。

弘前藩、通称津軽藩は現在の青森県西部を支配し、藩庁は弘前城にありました。初代藩主の津軽為信は豊臣秀吉に仕え、文禄・慶長の役に出兵し、伏見城築城に貢献しました。関ヶ原の戦いでは東軍に味方しています。

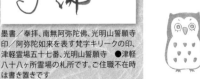

青森

本覚寺【ほんがくじ】

境内に大仏を安置

江戸時代初期に創建された浄土宗の古刹。太宰治の小説『津軽』にも登場します。

浄土宗のお寺としては津軽半島で最古とされます。山門を入ると正面に本堂、左手に鐘楼、その奥には青銅の大仏が鎮座しています。右手に建つ庫裏は明治時代に、この地方の網元の家を移築したもの。玄関先には大きな神棚があります。江戸中期に住職となった5世貞傳は石に経文を書き、海中に投じて昆布の胞子を根付かせたと伝わります。今別昆布は上人からの賜りものといわれているそうです。

その他の御利益
諸願成就など

ご本尊
阿弥陀如来《あみだにょらい》

みんなのクチコミ!!

本覚寺は津軽三十三観音霊場の第20番と21番札所です。観音菩薩を表す梵字サの印が押印された、観音霊場の御朱印もあります

高さ6mほどの今別大仏

28世住職の雄導は、27世純導が大仏造立を発願し、業半ばに病に倒れると、その意志を受け継ぎ、1908年（明治41年）、大仏と大仏殿を完成させました。ところが、1954年（昭和29年）の大火で堂宇ともども焼失。その後、1974年（昭和49年）、29世圓導が青銅で大仏を再興しました。

荘厳な内陣。阿弥陀如来の四十八願になぞらえ、四十八灯を月々の行事にお供えしています。ご本尊を納める厨子は2021年（令和3年）に新調したもの

1727年（享保12年）建立の5世貞傳の墓所。上人は喜捨で得た青銅で塔婆を鋳造し、その下に掘った墓穴に自ら入り、入滅したと伝わります。青銅塔婆は当時としては珍しい塔婆で県の重要文化財です

墨印／本尊阿弥陀如来、奉拝　印／當國第十六番、宝珠の中に阿弥陀如来を表す梵字キリークの印、津軽外ヶ浜今別、本覚寺 ● 本覚寺は津軽八十八ヶ所霊場の第16番札所です

DATA

本覚寺 MAP P.6-A2

開創／1651年（慶安4年）
山号／始覚山　宗旨／浄土宗
住所／青森県東津軽郡今別町大字今別字今別119
電話／0174-35-2076
交通／JR「奥津軽いまべつ駅」から車で10分
拝観・御朱印授与時間／8:00～18:00
拝観料／無料
URL https://imabetu-hongakuji.com/

お寺の方からのメッセージ

貞傳は1690年（元禄3年）、今別の生まれで、1716年（享保元年）に5世住職となりました。本堂の再建や多門堂の建立など寺の振興に努める傍ら、漁法の指導を行い、漁師たちから、篤く信仰されました。

1944年（昭和19年）、太宰治が発表した『津軽』に本覚寺が登場します。津軽を案内するN君に「今別へ来て本覚寺を見なくちや恥です。貞伝和尚は、外ヶ浜の誇りなんだ」と誘われ、本覚寺を訪ね、本堂で話を聞いています。

商売繁盛・財運

庄内のパワスポとして有名

平安時代開山、庄内町唯一の神仏習合のお寺。無数の赤い鳥居が並ぶ風景が印象的です。

山形

光星寺【こうしょうじ】

境内には狐の石像や赤い鳥居、赤いお堂が建ち、まるで神社のような風景です。羽黒山に滞在していた住宝波伝蜜公九師僧正が、金尾の白狐に導かれ、この地に開山したと伝わります。白狐は荼枳尼天（稲荷）のお使いで、僧正を導いたあとも、奥の院の白狐澤に棲み、この地を守護し続けているといわれています。開山当初のご本尊は観音菩薩と大弁財天、荼枳尼天の三尊でした。

その他の御利益
衆生の救済など

ご本尊
釈迦三尊《しゃかさんぞん》

みんなのクチコミ!!

毎年1月31日の「白狐澤掛祈祷会」は、"いにしえの白狐"に合うために、身を清めたご住職が、年に一度だけ入ることを許された澤に足を踏み入れる行事です。そのご住職の姿に感動しました!

緑に囲まれた境内全体がパワスポです

境内の森は諸芸上達、勝運・開運の神様、大弁財天の神域（宇賀の森）といわれています。右手には檀信徒会館があり、十一面観音や白狐観音等が安座する観音堂があります。その隣の本館2階には、癒やしの力があるという白狐のはく製が祀られています。

聖地である奥の院、白狐澤には赤い鳥居が続き、トンネルのようです。境内に並ぶ鳥居は信徒が寄進したものです

縁結びの「御守」はさまざまな「ご縁・良縁」を願ったお守り。前住職が祈願成就を願い、また白狐山稲荷がより身近に感じられるようにとデザイン（600円）

祈願成就や悩みを救ってくれる「御守」。ちりめんを使ったかわいい狐も前住職のデザイン（700円）

観音堂には出羽百観音のひとつ「十一面観世音菩薩」が安置されています

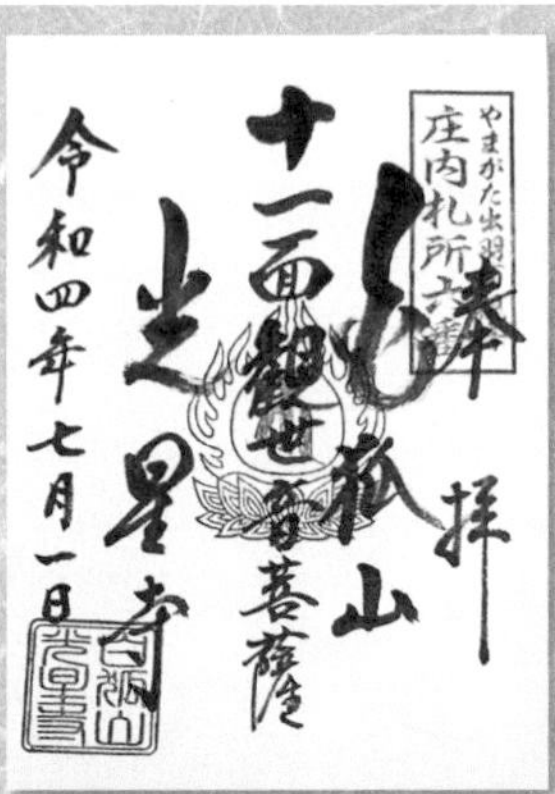

墨書／奉拝、白狐山、十一面観世音菩薩、光星寺　印／やまがた出羽百観音庄内札所六番、十一面観世音を表す梵字キャの印、白狐山光星寺　●十一面観音はすべての人の苦しみを救ってくれる菩薩です

墨書／奉拝、白狐山、三ケ澤稲荷大明神、光星寺　印／白狐総本山、三宝印、宇賀の森と白狐の姿を表した印、白狐山光星寺

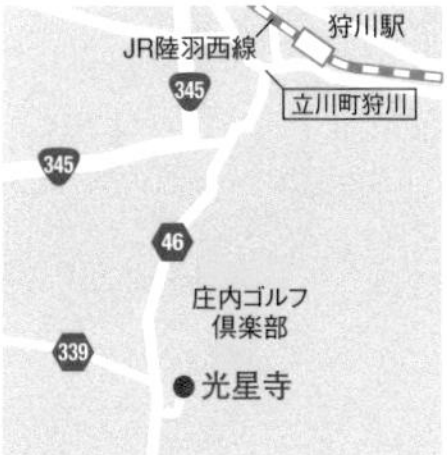

DATA
光星寺　MAP P.8-B2
開創／861年（貞観3年）
山号／白狐山　宗旨／曹洞宗
住所／山形県東田川郡庄内町三ヶ沢字中里47
電話／0234-56-2533
交通／JR「狩川駅」・JR「藤島駅」から車10分
拝観・御朱印授与時間／8:30～15:00
拝観料／無料

白狐山に気軽にお越しいただき、お稲荷様をはじめとした御神仏様方が見守る地を全身で感じてください。皆様の「身近なお寺」を目指しております。いつでもご相談やお声がけいただけたら幸いです。

庄内地方では、お盆に現世に帰ってきた霊は盆明けに「モリ」といわれる里山に留まると考えられているのだとか。その時期に、モリの山上にて追善供養をする「モリ供養」は国の無形文化財に指定されています。白狐山は今でも古式通りの供養を守っています。

幼くして亡くなった子を弔う冥婚の風習

川倉賽の河原地蔵尊

【かわくらさいのかわらじぞうそん】

青森県の霊場と言えば恐山が有名ですが、五所川原市にも津軽地方独特の死生観を現代に伝える霊場があります。それが川倉賽の河原地蔵尊です。

地蔵尊は芦野公園そばにある芦野湖の東岸に半島状に突き出た小高い丘にあります。「賽の河原」と聞くとおどろおどろしい風景が思い描かれますが、川倉賽の河原地蔵尊が鎮座する地はまるで風光明媚な景勝地のようです。

この地蔵尊には約2000体の地蔵像に加え、多くの婚礼人形が祀られています。津軽地方では子供が亡くなったときに地蔵像を奉納する風習がありましたが、時代が進むと地蔵像の代わりに婚礼人形を奉納するようになりました。この人形は未婚で亡くなった子供が死後の世界で結婚できるようにと願いを込めて遺族が奉納したものなのです。このような若くして命を落とした人々の死後の世界での結婚を祈念する風習を冥婚と呼びます。

毎年7月に開催される例大祭ではイタコの口寄せが行われます。集った人々が聞き入る光景は津軽の精神文化を象徴する光景といえるのかもしれません。

川倉賽の河原地蔵尊 MAP P.6-B2

拝観・御朱印授与時間／9:00～13:00　12～3月は参拝不可。

五所川原市金木町川倉七夕野426-1

TEL／0173-53-3282

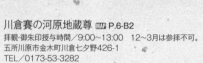

第三章　御利益別！ 今行きたいお寺

Part4 健康・厄除

心と体の健康を願い、厄も祓ってもらえば憂いなし！ 健やかに日々を過ごしていけるよう、老若男女の強い味方になってくれるお寺の数々です。

★健康・厄除★絶対行きたいオススメお寺 3選

◉長徳寺（一関市）／善寳寺（鶴岡市）／明王密寺（東白川郡棚倉町）

◉昌東院（秋田市）

◉正法寺（奥州市）

◉長根寺（宮古市）

◉興福寺（登米市）／大慈寺（登米市）

◉横山不動尊（登米市）

◉長承寺（登米市）／愛敬院（伊具郡丸森町）

◉箟峯寺（遠田郡涌谷町）

◉湯殿山大日坊（鶴岡市）

◉光明院（天童市）／大聖寺（伊達郡桑折町）

◉如法寺（耶麻郡西会津町）

◉寶蔵寺（南相馬市）

◉大龍寺（男鹿市）

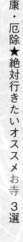

絶対行きたい
オススメお寺３選

健康・厄除

厄から逃れ、健康に過ごす力をチャージ！

本堂は江戸時代からの木材を使い1979年（昭和54年）に改築されました

オススメお寺１

疫病退散の御朱印をGET

国の選択無形民俗文化財「蘇民祭」でも知られます。本尊阿弥陀如来立像は県指定有形文化財です。

岩手

長徳寺【ちょうとくじ】

青空と赤い瓦屋根が鮮やかなコントラストを見せる本堂が建ちます。本堂内は広々とした空間が広がり、須弥壇には阿弥陀如来立像が安置されています。毎年3月第1日曜日に開催される蘇民祭は1894年（明治27年）から続く不動明王ゆかりの祭事。疫病退散や五穀豊穣を願い、男たちがぶつかり合う勇壮なお祭りです。祭りでは名物のけんちん汁が振る舞われます。

その他の御利益
家内安全、学業成就、開運招福など

ご本尊
阿弥陀如来《あみだにょらい》

ご本尊は鎌倉新仏教の典型的な仏像

光背を負い、一部彩色がされた阿弥陀如来立像は像高約84㎝、ヒノキ材またはヒバ材と思われ、着衣形式や頭部の造形、表情などは運慶派、快慶派、両派の特徴を備えています。13世紀の正統な作風を受け継ぐ仏像として高く評価されています。

「蘇民将来子孫家門守」（500円）は疫病退散にパワー発揮のお守り

お守り

「蘇民袋入守」。お寺で主催している手芸の会手作りのお守り袋のなかに蘇民祭で使用した麻の蘇民袋の切れ端が入っています（500円）

＼御朱印はP.31でも紹介！／

墨書／奉拝、南無阿弥陀仏、岩手県一関市藤沢町保呂羽、寺印、時宗、長徳寺　印／岩手県指定有形文化財木造阿弥陀如来立像時宗不退山合掌院長徳寺、慶寿庵、国の記録選択無形民俗文化財岩手の蘇民祭蘇民将来子孫之門戸大聖不動明王長徳寺蘇民祭、長徳寺

墨書／祇園牛頭天王、疫病退散、蘇民将来、開運招福、岩手県一関市藤沢町保呂羽長徳寺蘇民祭、大聖不動明王　印／仏法僧寶の三宝印

みんなのクチコミ!!

毎年7月には境内に合祀されている祇園社、熊野社、天神社のお祭りで三社祭が行われます。当日は合祀殿の御開帳や住職の法話があり、参拝者で賑わいます

DATA
長徳寺
MAP P.7-F3
開創／1388年（嘉慶2年）
山号／不退山　宗旨／時宗
住所／岩手県一関市藤沢町保呂羽字宇和田18
電話／0191-63-3988
交通／JR「一関駅」から車40分
拝観時間／8:00～18:00
御朱印授与時間／8:00～18:00
拝観料／無料
URL https://chotokuji.org/

お寺の方からのメッセージ

心の拠り所となる寺を目指しています。手芸の会の皆様と「お茶っこ飲み」しながらお話しするのが楽しみです。御朱印は住職が対応できる時は、本堂にてお焼香後、ご祈祷し、ご本尊前にてお渡しいたします。

蘇民将来は疫病の神様を家に泊めてもてなし、疫病退散の方法を聞いたという伝説の人。彼の名を書いたお札には魔よけの御利益があるとされます。

オススメお寺 2

山形

善寶寺【ぜんぽうじ】

一日6度の御祈祷で病魔退散

境内には五重塔など大小30棟の堂塔が点在。龍神様の伝説が受け継がれる貝喰の池。

その他の御利益 海上安全 など

ご本尊
東方薬師瑠璃光如来《とうほうやくしるりこうにょらい》

みんなのクチコミ!!

坐禅の心構え、座り方などの指導を受けながら、坐禅体験ができます。時間は1時間ほど。足が悪い人でも椅子に座って体験できます。1000円～

里山に囲まれた境内には国の登録有形文化財を含む30棟の堂塔伽藍が建ち並びます。本堂では僧侶たちが600巻の大般若経を一斉に転読する祈りの行が毎日行われ、その迫力には誰もが圧倒されるでしょう。境内裏手に回ると貝喰池が広がります。龍宮龍道大龍王、戒道大龍女の二龍神が身を隠したという伝承が残り、神秘的な雰囲気が漂います。

「交通安全」（600円）や病気平癒の「薬師守」（800円）、海上安全・大漁祈願の「大漁旗ステッカー」（300円）などさまざまな授与品があります

＼御朱印はP.33でも紹介！／

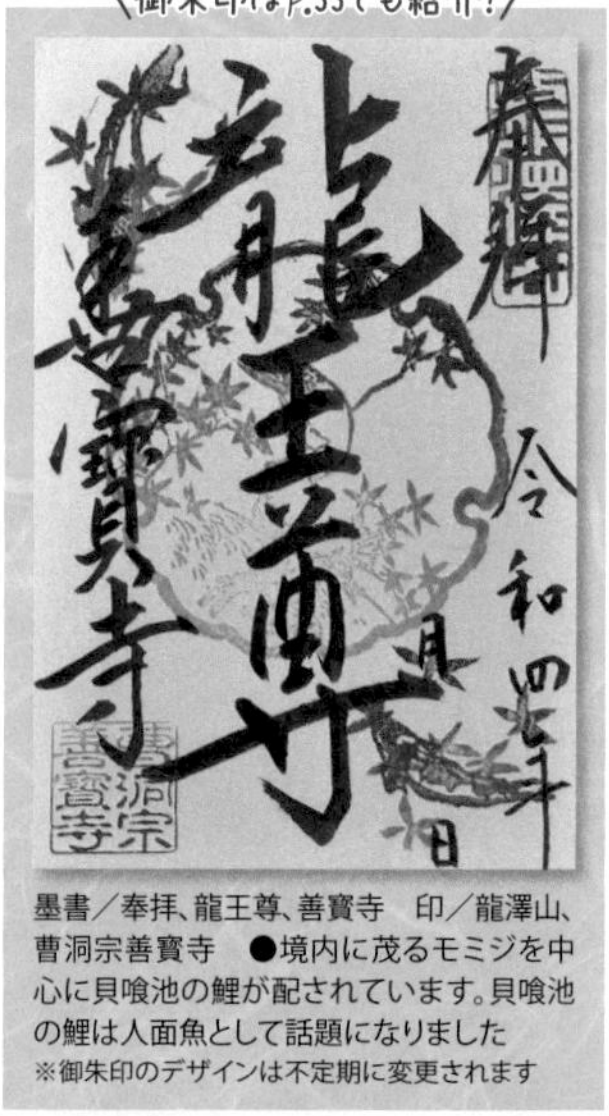

墨書／奉拝、龍王尊、善寶寺　印／龍澤山、曹洞宗善寶寺　●境内に茂るモミジを中心に貝喰池の鯉が配されています。貝喰池の鯉は人面魚として話題になりました
※御朱印のデザインは不定期に変更されます

壮麗な山門は国の登録有形文化財

1862年（文久2年）の再建。銅板葺、総ケヤキ造りの楼門で2階部分には秘仏十六羅漢像が安置されています。一般的な山門は左右に仁王像が配されていますが、この山門には右に毘沙門天、左に韋駄天が配されています。

1833年（天保4年）再建の龍王殿。権現造りの伽藍は龍王が棲むとされる龍宮城を模して建立されました。国の登録有形文化財

ご祈祷は毎日、5時40分、8時、10時、12時、14時、16時の6回、20～30分間、ひたすら祈りを捧げます

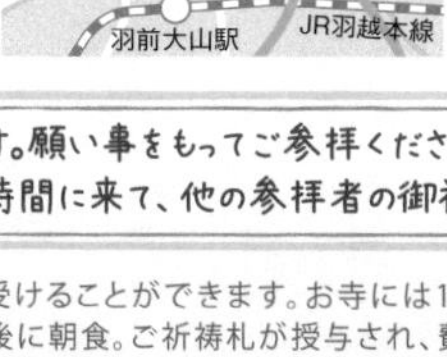

DATA
善寶寺
MAP P.8-B2
開創／951年（天暦5年）
山号／龍澤山　宗旨／曹洞宗
住所／山形県鶴岡市下川字関根100
電話／0235-33-3303
交通／JR「羽前大山」より車15分
拝観・御朱印授与時間／8:00～15:45
入山料／境内は無料、堂宇内拝観500円
URL http://ryuoson.jp/

お寺の方からのメッセージ

心願成就の祈祷寺です。願い事をもってご参拝ください。御祈祷は3000円から受け付けています。拝観のみの参拝者でも、ご祈祷時間に来て、他の参拝者の御祈祷があれば見学することができます。

お寺に宿泊し、朝一番のご祈祷を受けることができます。お寺には16時までに入り、精進料理の夕食をいただき就寝。早朝5時半の朝祈祷を受け、奥の院龍王殿拝登後に朝食。ご祈祷札が授与され、費用は1万円～。要予約。

護摩殿は
昭和50年(1975年)
の落慶。奥の院に
祀られた不動明王
は秘仏です

オススメお寺3

厄払いの山本不動尊として親しまれる

弘法大師が東北行脚の途中、護摩壇を築き、住民を困らせる悪鬼を調伏したとされるのが始まり。

福島

明王密寺

【みょうおうみつじ】

その他の御利益
開運
など

ご本尊
不動明王《ふどうみょうおう》

参道入口から本堂そして護摩殿へと続く参道は渓流のせせらぎが聞こえる静かな道です。秋には道の両側に茂るモミジが鮮やかに紅葉します。護摩殿から奥の院へは苔むした130段の石段を上がります。奥の院は弘法大師が巨岩の洞窟に不動明王を安置し、悪鬼を払ったという聖地。洞窟には石仏や弘法大師像が安置され、霊気を感じさせるパワースポットです。

奥の院へは石段を登ります

130段続く石段の両脇には三十六童子の石像が並んでいます。三十六童子は不動明王の侍者。それぞれが千万の童子を従えて、千万億の悪鬼がこの世に現れ、悪事を働こうとするとき、民衆を救済してくれるという童子です。奥の院からは渓谷のすばらしい景色が見渡せます。

みんなのクチコミ!!

山本不動尊に隣接する山本公園ではキャンプができます。バンガロー6棟とテントサイトがあり、BBQも可能。問い合わせは山本不動尊寺務所へ

護摩殿の背後に回ると奥の院が遥拝できます。一対の石灯籠は開運出世灯篭と呼ばれています。江戸時代後期、棚倉城主松平康英が奉納した灯篭で康英は不動明王に立身を祈願したところ、川越城主に出世したため、こう呼ばれます。

秋には紅葉のトンネルとなる参道。春にはシャクナゲが開きます

御朱印帳

オリジナル御朱印帳は出世灯篭と遥拝所から見た奥の院が刺繍されています。ピンクとブルーの2色(各1500円)

墨書/奉拝、山本不動尊、明王寺　印/奥州棚倉、不動明王を表す梵字カーン、奥州山本不動尊　●東北三十六不動尊霊場第35番札所です

118

JR水郡線
231
118

DATA

明王密寺

MAP P.9-EF2
開創/807年(大同2年)
山号/石堂山　宗旨/真言宗智山派
住所/福島県東白川郡棚倉町大字北山本字小檜沢94-2
電話/0247-33-2445
交通/JR「棚倉駅」から車15分、JR「近津駅」から車10分
拝観時間/9:00～16:00
御朱印授与時間/不定
拝観料/無料
URL http://www.yamamotofudouson.or.jp/

お寺の方からのメッセージ

境内はシャクナゲ、ヤマユリ、ヤマツツジが咲き、澄み切った空気、爽やかな陽の光、清らかな水に満ちています。心を穏やかに保つ、癒やしの地として最適の場所です。

毎年8月27日～29日には秋の例大祭が行われます。3日間は護摩殿で大護摩供が催行され、27日には18時～21時に大駐車場で豊年大盆踊り大会があり、景品くじ付きオリジナルうちわが配られます。

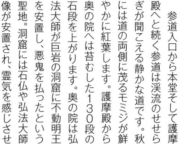

秋田三十三観音の札所

本堂には画家井川恵義作の襖絵があります。境内には石庭が広がり、十王堂が建ちます。

秋田

昌東院【しょうとういん】

その他の御利益
慈悲、智慧など

ご本尊
釈迦如来《しゃかにょらい》

みんなのクチコミ!!

裏山には300本以上のヤブツバキが茂ります。秋には紅葉も見られ、冬は豪雪地帯となります

創建は安土桃山時代とされます。お寺の南には水田が広がり、背後には緑濃い里山が迫る静かな環境のなかに堂宇が建ちます。山門を入ると正面に建つ本堂は白壁に朱色の柱が鮮やかです。その左手には数多くの地蔵尊や石仏が並び、後ろには枯山水が広がります。造園したのは22世住職辻大円和尚とのこと。本堂の右手には十王堂があります。

極彩色の十王を祀る十王堂

人は亡くなると生前の行いで来世が決まるという教えがあります。その裁きをするのが十王です。堂内には観音菩薩や閻魔大王を中心に秦広王、初江王、宋帝王ら十王が並びます。十王像には水色、緑などの色彩が施され、とてもきれいです。

山門に向かって左手には観音像が建ちます。門の左右には堂々とした仁王像が安置されています。山門の前には水田が広がり、新城川が流れる、のどかな風景です

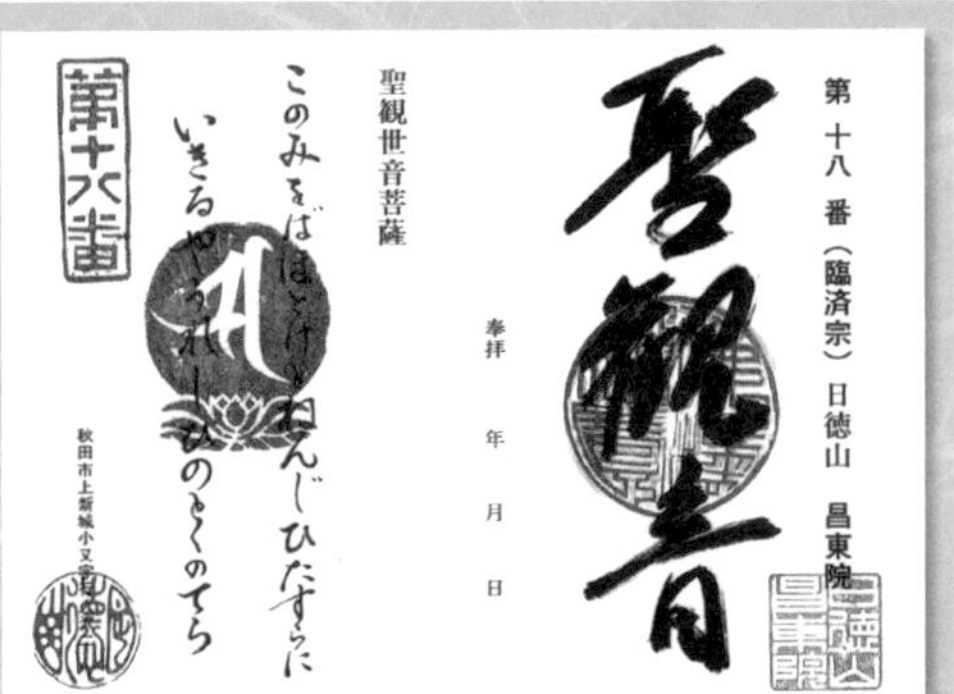

墨書／聖観音　印／日徳山昌東院、佛法僧寶を表す三寶印　●秋田三十三観音霊場第18番札所です。ご詠歌は「このみをばほとけとねんじひたすらにいきるやうれしひのとくのてら」です

境内にはお寺を囲む、深い緑を借景に砂と石で水の流れを表現した枯山水があります

DATA

昌東院 MAP P.7-D1

開創／安土桃山時代（1573～1603年）
山号／日徳山
宗旨／臨済宗妙心寺派
住所／秋田県秋田市上新城小又字行人沢2
交通／JR「土崎駅」から車25分
拝観時間／不明
御朱印授与時間／不定
拝観料／無料

お寺の方からのメッセージ

戦国時代、新城郷の奥地では銀が採れ、長坂千軒という鉱山街がありました。当寺もそこにありましたが、江戸時代になり、鉱山が枯れると十王堂とともに現在地である行人沢の里に降りてきました。

本堂には秋田県出身の画家井川恵義が描いた襖絵があり、天井には同じく秋田県出身の書家那波雲城による、開経偈の二十八文字が書かれています。

厳しい禅風を今も守る

南北朝時代に開かれた東北地方最初の曹洞宗寺院。庫裡や惣門は国の重要文化財に指定されています。

岩手

正法寺【しょうぼうじ】

その他の御利益
心の安寧
など

ご本尊
如意輪観世音菩薩《にょいりんかんぜおんぼさつ》

左右に杉の巨木が茂る惣門を入り、参道を進むと壮大という表現が最適な茅葺屋根の法堂が聳えます。屋根の大きさは日本最大級とか。威風堂々とした構えです。曹洞宗の大本山は福井県の永平寺ですが、かつては永平寺、総持寺（神奈川県）と同格とされ、第三の本山とも呼ばれていました。ご本尊は秘仏で年に一度、御開帳があります。庫裏も茅葺で屋内に入ることができます。

岩手県最古級の遺構・惣門

1665年（寛文5年）建立。切妻造り、栃葺きの四脚門です。1799年（寛政11年）の火災でも残り、国の重要文化財に指定されています。惣門の向こうに建つ法堂は建築史上大変貴重な構造です。棟には伊達家の家紋、竹に雀、三引両、九曜がついています。

みんなのクチコミ!!

「子宝安産石御守」（500円）は庫裏「地蔵の間」に安置されている子安地蔵尊のお守りで小さな石が入っています。子宝を授かったら、お寺に石を返しに行きます

墨書／奉拝、圓通観世音、水沢、奥の正法寺　印／大梅拈華山、九曜紋、大梅拈華山圓通院正寺埜印　●「奥」とは陸奥のこと。九曜紋は伊達家の家紋で正法寺は伊達藩から寺領を受けていました

御朱印帳

オリジナル御朱印帳は2種類（各2000円）。ご本尊が箔押しされた表紙には山主盛田正孝老師御染筆の御朱印、九曜紋の表紙には長友新平作の達磨絵図が入ります

お守り

売店では各種の授与品を頒布。「厄除御守」（各500円）は3色で表には九曜紋、裏には寺名「奥の正法寺」と茅葺屋根の法堂が金糸で刺繍されています

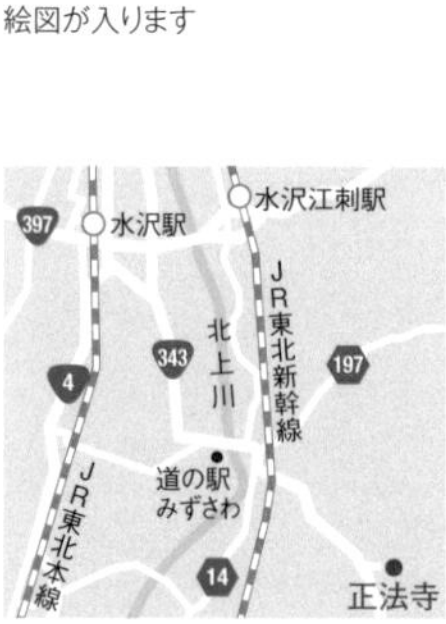

DATA

正法寺 MAP P.7-F3

開創／貞和4年（1348年）

山号／大梅拈華山

宗旨／曹洞宗

住所／岩手県奥州市水沢黒石町字正法寺129

電話／0197-26-4041

交通／JR「水沢駅」または東北新幹線「水沢江刺駅」から車20分

拝観時間／9:00～17:00（11月～3月は16:00まで）

御朱印授与／不定

拝観料／大人500円、中学生300円、小人200円

URL https://shoboji.net/

お寺の方からのメッセージ

開創以来、厳しい禅風を守りながらも、開かれた門風は僧俗を問わず多くの人々を育み、東北地方の文化の発展において大きな役割を果たしてきました。開山の思想は、伽藍や庭園に今も息づいています。

正法寺の如意輪観音像は寺伝によれば鎌倉時代後期「春日作」と伝わる六臂半跏像です。六道救済を意味する6つの手をもち、理知的な表情で宋風の本格的な鎌倉彫刻です。御開帳は毎年10月16日の熊野大権現大祭のみです。

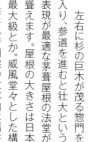

境内に尾玉大明神の社

通称「おだま様」と呼ばれる尾玉大明神は古来、疱瘡除けの御利益で知られてきました。

岩手

長根寺【ちょうこんじ】

住宅地の高台に位置します。境内入口から石段を上ると正面が本堂です。右手の大木の下に因陀羅童子像が立ち、本堂の前では地蔵菩薩が参拝者を迎えてくれます。ご本尊は不動明王で本堂には朱色の火焔を背負った不動明王がお祀りされています。お寺は東北三十六不動、岩手三十三観音、三陸三十三観音の札所にもなっています。本堂の左手にあるのが尾玉大明神のお堂です。尾玉尊は江戸時代、光る玉が牛の尾にぶら下がっているのを農夫が見つけ、お祀りしたのが最初と伝わります。南部藩の姫の難病を治すなど霊験あらたかで多くの信仰を集めたといいます。毎年、5月には尾玉尊例大祭が開かれ、参拝者で賑わいます。

その他の御利益
開運 など

ご本尊
不動明王《ふどうみょうおう》

みんなのクチコミ!!

尾玉大明神のお堂には高さ1mほどの阿弥陀如来像が安置されています。境内西側の林の奥には南部家の家臣、桜庭氏一族の墓所があり、五輪塔や宝篋印塔が並びます

尾玉大権現例大祭

かつて尾玉大明神は丑年丑の日を縁日として、その日しか御開帳されませんでした。近年では毎年5月第2日曜日に例大祭が開催されます。この日は本堂で護摩祈祷が行われ、黒森神楽が舞われます。黒森神楽は宮古市山口にある黒森山で修行する修験者により伝承されてきた御神楽です。

墨書／奉拝、不動明王、玉王山長根寺　印／東北不動尊霊場第二十番、不動明王を表す梵字カーン、玉王山長根寺　●十一面観音と墨書された観音霊場の御朱印も授与していただけます

お守り

「おだまもり」(700円)。尾玉尊には病気平癒の御利益があります

DATA

長根寺 MAP P.7-E4

開創／不明
山号／玉王山
宗旨／真言宗智山派
住所／岩手県宮古市長根1丁目2-7
電話／0193-63-8678
交通／JR「宮古駅」から徒歩19分
拝観・御朱印授与時間／9:00〜17:00
拝観料／無料

お寺の方からのメッセージ

当寺は天文年間(1532〜1555年)と昭和初期の火災で記録のほとんどを焼失してしまい、正確な創建年代は不明です。9世紀、坂上田村麻呂の草創との説もあります。境内は桜と紅葉が見事です。

長根寺への最寄り駅「宮古駅」から徒歩9分の五月町に宮古市魚菜市場があります。市場には海産物や青果、食品の店が並び、水揚げされたばかりの魚介類や地元農家の野菜が購入できます。6:30〜17:30、水曜休　https://www.gyosai.jp/

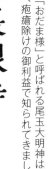

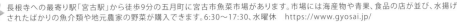

大嶽の観音さんと親しまれる

宮城

興福寺【こうふくじ】

山門から境内に入ると鐘楼、そして本堂が建ちます。本堂の外壁には中国の物語「二十四孝」の場面が刻まれ、鮮やかな彩色が施されています。由緒については史料が焼失して詳細は不明ですが、平安時代、坂上田村麻呂に滅ぼされた豪族を葬った塚の上に観音堂を建てたのが始まりと伝えられています。

墨書／奉拝、大嶽観音、興福寺　印／奥州第十番、十一面観世音を表す梵字キャの印、大嶽山興福寺　●興福寺は奥州三十三観音霊場の第10番札所です

オリジナル御朱印帳（1200円）はきれいなブルーの表紙

洋風建築の六角堂は1884年（明治17年）の建造。2階建て土蔵造りです

江戸時代には伊達家の祈祷所になっていました。外壁には二十四孝の物語、欄間には干支が彫られています

その他の御利益
諸願成就
など

ご本尊
十一面観世音菩薩《じゅういちめんかんぜおんぼさつ》

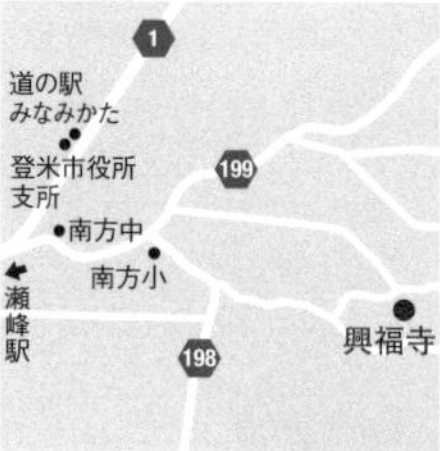

DATA

興福寺　MAP P.8-B4

開創／807年（大同2年）

山号／大嶽山　　宗旨／天台宗

住所／宮城県登米市南方町本郷大嶽18

電話／0220-58-3572

交通／JR「瀬峰駅」から車約20分

拝観・御朱印授与時間／境内は自由、御朱印は住職在寺時

拝観料／無料

URL http://kouhukuji.web.fc2.com/

みんなのクチコミ!!

周辺は大嶽山交流広場としてキャンプ場を設置するなど公園として整備されています。春には桜の名所となります

米川の水かぶりが有名

宮城

大慈寺【だいじじ】

宮城県北部に位置し、広大な境内には山門、本堂、秋葉大権現堂などが並びます。毎年2月初午の日には秋葉大権現の祭事「米川の水かぶり」を斎行。藁の装束を身にまとった男たちが通りを走り、家々の前に用意された水を屋根にかけていきます。火伏と厄払いを祈願する祭事でユネスコ無形文化遺産に登録されています。

御朱印はP.31でも紹介!

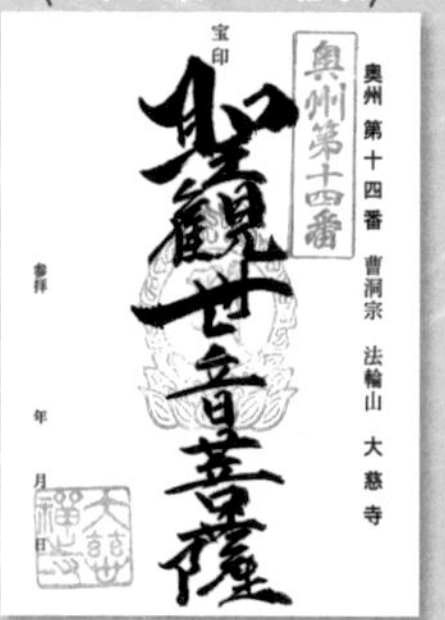

墨書／聖観世音菩薩　印／奥州第十四番、聖観世音菩薩を表す梵字サの印、大慈禪寺　●藤原秀衡により、奥州三十三観音霊場の第14番札所として開かれました

境内は数度の火災に遭い、開創以来の建物は焼失。唯一山門が創建当時の建造物と推定されます。市の文化財です

「米川の水かぶり」では藁装束から抜き取った藁を屋根に上げると火災に遭わないとされます

その他の御利益
心願成就
など

ご本尊
釈迦牟尼佛《しゃかむにぶつ》

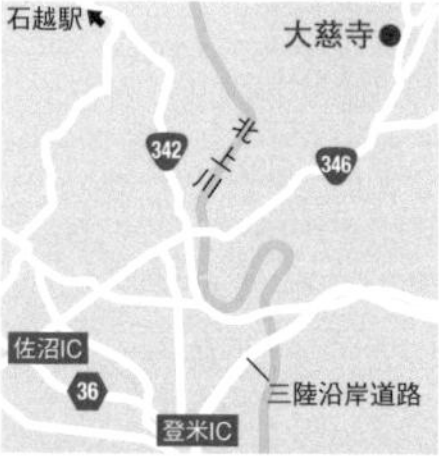

DATA

大慈寺　MAP P.8-B4

開創／1429年（永享元年）

山号／法輪山　　宗旨／曹洞宗

住所／宮城県登米市東和町米川字町下56

電話／0220-45-2510

交通／JR「石越駅」から車30分

拝観・御朱印授与時間／9:00～17:00

拝観料／無料

URL https://daijiji.net/

みんなのクチコミ!!

境内は緑が豊かで春の桜、7月にはアジサイ、秋には黄葉がきれいです。本堂は2011年（平成23年）の新築です

災難を祓う巨大な不動明王像

弘法大師作と伝わる巨大な不動明王像の胎内には百済伝来とされる黄金の像が収められています。

宮城

横山不動尊

【よこやまふどうそん】

1928年(昭和3年)建立の不動堂。龍や鶴亀などの彫刻が施されています

明治時代建立の山門には幕末～明治に活躍した山岡鉄舟が山号名を揮毫した扁額が掛かっています。門をくぐると池が広がり、天然記念物のウグイが泳ぎます。池の中央に建つお堂にお祀りされているのは病気平癒の薬師如来です。その向こう、杉木立に囲まれ、堂々とした姿を見せているのが不動堂です。堂内では火焔を背負った不動尊が参拝者を迎えてくれます。

不動明王像は国の重要文化財

像高275cm、重量は約300kg、カツラ材を使った寄木造です。胎内には約5.5cmの不動明王が納められています。この胎内仏は保元年間(1156～1159年)に百済国から南三陸町水戸辺浜に流れついたと伝わります。12年に一度酉年に御開帳があります。

1878年(明治11年)建立の山門。向かって左側には持国天、右側には増長天を納め、楼上には十六羅漢像が安置されています(写真提供:宮城県観光プロモーション推進室)

その他の御利益
諸願成就など

ご本尊
不動明王《ふどうみょうおう》

みんなのクチコミ!!

境内の池は約400年前の造営。ウグイは4～5月にかけて、この池を離れて産卵をし、8月頃、再びこの池に戻ってくるという習性だそうです

墨書/奉拝、五大明王、横山不動尊　印/金剛夜叉明王、降三世明王、不動明王、大威徳明王、軍荼利明王、横山不動尊印

墨書/奉拝、横山不動尊、白魚山、大徳寺　印/東北三十六不動霊場第二十六番、不動明王を表す梵字カーンの印、宮城県横山不動大徳寺(?)
●大徳寺は正式寺号

「五大明王御守護」(各800円)は七難即滅のお守り。五大明王を表す梵字が配されています

お守り

横山不動尊の姿を刺繍した「不動明王守」(1000円)は除災招福のお守り

DATA

横山不動尊(大徳寺)

MAP P.8-B4
開創/伝1156年(保元元年)
山号/白魚山　宗旨/曹洞宗
住所/宮城県登米市津山町横山字本町3
電話/0225-69-2249
交通/JRのバス停「陸前横山駅」から徒歩5分
拝観時間/9:00～16:00
御朱印授与時間/不定
拝観料/無料
URL http://www.jade.dti.ne.jp/~fudouson/

お寺の方からのメッセージ

不動明王の拝観は寺務所に申し出てください。毎年4月27日、28日は春季大祭典、10月28日には秋季大祭典を斎行、五穀豊穣や家内安全を願う大祈祷を行っています。12月28日は納めの不動です。

境内の青銅五重塔は1766年(明和3年)の建立。江戸時代には珍しい青銅造りで高度な鋳造技術が見られ、県の指定文化財です。塔の周辺には春は桜、秋には淡紅色の秋明菊が咲き乱れます。境内全域は三陸復興国立公園です。

慈覚大師作と伝わる観音像

宮城

長承寺【ちょうしょうじ】

仁王像が立つ山門を入ると左右に樹齢300年以上というイチョウの大木がそびえ、正面に本堂が見えます。左手、杉の巨木が両側に立つ石段を上がると観音堂。堂内に祀られているのは慈覚大師が衆生救済を願って、自ら刻んだと伝わる千手観音菩薩像です。庫裏には運慶作とされる韋駄天像が安置されています。

墨書／奉拝十一面千手千眼観世音　印／千手観音を表す梵字キリークの印、仏法僧寶の三寶印、奥州第二十三番　●奥州三十三観音霊場の第23番札所です

観音堂には高さ135cmの千手観世音菩薩坐像が納められています

お寺の裏山は大泉城址で眼下に北上川が流れています

パワーストーン付きのお守り。右は「美運良縁叶う輪守り」、左は「上達出世叶う輪守り」(各600円)

お守り

その他の御利益
衆生の救済
など

ご本尊
千手観音《せんじゅかんのん》

DATA
長承寺　MAP P.8-B4
開創／810年(弘仁元年)
山号／大白山
宗旨／曹洞宗
住所／宮城県登米市中田町上沼字大泉門畑28
電話／0220-34-6771
交通／JR「石越駅」から車20分
拝観・御朱印授与時間／9:00～17:00
拝観料／無料

みんなのクチコミ!!

樹齢350年とされる大イチョウや推定樹齢600年の杉をはじめ境内には巨木が茂ります

開運厄除けのパワスポ

宮城

愛敬院【あいきょういん】

平安時代、慈覚大師が奥州の鬼門の守りとして、不動尊像を刻み滝上の岩窟の中に祀ったのが起源と伝わります。本堂の裏にある五輪塔の一番上の石は通称「おもかる石」。「重くなれ」と念じて持ち上げたときと「軽くなれ」と念じて持ち上げたときの重さの違いが感じられれば願いが早くかなうといわれています。

墨書／奉拝、駒場滝不動尊、駒場山愛敬院　印／東北三十六不動尊霊場第三十番、不動明王を表す梵字カーンの印、本山修験駒場山愛敬院

仁王門は約200年前、郷士の菊池太兵衛が私費を投じて造営を決意。途中、飢饉など、さまざまな困難に襲われ、未完のままでしたが、1981年(昭和56年)に完成しました

その他の御利益
開運
など

ご本尊
駒場瀧不動尊《こまばたきふどうそん》

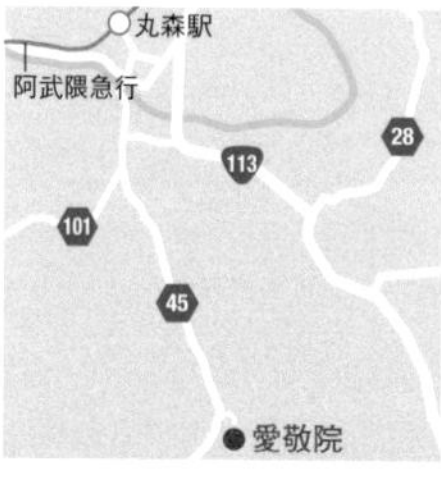

DATA
愛敬院　MAP P.9-D3
開創／850年(嘉祥3年)
山号／駒場山
宗旨／本山修験宗
住所／宮城県伊具郡丸森町字不動59
電話／0224-72-6003
交通／阿武隈急行「丸森駅」から車15分
拝観・御朱印授与時間／8:00～17:00
拝観料／無料
URL http://www.aikyoin.jp/

みんなのクチコミ!!

境内は阿武隈渓谷県立自然公園内にありますが、5月中旬からは境内一面にヒメシャガが咲きます。淡い紫色の花で日本の固有種です

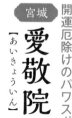

宮城

箟峯寺【こんぽうじ】

奥州鎮護・五穀豊穣の守り本尊

境内には観音堂を中心に仁王門、山王堂、白山堂、宿坊、薬師如来堂が点在しています。

観音堂は宮城県最大の規模で県の有形文化財に指定されています

仙台平野の真ん中、標高236mの箟岳山の頂上付近に観音堂があります。参道入口から石段を上がると山門です。門の両側に安置された仁王像はかわいい表情から「微笑みの仁王様」と呼ばれています。さらに石段を上がると観音堂です。お堂は1851年（嘉永4年）の再建です。周囲は樹齢数百年の杉が茂り、霊場にふさわしい厳かな雰囲気に満ちています。

その他の御利益
奥州鎮護、五穀豊穣
など

ご本尊
十一面観世音菩薩《じゅういちめんかんぜおんぼさつ》

みんなのクチコミ!!

箟岳山から涌谷の町のほうに1kmほど下ると石仏公園があります。ここでは毎年7月に招福除災を願う、火の祭典・採燈大護摩供が行われます

健康・厄除

観音堂ではお前立観音を拝観します

開創の地に807年（大同2年）、坂上田村麻呂が蝦夷征討の戦死者を弔うため塚を築き、観音堂を建立し、京都清水寺から十一面観音を勧請しお祀りしたと伝わります。平安時代、寺域一帯は殺生禁止・女人禁制の聖地とされていました。ご本尊は秘仏で33年ごとの御開帳。通常はお前立観音を拝みます。

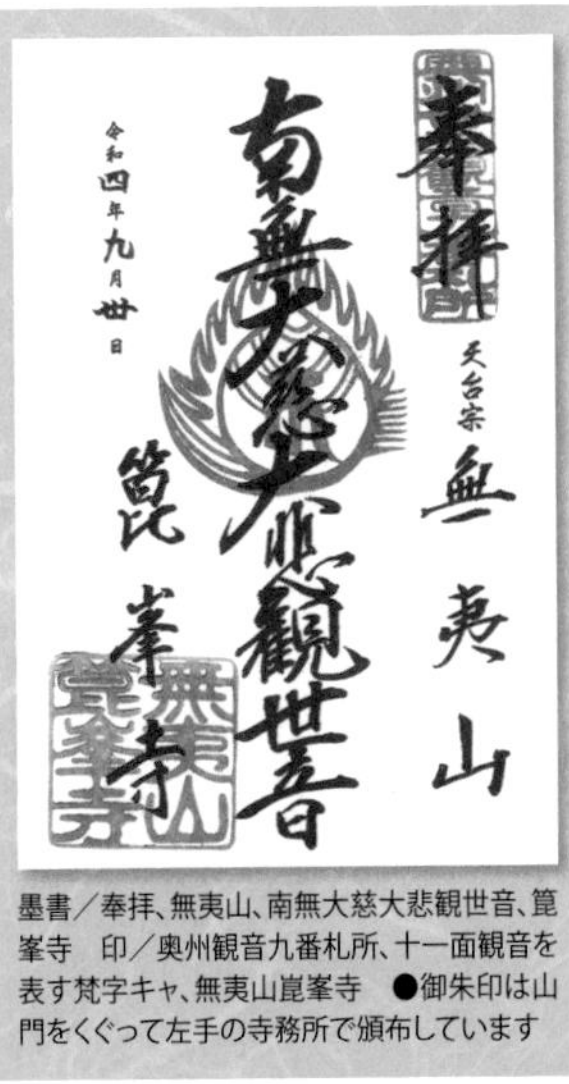

墨書／奉拝、無夷山、南無大慈大悲観世音、箟峯寺　印／奥州観音九番札所、十一面観音を表す梵字キャ、無夷山崑峯寺　●御朱印は山門をくぐって左手の寺務所で頒布しています

お守り

「身代り守」。お守り袋の表は煩悩を焼き、除災を払ってくれる炎とお寺の名前、裏には「身代り守」と金糸で刺繍されています（500円）

「箟嶽観音観世音御守」。昔から、十一面観音を信仰すると「十種勝利・四種果報」が得られるといわれています。運気上昇を招く開運のお守りです（500円）

疫病退散・心身堅固の元三大師のお守りです。元三大師とは天台宗の高僧良源のことで人々を疫病から守るため鬼の姿になったといわれています（500円）

DATA

箟峯寺 MAP P.8-B4

開創／770年（宝亀元年）
山号／無夷山
宗旨／天台宗
住所／宮城県遠田郡涌谷町箟岳字神楽岡1
電話／0229-45-2251
交通／JR「涌谷駅」からバス35分
拝観時間／9:00～16:00
御朱印授与時間／不定
拝観料／無料

お寺の方からのメッセージ

季節によっては川霧が立ち込め、雲海のように見えることもあります。1月の白山祭には農作物の作柄を占うやぶさめが行われ、県の民俗無形文化財に指定されています。

箟峯寺のご本尊箟岳観音は松島の富山観音、石巻の牧山観音とともに奥州三観音のひとつとされています。古来、この三観音を3年間続けて参拝すると必ず祈願がかなうといわれ、今も参拝者が絶えません。

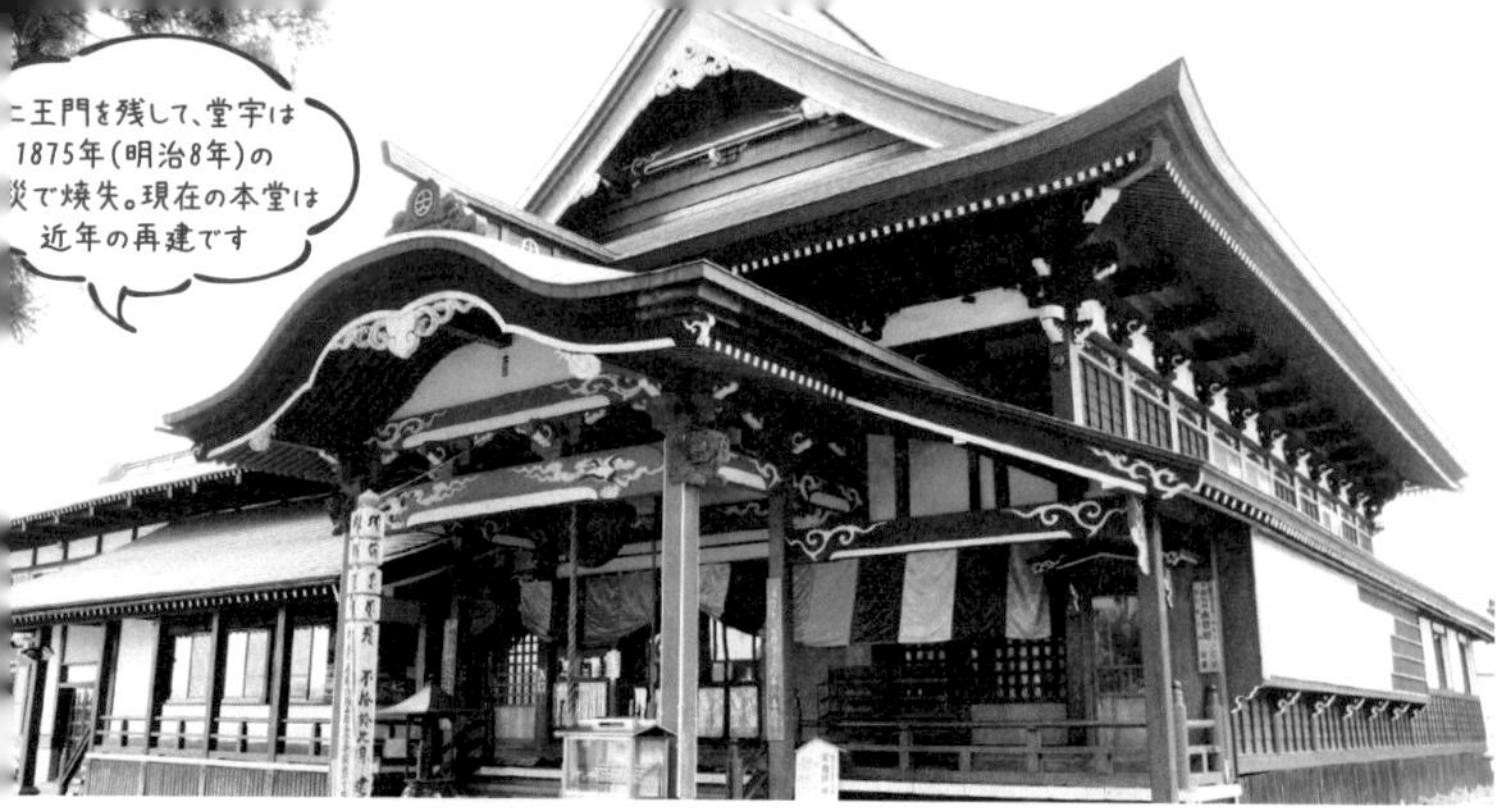

山岳信仰の聖地湯殿山総本寺

開山でもある弘法大師作のご本尊と即身仏、国の重要文化財「金銅仏釈迦如来立像」を安置。

山形

湯殿山大日坊

【ゆどのさんだいにちぼう】

その他の御利益
交通事故防止、合格学問成就、良縁子授りなど

ご本尊
湯殿山大権現《ゆどのさんだいごんげん》

出羽三山参道のひとつ、大網口に位置します。平安時代初期、弘法大師の開山と伝わり、かつて湯殿山が女人禁制だったことから、大日坊を女人の礼拝所として建立したのが起源とされます。江戸時代には3代将軍徳川家光の乳母春日局が篤く信仰し、将軍家の祈願所と定められました。最も古い堂宇は仁王門で鎌倉時代の建立と推定され、仁王像と風神雷神像が安置されています。

真如海上人の即身仏

真如海上人は弘法大師の即身成仏義の教えに倣い、湯殿山の一世行人として七十余年の間難行苦行を積み重ね、木食行により体内から脂肪や水分を落とすことで腐敗しない体となり、1783年(天明3年)天明の大飢饉の年に96歳で土中入定しました。千日後に掘り出されたそのままのお姿で今日も衆生のために祈り続けておられます。

みんなのクチコミ!!

ご本尊は秘仏で通常は非公開です。御開帳は6年に一度。丑年と未年になります。最近では2021年の丑年に行われました

御朱印帳

徳川家の葵紋をあしらったシックなオリジナル御朱印帳(各2000円)

お守り

即身仏は丑年と未年に衣替えをします。「即身仏御衣入御守」(1000円)には即身仏が着用していた衣の布が封入されています

墨書／奉拝、湯殿山大権現、瀧水寺大日坊印／弘法大師開山、胎蔵界大日如来を表す梵字アーンク、仏法僧寶の三宝印、湯殿山大日坊　●御朱印の墨書にある瀧水寺とは湯殿山大日坊の寺号です

金剛仏釈迦如来立像は7世紀に大日坊に伝来したと伝わります。文化庁の調査・分析では中国四川省付近の金・銅・錫が使用されていることが判明しました。国の重要文化財に指定されています

DATA
湯殿山大日坊 MAP P.8-B2
開創／807年(大同2年)
山号／湯殿山　寺号／瀧水寺
宗旨／真言宗豊山派
住所／山形県鶴岡市大網字入道11
電話／0235-54-6301
交通／JR「鶴岡駅」より車40分
拝観・御朱印授与時間／8:00〜17:00(受付16:30まで)
拝観料／500円
URL http://www.dainichibou.or.jp/

お寺の方からのメッセージ

「西の伊勢参り、東の奥参り」といわれ、かつて伊勢神宮の奥の院として成人したら一度は参拝する聖地とされた湯殿山のお寺です。最近はパワースポットとしても知られ、多くの方が参拝に訪れます。

大日坊から六十里越街道を300mほど北上すると大網の棚田があります。棚田は「やまがたの棚田20選」のひとつ。標高280〜360mの緩斜面に100枚以上の棚田が広がります。田植えは5月中旬、稲刈りは9月中旬から始まります。

眼病平癒の高瀧山不動尊

山形

光明院【こうみょういん】

寺伝によると、奈良時代の高僧行基が諸国巡歴の折に開創したといいます。修験道の道場でしたが、明治時代の神仏分離令により、無住となり荒廃したのを1922年（大正11年）に再興しました。奥の院には滝がかかり、古くはこの水が眼病に効くとされ、参拝祈願のためのお籠り堂もあったそうです。

お寺が建つ天童市は天童温泉で有名。また将棋の駒生産日本一の町で温泉街には将棋の駒などのモニュメントが立っています

本堂・山門は2020年（令和2年）6月に完成。月山・葉山を望む景勝地に建ちます

墨書／奉拝、高瀧不動、高瀧山光明院　印／東北三十六不動尊霊場第三番、不動明王を表す梵字カーン、所願成就を祈願する山伏の姿、高瀧山光明院

その他の御利益
交通安全など

ご本尊
不動明王《ふどうみょうおう》

DATA
光明院　MAP P.8-C3
開創／728年（神亀5年）
宗旨／単立　山号／高瀧山
住所／山形県天童市大字山口3143-1
電話／023-656-2183
交通／JR「天童駅」から車15分
拝観時間／8:00～18:00
御朱印授与時間／8:00～17:00（5月～9月は18:00）
拝観料／無料

みんなのクチコミ!!

滝がかかる奥の院へは沢沿いの山道を登ります。滝の周囲はうっそうとした樹木が茂り、石仏や石碑が点在しています

弘法大師作と伝わる観音菩薩

福島

大聖寺【だいしょうじ】

静かな境内に本堂、観音堂が建ちます。縁起について明らかではありませんが、一説には旭という老女が弘法大師作の白檀の聖観世音菩薩像をご本尊とし草庵を結んだのが最初とされ、その後平泉の藤原秀衡が再興したと伝わります。その観音菩薩像は現在頭部だけが伝わり、33年ごとに御開帳される秘仏となっています。

阿弥陀如来を安置した本堂は1765年（明和2年）に大修理が施されたとの記録が残っています

二間半四面の観音堂は1984年（昭和59年）に大改修が行われました

その他の御利益
盗難、病難、水禍、火災除けなど

ご本尊
阿弥陀如来《あみだにょらい》

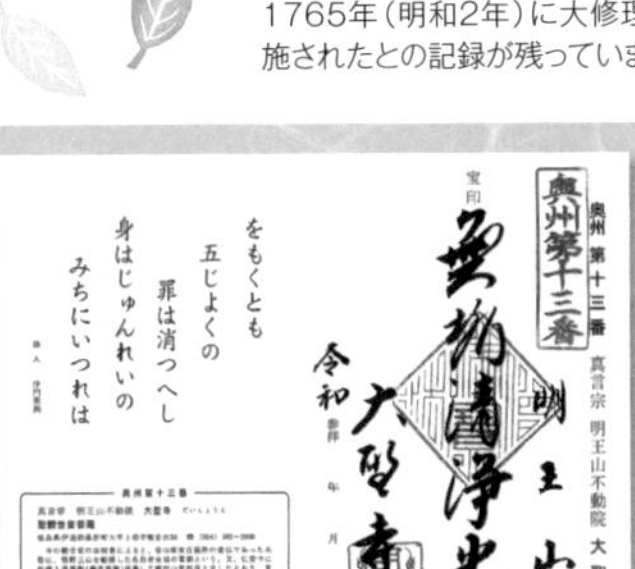

墨書／無垢清浄光、明王山大聖寺　印／奥州第十三番、仏法僧寶を表す三宝印、明王山　●奥州三十三観音霊場第13番札所。御朱印は本堂隣の庫裏で頒布

DATA
大聖寺　MAP P.9-D3
開創／不明　山号／明王山
宗旨／真言宗豊山派
住所／福島県伊達郡桑折町上郡字観音沢30
電話／024-582-2906
交通／JR「桑折駅」から徒歩15分
拝観時間／8:00～18:00
御朱印授与時間／不定
拝観料／無料

みんなのクチコミ!!

観音堂の聖観世音菩薩は像高60㎝ほどの座像で、作者、年代ともに不明です。通常は非公開で毎年4月に御開帳。その頃は境内の桜がきれいです

元気でころりと大往生

長寿を全うし、ころりと大往生できる。
ころり観音と呼ばれ、信仰を集めています。

福島

如法寺【にょほうじ】

その他の御利益
子宝
など

ご本尊
聖観世音菩薩《しょうかんぜおんぼさつ》

ご本尊は人々に幸福な生涯と長寿、そして安楽往生をかなえ、西方浄土へ導いてくれる観音様として古来、信仰されています。観音堂は東口から入り、観音菩薩に祈願して、西口から出るという珍しい造り。この世から、西方浄土に向かうという意味が込められています。境内には樹齢1200年とされる高野槙がそびえ、春の桜、秋の紅葉と四季折々の風景も楽しめます。

福島県重要文化財指定の仁王門
本堂の東に建つ仁王門は鉄板葺き、三間一戸、単層門の造り。1611年（慶長16年）の大地震で倒壊後、会津藩家老岡半兵衛重政により、1613年（慶長18年）に再建されました。中世からの工法が随所に残る貴重な建造物です。左右に金剛力士像が安置されています。

みんなのクチコミ!!
観音堂には「善男柱」、「善女柱」が立っています。両方の柱に抱きつき良縁を祈願すると観音様のお導きで成就するといわれています

お守り

「災難さる守」（700円）

かわいい「ころり元気守」（700円）

ご本尊は県の重要文化財。秘仏で非公開です。通常は室町時代作と伝わる、お前立ちの聖観音坐像を拝観します

観音堂には左甚五郎作と伝わる3匹の猿の彫刻が施され、「災難より隠れ猿」「災難より逃れ猿」「安楽に暮らし猿」のいわれがあります

墨書／奉拝、聖観音菩薩を表す梵字サ、聖観音、妙法寺　印／会津三観音の一会津三十三観音番外結願所、九曜紋に梵字サ、会津ころり観音鳥追観音如法寺　●数量限定。なくなり次第終了の御朱印です

御朱印帳

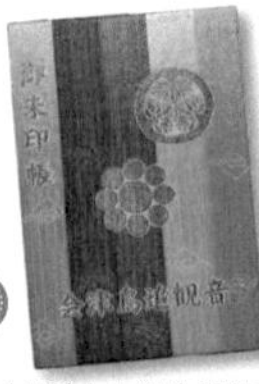

五色布のオリジナル御朱印帳。会津葵紋と九曜紋が刺繍されています

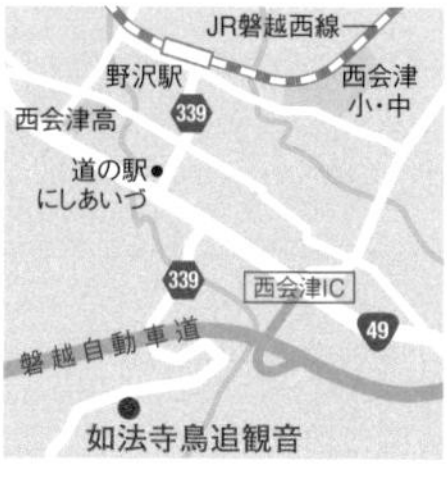

DATA
如法寺 MAP P.9-D1
開創／807年（大同2年）
山号／金剛山
宗旨／真言宗 室至寺派
住所／福島県耶麻郡西会津町野沢字如法寺乙3535
電話／0241-45-2061
交通／JR「野沢駅」から車5分
拝観時間／8:30～16:00（冬期は豪雪による閉門もあり）
御朱印授与時間／不定
拝観料／無料
URL http://www.torioi.com/

お寺の方からのメッセージ
本堂には身代りなで仏を安置しています。仏様と自分の体を交互になで、厄除け祈願をしてください。県重要文化財ですが信仰の対象ということから特別許可を取り、なでてお参りできるようにしています。

如法寺は鳥追観音とも呼ばれ、弘安寺中田観世音、恵隆寺立木観音と合わせ、「会津ころり三観音霊場」のひとつ。この霊場は仏教で説く三毒（貪欲、怒り、不平不満の心）消滅の観音霊場。巡拝すると長寿で極楽往生できるとされています。http://www.nct.ne.jp/~kannon/sankannon/

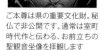

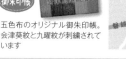

福島

寶蔵寺【ほうぞうじ】

福島県内有数の紅葉の名所

歴代相馬藩主も紅葉狩りに訪れたという名所。境内には樹齢400年の大楓も茂ります。

曳覆曼荼羅版木、
弘法大師御影版
木など市指定文

写真:南相馬市かしま観光協会

1年で境内が最も鮮やかに彩られるのは秋です。仁王門の周辺から庭園までカエデが真っ赤に色づき、燃え立つような光景が見られます。お寺を開いたのは征夷大将軍坂上田村麻呂です。平安時代、蝦夷統治の戦勝を祈願したのが最初とされます。その後、鎌倉時代になり、堂宇が整備されました。境内には弁天堂、能満虚空蔵菩薩を祀る虚空蔵堂があります。

その他の御利益
病気平癒
など

ご本尊
不動明王《ふどうみょうおう》

みんなのクチコミ!!

元旦の護摩祈祷、9月のお彼岸には焚焼会、11月には虚空蔵菩薩護摩供養などの行事があります。写経会も随時開催しています。詳細はFBに告知

写真:南相馬市かしま観光協会

紅葉に染まる山門

「平出山」と墨書された扁額が掛かる山門は1647年(正保4年)、奥州中村藩2代藩主相馬義胤が造営しました。紅葉が見事で境内のイロハカエデと推定樹齢400年の大モミは相馬市の天然記念物に指定されています。

墨書/寶蔵寺、奉拝、花押　印/平出山寶蔵寺、胎蔵界の八葉
●12年に一度、丑年に浜下りの行事が行われます

境内には源義経の従者である佐藤忠信の妻「楓姫」が植えたとされたモミジが茂ります。毎年、11月の紅葉最盛期には「楓姫もみじまつり」が開催され、夜間ライトアップが行われます

御朱印帳

お守り

紅葉の名所らしく鮮やかなモミジの御朱印帳(2000円)とお守り(500円)

DATA
寶蔵寺　MAP P.9-D3
開創/801年(延暦20年)
山号/平出山
宗旨/真言宗豊山派
住所/福島県南相馬市鹿島区北海老字北畑20
電話/0244-46-2097
交通/JR「鹿島駅」から車10分
拝観時間/要事前連絡
御朱印授与時間/要事前連絡
拝観料/無料
URL https://www.facebook.com/ebinotera/

お寺の方からのメッセージ

当寺は坂上田村麻呂開基と伝わりますが、1268年(文永5年)、境内を整備し、建立しなおした証雄を初代住職としています。ソメイヨシノ、ハス、ヒガンバナなど境内には四季の草花が咲きます。

紅葉の時期には鹿島区内の神社仏閣のライトアップが行われる「かしまプロムナード～光の散歩道」が開催されます。地域にあるものに光を当て、それまで気づかなかった新たな風景を発信しようと始まりました。https://www.facebook.com/sou.sou.hikari

龍神の美女伝説が伝わる禅寺

境内の龍王殿には大龍王と大亀王が祀られ開運繁栄の神として信仰されています。

秋田

大龍寺【だいりゅうじ】

その他の御利益
開運・繁栄など

ご本尊
釈迦牟尼佛《しゃかむにぶつ》

日本海にすむ龍神が五衰三熱の苦悩から逃れるため美女に化身。開山の俊鏡和尚のもとで剃髪し僧となり、髪の毛を残していったという伝説が伝わります。開山堂は広々とした空間が広がり、農民が奉納した十六羅漢像、漁民が奉納した三十三観音像が並び、荘厳な雰囲気に満ちています。境内に建つ龍王殿は鐘楼を兼ねた多宝塔で日本では珍しい建築様式です。

楽水亭庭園が広がり、龍王殿が建つ境内

庭園は地元の名士が明治時代に別荘として造った日本庭園で、昭和初期になり、子孫が寺に寄進しました。庭園には池が造られ、その向こうには龍王殿が建ちます。龍王殿は多宝塔様式の鐘楼でこの建築様式は日本では唯一とされます。鐘楼からは日本海の風景が望めます。

みんなのクチコミ!!

書き置き・書き入れ共に「龍王殿」「聖観世音菩薩」2つがありますが、ご住職不在時には直書きは頂けないので電話での確認がおススメ。四季折々の季節限定御朱印もあります

龍王殿の上階に造られた鐘楼には大きな梵鐘が吊るされ、誰でも撞くことができます

境内にはモミジも多く、初夏の新緑、秋には鮮やかな紅葉を見せてくれます

墨書/奉拝、龍王殿、聖観世音　印/龍王殿、解脱飛龍大龍王、煩悩を断ち切る金剛剣を持ち、美女に化身した龍王、佛法僧寶の三寶印、聖観世音像　●オリジナル御朱印帳の一面に押印される御朱印です

オリジナル御朱印帳(2500円)の表紙は布貼りで、表はツツジと龍王殿、裏は紅葉と聖観世音が配され、文字は金の箔押しです

DATA

大龍寺 MAP P.7-D1

開創/1577年(天正5年)
山号/海蔵山　宗旨/曹洞宗
住所/秋田県男鹿市船川港船川字鳥屋場34
電話/0185-24-3546
交通/JR「男鹿駅」から徒歩8分
拝観時間/8:30～16:30(12月～3月は16:00)
御朱印授与時間/不定
拝観料/500円
URL https://www.dairyuji-oga.com/
https://www.instagram.com/dairyuji_oga/

お寺の方からのメッセージ

当寺は海と山を借景にしたツツジと紅葉の名所で、約450年の歴史ある禅寺です。1000体の仏像・彫刻が拝観でき、龍王殿では大梵鐘を撞くことができます。また予約により坐禅・写経体験も可能です。

寺紋は「龍の珠」です。これは仏教においてはさまざまな霊験を表す如意宝珠を、龍神が三つの爪で握っている紋。如意宝珠は「意のままにさまざまな願いをかなえる」パワーがある宝珠。悪を払い、心願をかなえる御利益があるといわれています。

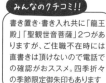

第三章

御利益別！ 今行きたいお寺

Part 5

学業・智慧

キャリアアップや試験合格、ビジネスの成功など、夢の実現を仏様がサポート！目標に向かって進む人の強い味方です。

★学業・智慧★絶対行きたいオススメお寺 3選

◎最勝院（弘前市）／柳津虚空蔵尊（登米市）／亀岡文殊（東置賜郡高畠町）

◎求聞寺（弘前市）

◎文知摺観音（福島市）

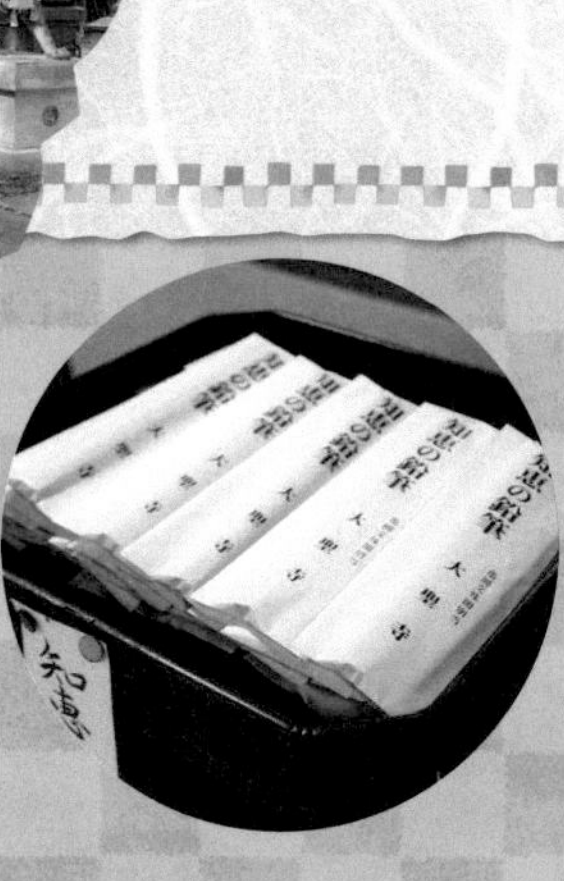

絶対行きたい オススメお寺3選

学業・智慧

夢の実現を決意したら勝運のお寺へ参拝を！

その他の御利益 疫禍・疫病退散など

オススメお寺1

知恵を司る文殊菩薩を安置

江戸時代には津軽真言宗五山の筆頭でした。東北一の美塔という五重塔は国の重要文化財。

青森

最勝院【さいしょういん】

参道を行くと左右に赤い仁王像が立つ仁王門、そして狛犬ではなく狛ウサギが迎えてくれます。文殊菩薩は卯年を守ってくれる菩薩だからです。参道沿いには三十三観音の石像が並び、左手には優美な五重塔が見えます。水屋では天井に注目。四体の鬼たちが支えているのです。本堂左手の護摩堂には牛頭天王尊が祀られ、商売繁盛や合格祈願のお参りが絶えません。

ご本尊
金剛界大日如来《こんごうかいだいにちにょらい》

10年をかけて建立された五重塔

高さ約31m、銅板葺の塔です。弘前藩3代藩主津軽信義が戦乱で亡くなった人々の菩提を弔うために起工し、1667年（寛文7年）、4代藩主信政の時代に完成しました。内部は緑青、群青、金・銀箔などで彩られ、中央須弥壇には本尊胎蔵界大日如来像が安置されています。

＼御朱印はP.29でも紹介！／

墨書／奉拝、大日如来、津軽五重塔、最勝院　印／金剛佛子、仏法僧の三宝印、金剛山最勝院　●経典に由来する寺号には五穀豊穣、国家鎮護の願いが込められています。御朱印は本坊で頂きます

墨書／奉拝、文殊尊、津軽五重塔、最勝院　印／金剛佛子、文殊菩薩を表す梵字の印、金剛山最勝院　●文殊菩薩は秘仏です

春の桜、夏の新緑、秋の紅葉、冬の雪景色と四季の風景と五重塔をデザインしたきれいな「御守」（900円）

お守り

勝運のお守り「必勝祈願御守」（500円）は試験に勝つパワーも込められています

家内安全、悪病退散、交通安全などの願いをかなえてくれる「赤札如意輪守」（600円）

みんなのクチコミ!!

鐘楼は昭和31年（1956年）の建立。梵鐘は「平和の鐘」と名づけられ、誰でも撞くことができます。鐘が撞けるのは除夜の鐘を除き4月8日～10月31日です

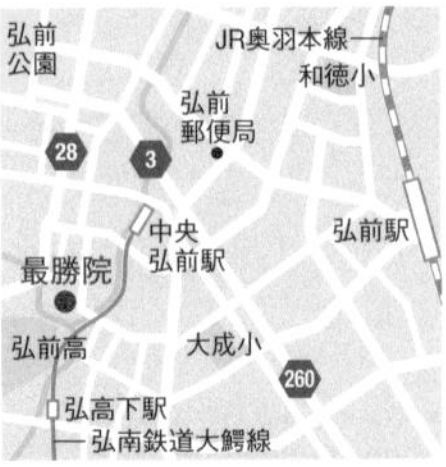

DATA

最勝院　MAP P.6-C2

開創／1532年（天文元年）
山号／金剛山
宗旨／真言宗智山派
住所／青森県弘前市大字銅屋町63番地
電話／0172-34-1123
交通／JR「弘前駅」から弘南バス11分「弘前高校前」から徒歩3分
拝観・御朱印授与時間／9:00 ～16:30
拝観料／無料（但し、さくら祭り、ねぶた祭期間のみ有料）
URL http://www15.plala.or.jp/SAISYOU/

お寺の方からのメッセージ

当院の文殊菩薩は学業に御利益があるとされるため、修学旅行生が多く参拝し、受験合格のお守りを求めていかれます。弘前では多くの人々に信仰され、初詣の参拝者数は弘前市内最大級の規模となっています。

毎年、旧暦6月13日は牛頭天王の例大祭（御縁日）が開催されます。夕方からは露店がずらりと並び、大勢の参拝客で賑わいます。夜には五重塔がライトアップされ、提灯も灯り、境内はロマンチックな雰囲気に包まれます。

オススメお寺2

福と智を満たしてくれるご本尊

行基が自ら彫った虚空蔵菩薩がご本尊です。知恵、記憶力をつけてくれる菩薩とされます。

宮城

柳津虚空蔵尊【やないづこくうぞうそん】

本堂手前には池があり、弁財天が祀られています

写真提供:宮城県観光プロモーション推進室

その他の御利益 開運招福など

石巻方面から国道45号線を北上すると右手に大きな赤い鳥居が見えてきます。高さ10m以上の木造鳥居は東北一の高さとか。鳥居をくぐれば仁王門です。本堂に安置されているご本尊は秘仏。鎮守府将軍としてこの地に赴任した大伴家持はこの像を拝み、「尊い像であるから、みだりに拝すること恐れあり」と称賛。そこで33年ごとの御開帳になったそうです。

ご本尊
虚空蔵菩薩《こくうぞうぼさつ》

学業・智慧

暗記にも強くなる「合格御守」

虚空蔵尊は智恵・記憶を司る菩薩です。〝空(そら)暗記・空(そら)んじる〟の語源は虚空蔵菩薩の〝空〟からきているともいわれます。お守りはパステルカラーの3色。桔梗紋が配されたデザイン。「稲穂が実る」「的に当たる」意匠で合格イメージしたデザインもあります。各1000円

みんなのクチコミ!!

本堂脇の撫丑は撫でれば家内安全、商売繁盛、ひとつだけ願いが叶うパワスポ。お隣の撫虎は口のなかにお賽銭を入れると金運アップの御利益があるとか

お守り

「寅御守」(各1000円)。虚空蔵尊は寅年を守ってくれる菩薩。赤・紺地に桜と金の寅を配した御守は災難から身を守り、所願成就のお守りです

御朱印帳

「御朱印帳」(5000円)は表裏を使い力強い虎をデザイン。お揃いの御朱印帳袋もあります

\御朱印はP.31でも紹介!/

墨書/奉拝、薬師如来、柳津虚空蔵尊　印/柳津山、疫病退散、薬師如来を表す梵字ベイの印、薬師如来の真言「オン コロコロ センダリマトウギソワカ」の梵字表現、柳津山別当印

墨書/奉拝神虎撫虎、最強開運、五黄寅年、柳津虚空蔵尊　印/寅歳御縁年、竹林と虎の印、中央は境内の撫で虎、宝性院

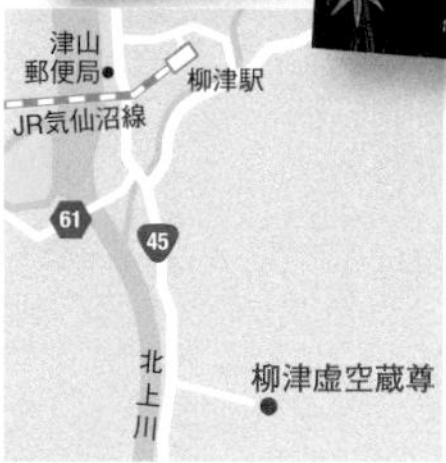

DATA

柳津虚空蔵尊 MAP P.8-B4

開創/726年(神亀3年)

山号/柳津山　宗旨/真言宗智山派

住所/宮城県登米市津山町柳津大柳津63

電話/0225-68-2079　交通/JR「柳津駅」から車5分

拝観・御朱印授与時間/9:00～16:00　拝観料/無料

URL https://kokuzouson.or.jp/

お寺の方からのメッセージ

聖武天皇から勅命を受け、この地を訪れた行基菩薩は天下泰平・国家安泰を祈りながら、虚空蔵菩薩を刻みます。この菩薩を村の守護仏として黄土山の嶺に建立した一宇に安置したのが当寺の始まりです。

境内には「お寺cafe夢想庵」があります。奈良県産紅茶を南部鉄器で提供する「虚空蔵紅茶」やおみくじ付き「仙台麩パフェ」、お寺でご祈祷した麺を使用した「やくよけうどん・そば」などメニューが豊富。10:00 ～15:30、木曜休。

オススメお寺3

生きる知恵を授かる

ご本尊は知恵を授けてくれる文殊菩薩。学問だけでなく生活の知恵も授けてくれます。

山形

亀岡文殊【かめおかもんじゅ】

ご本尊は秘仏で拝観できませんが、堂内に入ることができます

その他の御利益
身体堅固、交通安全、縁結びなど

ご本尊
文殊菩薩《もんじゅぼさつ》

本堂までは老杉が茂る長い参道を15分ほど歩きます。亀岡文殊堂は奈良県桜井市の安倍文殊院、京都府宮津市の智恩寺切戸文殊とともに、日本三文殊のひとつに数えられています。正式名は松高山大聖寺ですが、亀岡文殊堂として有名です。戦国武将とゆかりの深い寺としても知られ、伊達政宗が寄進した梵鐘や直江兼続が歌会を開いて詠んだ歌などが残されています。

知恵が授かる利根水

文殊堂の背後に利根水(りこんすい)が湧いています。この水は山形県から「里の名水・やまがた百選」に選ばれている天然水。昔から、ひと口飲めば文殊様の知恵を授かることができるといわれ、受験生に人気です。

墨書／日本三文殊、亀岡文殊尊、松高山大聖寺　印／文殊菩薩を表す梵字マンの印、松高山、大聖寺印　●文殊堂左手の授与所で頂けます。ご祈祷など住職不在時は書置きになります

入母屋造りの山門。左右には高さ2mほどの木造の仁王像が安置されています。文殊堂への参道沿いには芭蕉句碑が立ち、石灯籠が並びます

亀岡地区の生産者が作ったお米(つや姫)は住職によるご祈祷が行われ、「受験合格米」として数量限定で販売されています

みんなのクチコミ!!

文殊堂の駐車場近くにある「いとう商店」の名物は「知恵の焼きだんご」に「知恵の玉こんにゃく」です。麺類もあり、食事もOK。おみやげ品も扱っています

頒布品

合格祈願がされた「知恵の鉛筆」

御朱印帳

かわいいウサギと桜が配されたオリジナル御朱印帳。文殊菩薩は卯年の守り本尊です(各2000円)

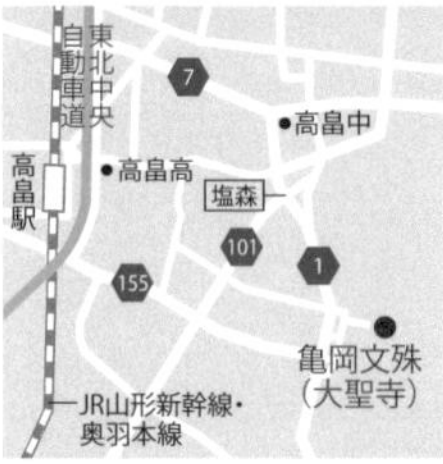

DATA

亀岡文殊 MAP P.8-C2

開創／807年(大同2年)
山号／松高山　寺号／大聖寺
宗旨／真言宗智山派
住所／山形県東置賜郡高畠町大字亀岡4028-1
電話／0238-52-0444
交通／JR「高畠駅」から車10分
開門時間／8:00～17:00(冬季8:30～16:00)
御朱印授与時間／不定
拝観料／無料

お寺の方からのメッセージ

平安時代、奈良東大寺の住職であった徳一上人が平城天皇の勅命を受けて、中国五台山より伝来した文殊菩薩を、亀岡の地に移したのが、当寺の始まりと伝えられています。

文殊堂のそばに安置されている石の「大黒天」は「生き大黒」と呼ばれ、願い事をしながら、持ち上げ、軽く感じればかない、重ければ困難といわれています。また「かなえたまえ、かなえたまえ」と念ずると望みがかなうとも伝わっています。

青森

求聞寺【ぐもんじ】

ご本尊は知恵を授ける虚空蔵菩薩

弘前藩2代藩主津軽信枚の草創とされます。家中と領内の安定を願い、建立しました。

その他の御利益
福徳授与、智慧など

ご本尊
虚空蔵菩薩《こくうぞうぼさつ》

学業・智慧

石段を上ると境内が開け、本堂の前では丑と寅の像が迎えてくれます。虚空蔵菩薩は丑年、寅年生まれの人の守護尊でもあるのです。そして、古くから大空のように広大無辺の知恵と福徳を授けてくれる菩薩としても信仰されてきました。津軽信枚が寄進した本堂と虚空蔵菩薩像は明治初期の火災で焼失。その後、再建され、現在の本堂は1964年(昭和39年)の改築です。

境内には観音堂や絵馬堂があります

古くから「百沢の虚空蔵様」と呼ばれ信仰されてきました。1876年(明治9年)に本堂と虚空蔵菩薩像を焼失。1893年(明治26年)には本堂を再建し、さらに1957年(昭和32年)に改築しました。境内には石仏が並び、観音堂や神馬像が納められた絵馬堂があります。

本堂には虚空蔵菩薩像のお前立が安置されています。真言を100日間かけて100万回唱える「求聞持法」という修行をした行者にはあらゆる経典を記憶し、忘れることのない能力が身につくとされています

みんなのクチコミ!!

岩木山神社から徒歩圏内です。境内入口の左手に釣鐘堂があります。つるされている梵鐘は弘前市で一番大きいといわれている鐘。100円ほどで撞けます

老杉が茂る石段の参道。両脇には三十三観音の石像が並びます

墨書/奉拝、大黒天、岩木山求聞寺　印/津軽七福神霊場、大黒天の姿、岩木山求聞寺
●本堂には木彫りの大黒天が祀られています

墨書/奉納、虚空蔵菩薩を表す梵字タラーク、福満虚空蔵菩薩、求聞寺　印/津軽十二支霊場、虚空蔵菩薩を表す梵字タラーク、岩木山求聞寺　●津軽三十三観音第3番霊場でもあります

DATA

求聞寺 MAP P.6-BC2

開創/1629年(寛永6年)
山号/岩木山
宗旨/真言宗智山派
住所/青森県弘前市大字百沢字寺沢29
電話/0172-83-2373
交通/JR「弘前駅」から弘南バス40分、「岩木山神社前」下車徒歩5分
拝観時間/9:00～16:00
御朱印授与時間/9:00～16:00
拝観料/無料

お寺の方からのメッセージ

当寺は津軽信枚が、後継ぎ争いで荒廃した領内の安寧を願い建立しました。その際、信枚は求聞持法と呼ばれる荒行を行い、念願が成就したことから、虚空蔵菩薩をお堂に安置したのが始まりとされます。

求聞寺の山号は岩木山ですが、岩木山は標高1625m、青森県の最高峰でもあります。津軽平野に雄大な裾野を広げてそびえる姿は津軽のシンボル、神が宿る山としてあがめられてきました。

福島

文知摺観音【もちずりかんのん】

百人一首の歌枕の地に建つ

ご本尊は行基作と伝わる秘仏です。松尾芭蕉をはじめ多くの文人が訪れました。

ご本尊は秘仏として通常、拝観できません。御開帳は33年に一度で、前回は2016年（平成28年）でした。境内に建つ多宝塔は江戸時代後期の建立。塔内には五智如来が安置されています。多宝塔としては最北端に建つ塔で県の重要文化財です。境内には観音堂のほか、源融と虎女の悲恋伝説が残るもちずり石、書画・古文書を収蔵展示する伝光閣があります。

その他の御利益
足の怪我や病への御利益など

ご本尊
聖観世音菩薩《しょうかんぜおんぼさつ》

みんなのクチコミ!!

境内には数百本のモミジが茂り、紅葉の名所です。境内の休憩所〝水月庵〟から眺める紅葉が特に見事。床が赤く染まる床モミジはまるで絵画のようと人気です

歌枕になった〝もちずり石〟

平安時代、この地は独特の染色法で染められた〝文知摺絹〟と呼ばれる絹織物の産地でした。その模様が乱れ模様だったことから、〝しのぶもぢずり〟は心の乱れを表す枕詞になっています。源融は「みちのくの忍ぶもぢずり誰ゆえにみだれ染めにし我ならなくに」と詠んでいます。

墨書／奉拝、南無聖観世音、文知摺観音普門院　印／行基菩薩開山之霊場信達三十三観音第二番札所、仏法僧寶の三宝印、普門禅院　●境内入口にあるお守り等の授与所で頂けます

芭蕉像

芭蕉句碑

多宝塔は高さ約15m。1812年（文化9年）の建立です。外観は精緻な彫刻で飾られ、極彩色で彩られています。明治になり、板葺きから銅板葺きに改修しました

美術資料館「伝光閣」は入館料200円

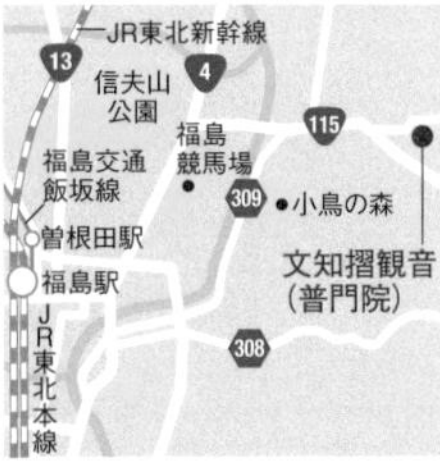

DATA

文知摺観音（普門院）

MAP P.9-D3
開山／2016年（平成28年）
山号／文知摺山　宗旨／曹洞宗
住所／福島県福島市山口字文字摺70
電話／024-535-1471
交通／JR東北本線「福島駅」から車20分
拝観・御朱印授与時間／9:00～17:00（冬期16:00）
拝観料／無料
URL http://antouin.com/about/fumonin.html

お寺の方からのメッセージ

当寺は松尾芭蕉、正岡子規などの文人墨客が多数訪れた場所です。境内は自然が豊かです。特に新緑と秋の紅葉の時期は幾重にも重なるモミジのグラデーションが見事で、多くの参拝客が訪れます。

もともと文知摺観音は香澤山安洞院が別当職を務めていましたが、2016年（平成28年）に新寺・普門院として発足しました。なお、安洞院の開創は1595年（文禄4年）です。

第三章

御利益別！ 今行きたいお寺

Part 6

レア・特別

海の旅やバイク運転の安全をかなえてくれたり、ガン封じを祈願するお寺など、レア度の高い御利益を頂けるスポットを一挙紹介します！

★レア・特別★絶対行きたいオススメお寺 3選

◎円覚寺（西津軽郡深浦町）／顕妙寺（塩竈市）／大満寺（仙台市）

◎伝法寺（秋田市）

◎常光寺（盛岡市）

◎身照寺（花巻市）

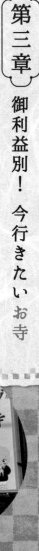

絶対行きたい
オススメお寺３選

レア・特別

ピンポイントで願いを
かなえて開運へ導く！

オススメ お寺１

青森

円覚寺【えんがくじ】

航海の安全をかなえてくれる観音菩薩

征夷大将軍坂上田村麻呂が安置したとされる十一面観世音菩薩は厩戸皇子作と伝わります。

その他の御利益
交通安全
など

ご本尊
十一面観音《じゅういちめんかん》

お寺がある深浦は江戸時代、北前船の寄港地でした。寺宝館には多数の船絵馬と髷そのものを奉納した「髷額」が掛けられています。北前船の船乗りたちは嵐などで航海中に命の危険を感じると自分の髷を切り落として神仏に助命を乞いました。すると円覚寺の杉に灯がともり、船を安全に導いたそうです。こうして助かった船乗りが奉納したのが「髷額」です。

曼荼羅や海上信仰の資料を展示する寺宝館

1836年（天保7年）～1896年（明治29年）に奉納された船絵馬70点、1838年（天保9年）～1882年（明治15年）に奉納された髷額28点は国重要有形民俗文化財ならびに日本遺産に指定されています。また、髪の毛を使って刺繍した掛け軸や北前船の豪商、高田屋嘉兵衛が奉納した「ギヤマン玉」「シャンデリア」なども寺宝として残されています。

梢に灯がともり、嵐に遭った船を救ったという龍灯杉。境内入口にそびえ、樹高40m、幹回り7mほど

ご本尊は港の入口にあって航海安全や商売繁盛を守護する「潤口観音」（まぐちかんのん）として船乗りたちに崇敬されました。秘仏として拝観できませんが、33年毎にご開帳されます。次回は2051年7月17日です

仁王像が立つ仁王門。ここから本堂へ続く石段や参道の両脇は樹木が茂り、石灯籠が立ち、深山の趣があります

墨書／奉拝、本尊の真言「オンロケイジンバラキリク」を表す梵字、津軽ふかうら圓覚寺　印／津軽観音霊場第十番、十一面観音を表す梵字キャ、春光山圓覚寺

墨書／奉拝、龍神の真言を表す梵字、樹齢一千二百年、津軽ふかうら圓覚寺龍灯杉　印／津軽龍神霊場、三寶印、春光山圓覚寺

お寺では大漁旗を頒布しています。町内だけでなく遠方からも、この旗を求めに参拝者が来るほど御利益があるそうです。1500円

みんなのクチコミ!!

仁王門を入ると右手に鐘石があります。この石は叩くと金属音がします。そこで昔から、参拝者が「金運の御利益がある」といって盛んに叩いたそうです

DATA

円覚寺 MAP P.6-BC1

開創／807年（大同2年）
山号／春光山　宗旨／真言宗
住所／青森県西津軽郡深浦町大字深浦字浜町275
電話／0173-74-2029
交通／JR「深浦駅」から徒歩20分
拝観時間／8:00～17:00（12月～3月は16:00）
御朱印授与時間／不定
拝観料／無料（寺宝館は500円）
URL https://www.engakuji.jp

お寺の方からのメッセージ

寺宝拝観は、20～30分の説明をしながらご案内します。館内には皆さんが想像する以上に説明する展示物があります。自然豊かな境内でゆっくり寛いでいただきたいと思います。

円覚寺は江戸時代末までは真言系の山伏の修験道場でした。例大祭は毎年7月17日。大祭には海難者供養や大般若経六百巻転読観音護摩大法要が行われ、7月16日18:00～20:00の宵宮には柴燈護摩や火渡行法が行われます。

オススメお寺2

バイクの安全走行守護

塩釜湾を望む急勾配の坂上に位置するお寺
交通安全祈願のライダーが集まります。

宮城

顕妙寺【けんみょうじ】

その他の御利益
心身健康・立身出世など

ご本尊
釈尊《しゃくそん》

急坂はバイクで登れるギリギリの斜度とか。現住職は若い頃、この斜面を中型バイクで行き来し、無事故でした。そこで顕妙寺にバイクで登り、交通安全祈願を受ければ無敵といわれ、多くのライダーが参拝に訪れます。初代住職、現住職、副住職は100日間、ほとんど食事・睡眠を取らず、水行と読経を続けるという大荒行を達成。さまざまな相談にのってくれます。

みんなのクチコミ!!

近所の人たちが気軽に訪れては挨拶を交わすアットホームな雰囲気のお寺です。お盆には、塩釜湾から参加希望者と船で沖へ出て灯籠流しをしています

本堂に上がって参拝できます

塩釜港を眼下に望む小高い丘の上に位置します。境内にいると汽笛が聞こえることもあります。本堂の内陣には日蓮上人像を中心に不動明王、四天王、四菩薩が安置され、誰でも拝観、参拝が可能です。本堂では仏前結婚式も行っています。

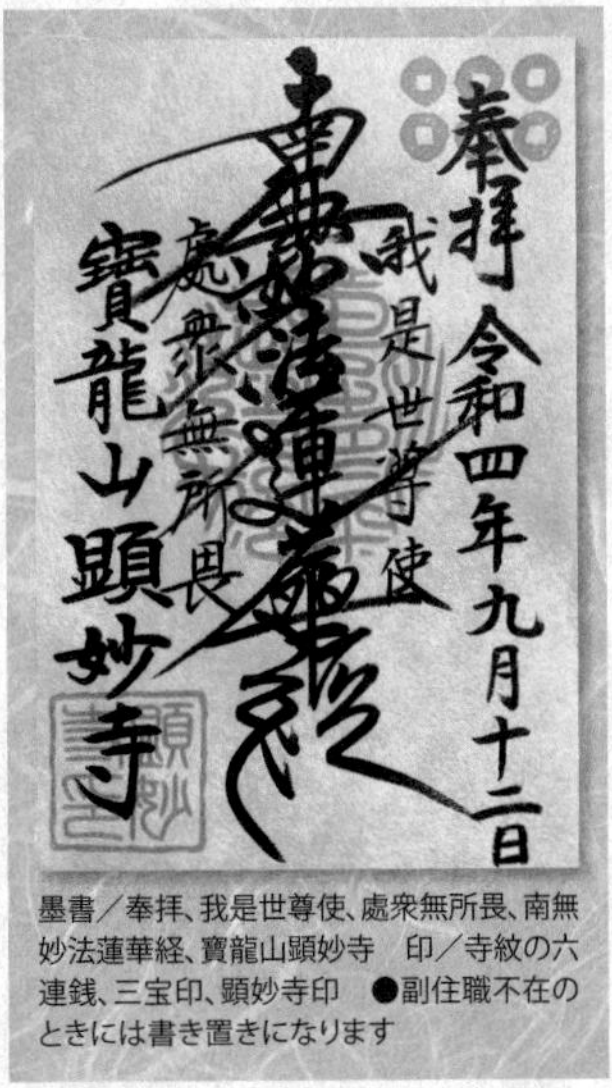

墨書／奉拝、我是世尊使、處衆無所畏、南無妙法蓮華経、寶龍山顕妙寺　印／寺紋の六連銭、三宝印、顕妙寺印　●副住職不在のときには書き置きになります

本堂右手には子供の健やかな成長を見守ってくれる「子安子育観音」が立ちます

境内入口のかわいい看板は信徒からの奉納。LEDで夜間も明るく照らします

境内には福徳稲荷大明神が祀られた稲荷社があり、毎年2月初午には法要が営まれます。家内安全、立身出世、商売繁盛の御利益があります

お守り

厄除・開運をかなえてくれる「星祭守」（1000円）

DATA

顕妙寺 MAP P.8-C3

開山号／寶龍山
宗旨／日蓮宗
開創／不明
住所／宮城県塩竈市小松崎4-21
電話／022-362-6914
交通／JR「本塩釜駅」から徒歩10分
拝観時間／9:00～16:00
御朱印授与時間／不定
拝観料／無料
URL https://kenmyohji.crayonsite.com/

お寺の方からのメッセージ

「人と心のよりどころ」がキャッチフレーズです。毎月1日には盛運祈願祭を10時より厳修しております。毎年4月と10月の祭事をはじめ、どなたでも参加できる行事があるのでお気軽にお越しください。

顕妙寺ではバイクで登頂した人限定の御朱印も頒布しています。今、ライダーの間では「疾風巡礼」が広がっています。これはプロジェクトに参加する全国の神社仏閣をバイクで参拝し、御刻印を集めるという参拝方法です。https://roadmania-japan.com

オススメ
お寺3

東北屈指の〝ガン封じ〟寺

ガン封じ祈願が成就したと口コミで広がり今では全国から訪れる参拝者が絶えません。

宮城

大満寺【だいまんじ】

本堂の鳳凰殿は1998年（平成10年）の完成。銅板葺、総檜造りです

その他の御利益
請願成就、無病息災、円満成就など

ご本尊
釈迦牟尼仏《しゃかむにぶつ》
虚空蔵菩薩《こくうぞうぼさつ》

平安時代に奥州を支配した藤原氏の創建が始まりと伝えられ、800年余りの歴史を持つ古刹です。境内に建つ千躰仏堂は仙台地名発祥のルーツといわれます。千躰が転じて仙台になったと伝わるのです。千躰仏は虚空蔵堂の右手千躰堂内に安置されています。虚空蔵堂のご本尊は寅年の守り本尊です。虚空蔵堂ではガン封じのご祈祷が行われ、大勢の参拝者が集まります。

人々を救済してくれる虚空蔵菩薩

虚空蔵堂は江戸時代初期の建造物。仙台市の文化財に指定されています。堂内に安置されているのは虚空蔵菩薩です。虚空蔵菩薩は人々を苦悩から救済してくれる仏様。それがガン封じの御利益に繋がったのでしょう。両脇には日光・月光菩薩を従えています。

墨書／奉拝、丑寅守護、仙台向山十二支霊場、虚空蔵尊、別当 曹洞宗 大満寺　印／北国三番、種子印、大満寺住職印　●大満寺は北国八十八ヶ所霊場の第3番札所です

みんなのクチコミ!!

境内の阿保原地蔵尊は「とげぬき地蔵さん」として親しまれています。子授け、子育て、延命の御利益や人の心に刺さったトゲを抜いてくれるといわれています

御朱印帳

オリジナル御朱印帳は表裏に淡い色彩でハスの花を描いたきれいなデザインです（2000円）

お守り

「手術成功御守」は黒地に金糸で刺繍されています（1000円）

「ガン封じ鈴」。鈴の音を聞くたびにご本尊にガン平癒の祈願をしましょう（1000円）

お札

「ガン封じ虚空蔵大菩薩祈祷御札」はご祈祷により、ガン封じのパワーが込められています。約39㎝（5000円）

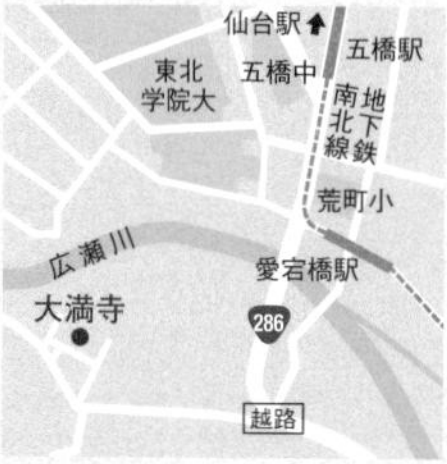

DATA

大満寺 MAP P.8-C3

開創／平安時代
山号／虚空蔵山　宗旨／曹洞宗
住所／宮城県仙台市太白区向山4-4-1
電話／022-266-6096
交通／市営地下鉄南北線「愛宕橋駅」から徒歩10分
拝観時間／9:00～16:00
御朱印授与時間／不定
URL https://daimanji.or.jp

お寺の方からのメッセージ

ガン封じのご祈祷にはガンの予防、治癒回復、手術の成功、術後回復、ガン再発並びに転移防止を祈願するご祈祷があります。ご祈祷の日時はホームページに告知しています。ご祈祷は5000円～。

毎月第2日曜日の9:00～15:00には大満寺駐車場で骨董市・ものづくり市を開催しています。宮城県、山形県から、15～25店ほどが出店。食器や茶器などの骨董店、手作りの漬物、ジャム、スイーツ、海産物の店などが並びます。

堂宇は明治時代に焼失。その後に再建されました

静かな寺町に位置する日蓮宗のお寺

創建当時は現在地より北の土崎小学校付近に位置。江戸時代、佐竹家の命により、移転しました。

秋田

伝法寺【でんぽうじ】

その他の御利益
悪病平癒、五穀豊穣など

ご本尊
曼陀羅《まんだら》

道沿いに寺院が並ぶ寺町の一角にあります。妙見大菩薩と彫られた石柱から境内に入ると、春なら本堂前で満開の桜が参拝者を迎えてくれます。左手には妙見堂が建ち、開運北辰妙見大菩薩、大黒天などがお祀りされています。境内には罪や穢れを清めてくれる浄行菩薩の石仏があり、自分の体の悪いところと同じ個所を洗うと痛みを癒やしてくれるとされます。

桜が咲く境内と本堂

境内入口正面が本堂です。お寺を開創した日法上人が自ら刻んだと伝わる日蓮聖人像を所蔵しています。毎年、10月13日には御会式を斎行。信徒の皆さんが作った御会式桜が本堂を飾ります。また、8月18日は盂蘭盆会施餓鬼の法要が行われます。

みんなのクチコミ!!

近くには日蓮宗としては秋田県最古の法華寺をはじめ、浄土真宗浄弘寺、稲荷社など多くの寺社が建ち並びます。御朱印を頂きながら、お寺めぐりが楽しいです

荘厳な本堂内。法要のほか、時にはイベントを開催することもあります。御会式では宗祖涅槃図が掲げられます

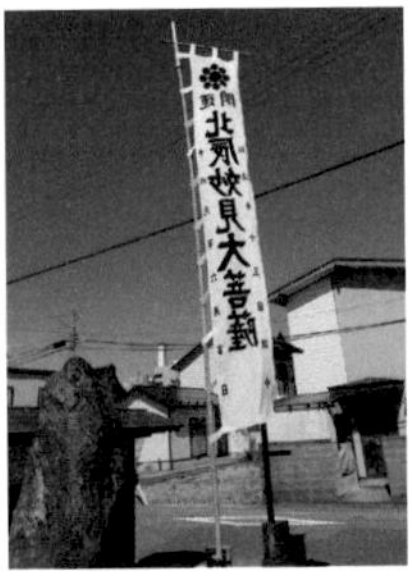

妙見堂にお祀りされている妙見菩薩は北極星の化身とされています。毎月5日が例祭です。毎年6月5日は大祭、4日は前夜祭が行われます。4・5日の2日間のみ、妙見菩薩の御開帳があります

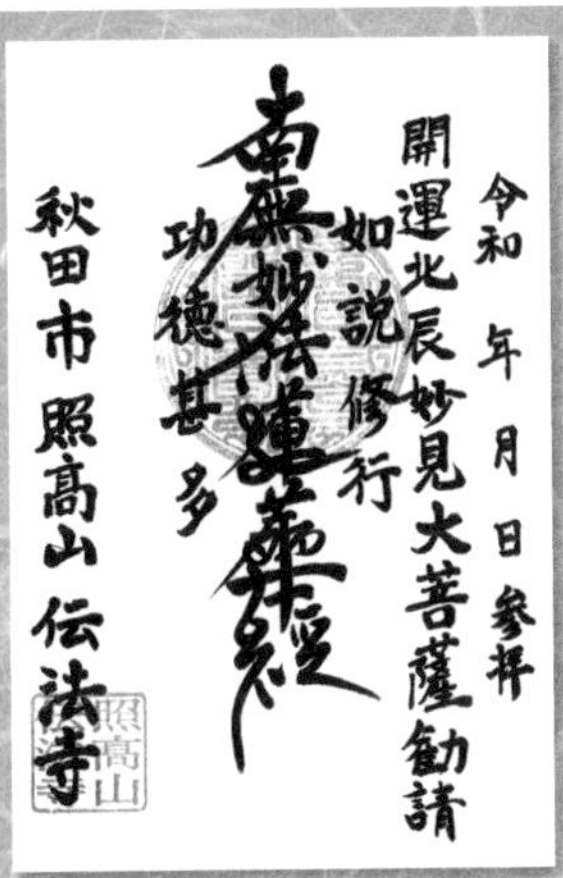

墨書／開運北辰妙見大菩薩勧請、如説修行、功徳甚多、南無妙法蓮華経、秋田市照高山伝法寺　印／仏法僧寶の三宝印、照高山伝法寺　●「南無妙法蓮華経」の７文字を日蓮宗ではお題目といいます

DATA

伝法寺 MAP P.7-D1

開創／1548年（天文17年）
山号／照高山　宗旨／日蓮宗
住所／秋田県秋田市旭北寺町1-35
電話／018-862-3361
交通／JR「秋田駅」から徒歩24分
拝観・御朱印授与時間／不定
拝観料／無料
URL https://www.facebook.com/profile.php?id=100068794807357

お寺の方からのメッセージ

お寺を身近で、楽しく、温かい場所にしたいと思っています。そこで毎月、どなたでも参加できる伝法寺の集いを開催、仏教用語や行事についてなどの勉強会を行っています。日時はFBで告知しています。

伝法寺は日蓮宗のお寺ですが、秋田地方に初めて、日蓮聖人の教えが伝わったのは1502年（文亀２年）、京都本満寺塔中玉持院の日尋上人が現在の秋田市土崎湊に法華寺を創建したのが最初とされます。江戸時代になり、現在地に寺院を移し、寺町としました。

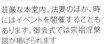

岩手

常光寺【じょうこうじ】

文才を伸ばす力を頂く

明治の歌人、石川啄木が生まれたお寺です。啄木にあやかり、文才を伸ばしましょう。

その他の御利益
開運、厄除
など

ご本尊
釈迦牟尼仏《なむしゃかむにぶつ》

背後に里山、周囲には田畑が広がるのどかな風景の中にお寺はあります。境内入口の左右には杉の巨木が聳えます。杉木立の間から見えるのが本堂です。石川啄木は、1886年（明治19年）2月20日、常光寺の住職石川一禎の長男として生まれ、一禎和尚が渋民宝徳寺へ移るまでの1年1カ月間をここで過ごしました。啄木が生まれた部屋が復元保存されています。

「石川啄木生誕之地」の碑

境内には啄木の生涯の友人だった金田一京助の揮毫による石碑が立っています。金田一京助は啄木が通った盛岡尋常中学校（現・盛岡第一高等学校）の先輩です。金田一は貧困生活に喘ぐ啄木を物心ともに支援し、創作活動を支えました。

みんなのクチコミ!!

常光寺の西に日戸八幡神社があり、境内には樹高20mものケヤキが茂ります。毎年8月15日の例大祭には日戸神楽が奉納されます

墨書／奉拝、南無釋迦牟尼佛、日照山常光寺　印／仏法僧寶を表す三宝印、石川啄木生誕の地玉山村日戸常光寺、常光禅寺　●中心の印は参道入口に聳える老杉と木の間から見える本堂の風景の印です

常光寺の本堂内陣。現在の常光寺は石川啄木生誕当時から改築されていますが、啄木の生まれた部屋も保存されています。啄木と金田一京助を主人公とした小説・アニメ作品のファンや啄木作品の愛好家のお参りが増えています

ご本尊が安置されている本堂は木造平屋建て、入母屋造り。外壁は真壁造り白漆喰仕上げです

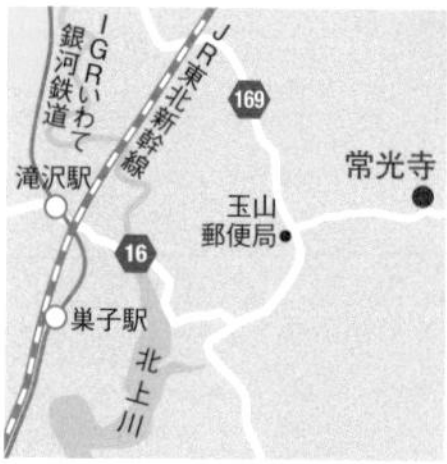

DATA

常光寺 MAP P.7-D3

開創／1630年頃
山号／日照山　宗旨／曹洞宗
住所／岩手県盛岡市玉川区日戸字古屋敷71
電話／019-685-2520
交通／IGRいわて銀河鉄道「滝沢駅」から車15分
拝観・御朱印授与時間／9:00～16:00
拝観料／無料

お寺の方からのメッセージ

当寺は寛永年間（1624～1644年）に盛岡市報恩寺の末寺として開創されました。お寺の周辺は自然が豊かで境内ではツツジ、紅葉が楽しめます。車で5分のところには姫神さくらパークもあります。

姫神さくらパークは桜の名所。約37haに1万本のオオヤマザクラや約120本のソメイヨシノ、枝垂れ桜などが植樹され、4月下旬頃から開花します。展望台もあり、雄大な岩手山が一望できます。住所／盛岡市日戸字姥懐36-64

宮沢賢治の菩提寺

賢治の墓所では毎年9月21日の命日に法要を営み、世界中の幸福を祈願します。

岩手

身照寺【しんしょうじ】

その他の御利益
幸福成就
など

ご本尊
大曼荼羅《だいまんだら》

1928年(昭和3年)この地に堂宇を建立し、身照寺を再興しました

境内へ上る石段の前にはフクロウの石像が建ち、寺号が書かれた表示板には「賢治氏悲願建立の寺」とあります。お寺は南部家の菩提寺として八戸に建立されましたが、1591年(天正19年)に焼失。後年になり、子孫が再建を発願。1928年(昭和3年)に宮沢賢治と叔父、有志らが奔走し、この地に建立しました。本堂裏手には宮沢賢治と宮沢家の墓所があります。

宮沢賢治忌には墓前供養を開催

毎年、賢治が亡くなった時刻の13時30分から、墓前で法要を行い、幸福祈願をします。法要には誰でも自由に参列し、お焼香ができます。賢治は亡くなった当初は安浄寺で葬儀が行われましたが、後に身照寺に改葬されています。墓前には常に生花が絶えません。

みんなのクチコミ!!

すてきなオリジナル御朱印帳があります。ブルーの表紙で『銀河鉄道の夜』をイメージさせるような銀河と列車、宮沢賢治のシルエットを配したデザインです

墨書/身延別院身照寺、南無妙法蓮華経、雨ニモマケズ宮澤賢治菩提寺　印/身延山最古別院南部家開基、陸奥身照寺花巻、幸福　●左上に押印されたブルーの印は宮沢賢治のシルエットです

本堂前には見事な枝垂れ桜が枝を広げています。開花は4月中旬頃。開花期に合わせて夜間ライトアップが行われます

お守り

「幸福守」(1500円)は家族の幸福、健康であることの幸福、良縁成就の幸福など、あらゆる幸福が訪れることを宮沢賢治の墓前で祈願したお守りです

DATA

身照寺 MAP P.7-E3

開創/1394年(応永元年)
山号/遠光山(身延別院)
宗旨/日蓮宗
住所/岩手県花巻市石神町389
電話/0198-24-8120
交通/JR「花巻駅」から車6分
拝観時間・御朱印授与/9:00~17:00
拝観料/無料

お寺の方からのメッセージ

宮沢賢治ゆかりの寺として「学問」「合格」の御利益があるといわれ、合格祈願のお参りが多いお寺です。お寺の行事があるときには御朱印の直書きは停止しています。御朱印・御朱印帳の郵送はしていません。

宮沢賢治は著書『農民芸術概論綱要』のなかで「世界がぜんたい幸福にならないうちは個人の幸福はあり得ない」と書いています。身照寺では賢治忌には墓前で「個人」「全体」の幸福を祈願して法要を行っています。

編集後記

御朱印めぐりを愛好する人が増えたことで、寺院と参拝者の距離は以前よりも近づいたように思います。

距離が近づいたからこそ、御朱印を頂くことは寺院の方とふれあうことだということを忘れないようにしたいものです。

お寺にお参りするにあたっては、参拝作法や各寺院のルールをしっかり守って、御朱印めぐりを楽しみたいとあらためて思います。東北のお寺のすてきな御朱印との出会いを求めて、ぜひ御朱印さんぽに出かけましょう。

地球の歩き方　御朱印シリーズ 53

御朱印でめぐる東北のお寺　週末開運さんぽ

2023年11月7日　初版第1刷発行

著作編集 ● 地球の歩き方編集室

発行人 ● 新井邦弘

編集人 ● 宮田崇

発行所 ● 株式会社地球の歩き方
〒141-8425　東京都品川区西五反田 2-11-8

発売元 ● 株式会社Gakken
〒141-8416　東京都品川区西五反田 2-11-8

印刷製本 ● 開成堂印刷株式会社

企画・編集 ● 山下将司・馬渕徹至・本多博〔株式会社ワンダーランド〕

執筆 ● 小川美千代、馬渕徹至〔株式会社ワンダーランド〕

デザイン ● 又吉るみ子〔MEGA STUDIO〕
湯浅祐子・水野政幸・松永麻紀子・吉田健明〔株式会社ワンダーランド〕

イラスト ● みよこみよこ

マップ制作 ● 齊藤直己〔株式会社アルテコ〕

撮影 ● 山路敦子

校正 ● ひらたちやこ

写真協力 ● PIXTA、青森県、秋田県、岩手県、山形県、福島県

編集・制作担当 ● 河村保之

●この本に関する各種お問い合わせ先
・本の内容については、下記サイトのお問い合わせフォームよりお願いします。
URL ▶ https://www.arukikata.co.jp/guidebook/contact.html
・在庫については　Tel ▶ 03-6431-1250（販売部）
・不良品（落丁、乱丁）については　Tel ▶ 0570-000577
学研業務センター　〒354-0045　埼玉県入間郡三芳町上富 279-1
・上記以外のお問い合わせは　Tel ▶ 0570-056-710（学研グループ総合案内）

学研グループの書籍・雑誌についての新刊情報・詳細情報は、下記をご覧ください。
学研出版サイト　https://hon.gakken.jp/
地球の歩き方　御朱印シリーズ　https://www.arukikata.co.jp/goshuin/

＼感想を教えてください！／

読者プレゼント

ウェブアンケートにお答えいただいた方のなかから抽選で毎月3名の方にすてきな商品をプレゼントします！　詳しくは下記の二次元コード、またはウェブサイトをチェック。

URL https://www.arukikata.co.jp/guidebook/enq/goshuin01